法学研究文丛
———— 法理学 ————

调审合一法律组织学研究
从分解式法学范式到化合式法学范式

张洪涛 ● 著

知识产权出版社
全国百佳图书出版单位
—北京—

图书在版编目（CIP）数据

调审合一法律组织学研究：从分解式法学范式到化合式法学范式／张洪涛著．—北京：知识产权出版社，2023.12
ISBN 978-7-5130-8995-1

Ⅰ.①调… Ⅱ.①张… Ⅲ.①法院—工作—研究—中国 Ⅳ.①D926.2

中国国家版本馆CIP数据核字（2023）第230889号

责任编辑：彭小华　　　　　　　　责任校对：谷　洋
封面设计：智兴设计室　　　　　　责任印制：孙婷婷

调审合一法律组织学研究
——从分解式法学范式到化合式法学范式
张洪涛　著

出版发行：	知识产权出版社有限责任公司	网　　址：	http://www.ipph.cn
社　　址：	北京市海淀区气象路50号院	邮　　编：	100081
责编电话：	010-82000860转8115	责编邮箱：	huapxh@sina.com
发行电话：	010-82000860转8101/8102	发行传真：	010-82000893/82005070/82000270
印　　刷：	北京中献拓方科技发展有限公司	经　　销：	新华书店、各大网上书店及相关专业书店
开　　本：	880mm×1230mm　1/32	印　　张：	10.25
版　　次：	2023年12月第1版	印　　次：	2023年12月第1次印刷
字　　数：	245千字	定　　价：	78.00元

ISBN 978-7-5130-8995-1

出版权专有　侵权必究
如有印装质量问题，本社负责调换。

献给我亲爱的妻子李玲女士

安家——"法安天下"（代序）

一、何谓安家——"法安天下"

在儒家"修身、齐家、治国、平天下"的理想社会秩序构建中，"齐家"属于中观社会组织层面，是沟通微观层面"修身"与宏观层面"治国、平天下"的桥梁，也是连接、整合微观层面"修身"与宏观层面"治国、平天下"的工具，处于承上启下的枢纽地位。因此，"安家"也包括微观层面"'修身'：给人安家"与宏观层面"'治国'：给国安家"和"'法安天下'：给制度安法律之家"；其中，"'法安天下'的关键：给中国（法律）制度安法律（理论）之家"，也是笔者研究的主旨。以下将分而论之。

（一）"修身"：给人安家

安家是指给人安家，包括实体和精神两个层面。

从实体意义上，家庭是生命的摇篮，是我们漫长人生旅途的第一站。从出生到独立成人，家是我们获取身体成长所需物质供养、情感培养、人格涵养的地方。即便长大成人，家还是我们漫长人生旅途中的加油站。当我们工作劳动累了的时候,可以在家中获得体力的补给;当我们在工作和生活中遇到挫折的时候,可以从家中获得心灵的慰藉,精神上的鼓励,家是我们重新获取力量的首选社会支持系统;当我们身体出现这样或那样的障碍时,家还是我们首选的身体维修站,"你病了,家庭便是医院,家人便是看护"。❶ 家还是人——尤其是中国人——成就一番事业的根基,"就农业言,一个农业经营是一个家庭";现在叫"家庭联产承包责任制"。"就商业言,外面是商店,里面就是家庭";现在甚至叫"夫妻店"。"就工业言,一个家庭里安了几部机械,便是工厂";现在小的叫"家庭作坊",大的叫"家族企业"或"家族集团"。❷ 总之,中国人特别强调安家才能立业,安居才能乐业。家还是中国人生命的终点和栖息地。中国人老了,特别强调落叶归根;即使是命丧黄泉,也要回家;即便是肉体不能回家,至少灵魂也要回家,也要上族谱,认祖归宗;否则,就会无家可归,成为孤魂野鬼,人死后灵魂也不得安宁。

从精神意义上,家还是中国人感情和精神的归宿和寄托。如果说西方人信仰的是宗教,中国人信仰的则是家庭。正如学者所言:"鸟兽但知有现在,人类乃更有过去未来观念,故人生不能以现在为止。宗教即为解决此三世问题者,是以有天堂净土,地狱轮回一类说法。中国人则以一家之三世——祖先、本身、儿孙——为三世。过去信仰,寄于祖先父母,现在安慰寄于家室和合,将来希望寄于儿孙后代。此较之宗教的解决为明通切实云云"。❸

总之,不论是实体意义上还是精神意义上,对人——尤其是

---

❶ 梁漱溟:《中国文化要义》,学林出版社,1987,第12页。
❷ 梁漱溟:《中国文化要义》,学林出版社,1987,第12页。
❸ 梁漱溟:《中国文化要义》,学林出版社,1987,第94页。

中国人——而言，人无家不稳，人无家不安，人无家则业不兴，人无家则业不旺，因此，中国人特别强调成家、安家，成家才能立业，安居才能乐业，家安则人安，家稳则人稳，家兴则业兴，家和万事兴；也因此，中国人特别忌讳"不孝有三，无后为大""断子绝孙""绝种""败家子"之类的话语。

（二）"治国"：给国安家

安家还指给国安家。家不只是人尤其是中国人安身立命之处，也是国尤其是中国安身立命之所。与给人安家一样，给国安家也包括实体和精神两个层面。

从实体和自然意义上，人类社会都经历过家族社会，但随着社会的发展，国与家在西方社会出现了分离，因此，在现代人——尤其是西方人——看来，国是国，家是家。尽管如此，家仍然是社会的细胞，是国构成的基本组织单位；离开了家，国就不成为其国；离开了国，家也就不成为其家，"有了强的国，才有富的家"。❶ 这一点在中国人看来尤甚。因此，"中国老话有'国之本在家'及'积家而成国'之说"；❷ 用现代人的话说就是："都说国很大，其实一个家……家是最小国，国是千万家……国与家连在一起，创造地球的奇迹。"❸ 因此，即使是现代的中国，也非常注重安居工程的建设。

从精神和社会意义上，早期国的起源、组织架构、治理方式、合法性等都带有家族社会的特征，将国安在家上。到了中世纪后，西方将国的家安到了神的身上、宗教的身上，如神学自然法学提出的君权神授学说；再到文艺复兴后，西方将国的家安到人的身

---

❶ 成龙、刘媛媛合唱，王平久作词：《国家》（歌曲）。
❷ 梁漱溟：《中国文化要义》，学林出版社，1987，第11页。
❸ 成龙、刘媛媛合唱，王平久作词：《国家》（歌曲）。

上，个人主义上面，如古典自然法学提出的社会契约论。梅因将西方的这个发展过程总结称为"从（家族社会的——引者注）身份到契约的运动"。❶ 而中国社会直到近代一直处于家族社会，将国的家一直安在家上。古代中国的朝廷分为"内廷"和"外廷"，前者以皇家家庭成员为主，处理家事，又称为"后院"，后者主要由宰相等朝廷重臣构成，处理国事，但它们有一个共同的家长——皇帝。因此，国的组织架构模仿家的组织架构而来，在家的父子架构上拟制出君臣架构、官民架构来，甚至"天下一家"。也因此，国的治理规则来源于从家庭中产生出来的规则礼，子对父的孝拟制出臣对君的忠，甚至"四海之内皆兄弟"，国政是家政的自然延伸和扩大化。也因此，有学者认为中国社会是"家族本位""伦理本位"，怀疑"中国是否一国家"，甚至认为"中国实为一文化体而非国家"。❷ 总之，从精神层面看，是将国的家——合法性——安在一种关于家的伦理即儒家的身上。当然，在秦始皇时期，由于将国的家安到一种反家族思想"法家"上，与当时中国家族社会的现实不符，因此，将国的家不是安在当时中国社会基础上，才导致了秦朝的短命与灭亡；在这个意义上，秦朝可谓安错了家。而汉代吸取了秦朝的教训，将国的家——合法性——安在一种家庭伦理思想儒家身上，与当时中国家族社会的现实相符，因此，将国的家安在了中国社会基础上；在这个意义上，汉代可谓安对了家，也就保障了中国社会以后较长时期的长治久安，以合为主。

总之，不论是实体意义上还是精神意义上，尤其是后者，对国——尤其是中国——而言，国无家不治，家安则国安，家稳则

---

❶ 梅因：《古代法》，沈景一译，商务印书馆，1959，第97页。
❷ 梁漱溟：《中国文化要义》，学林出版社，1987，第77-80、19、162页。

国稳，家兴则国兴，家旺则国旺，家治则国治。

（三）"法安天下"：给制度安法律之家

由于法治和法治国成了当今世界潮流，即使是在中国社会运行许多年的"家治"，自近代以来也在不断地向法治转型，今天我国还提出了全面依法治国的战略任务，因此，在现代意义上，"给国安家"主要是指给制度安法律之家。

首先，这里的制度主要是指正在或者曾经在现实生活中有效运转的制度，是活的制度、行动中的制度，而不是指从来没有有效运转过的书本上的死的制度；相反，如果去研究给并未运转的制度安法律之家的问题，就显得既没有意义，也没有科学性。

其次，这里的制度尽管在实践中有效运转着，但没有正式地制度化地进入国家法律制度之中，因此就存在给制度安法律之家的问题；否则，就不存在给制度安法律之家的问题。

再次，这里的法律之家包括实践层面法律制度之家和理论层面法律理论之家。前者是指制度化地进入国家法律制度中，由非正式制度上升为正式国家制度，由民间法上升为国家法，由不成文法上升为成文法。后者是指给法律制度为何是这样作一种法律理论上的解释，而且这种理论解释为一般理论所接受和认可，并被法律实践检验是科学、正确的，总之，就是具有技术合理性，从而使制度——包括法律制度——有一种法律理论上的归宿感，有一种回了法律理论之家的感觉；否则，就言不正，名也不顺，无家可归，四处飘荡。

因此，给制度安法律之家，在理论上可以分为以下几种情形。

第一，给正在现实中运作的制度安法律制度之家和安法律理论之家。在这种情形下，现行的制度既没有制度化地成为正式的国家法律制度，也没有被现行一般的法律理论接受和认可，因此存在给制度安法律制度之家和安法律理论之家的问题。

第二，给正在现实中运作的制度安法律理论之家。在这种情形下，制度上升成为了国家法律制度，但没有对法律制度为何是这样的作出法律理论上的解释，并被一般法律理论接受和认可，即技术合理性的解释，因此，存在给正在现实中运作的制度安法律理论之家的问题。

第三，给正在现实中运作的制度安法律制度之家。在这种情形下，对制度为何是这样的作出了法律理论上的解释，并被一般法律理论接受和认可，即具有技术合理性，但没有被制度化地成为国家法律制度。

第四，从理论上说，给历史上的制度安法律之家也存在上述三种情形，但由于给历史上的制度安法律制度之家既没有可能，也没有现实意义。因此，从现实意义的角度来看，给历史上的制度安法律之家就只是指安法律理论之家的情形。这是因为："没有'没有传统的现代化'"，❶ 现行制度必然包含传统的因素，因此，为了更好地给现行制度安法律之家，尤其是法律理论之家，并对历史和现实的制度作出连贯性的法律理论解释，需要对历史上的制度作出法律理论解释——技术合理性解释，需要研究给历史上的制度安法律理论之家的问题。

在实践中，上述第三种情形存在的可能性较小，因此，在现实生活中存在第一、二、四等三种情形的可能性较大。

另外，安法律理论之家在给制度安法律之家中起着举足轻重的作用。如在英国洛克所生活的时期，尽管立法权、行政权和对外权采取了由以资产阶级为代表的新兴势力和以国王为代表的旧

---

❶ 金耀基：《从传统到现代》（补篇），法律出版社，2010，第156页。

势力分享的法律制度安排，但由于缺乏法律理论的解释和正当化，使当时给制度安的法律制度之家并不稳固，安的法律制度之家也不是那么名正言顺，以资产阶级为代表的新兴势力享有的立法权随时有可能被削弱甚至被剥夺。只有在洛克提出了分权理论，并给当时的法律制度安排作出了理论上的解释，给当时的法律制度安了法律理论之家后，才使得当时给制度安的法律制度之家得以稳固，并被传播到欧洲各国，最后被大多数国家认可和接受。而美国在制定联邦宪法以建立国家之家时，由于在联邦党人与反联邦党人之间进行了充分的理论探讨，❶ 给宪法的制定和国家的建立找到了理论上的依据，安了法律理论之家，因此，使当时给美国建立统一而强有力的中央政府安法律制度之家显得名正言顺，水到渠成。可见，在给制度安法律制度之家和法律理论之家中，安法律理论之家是安法律制度之家的理论前提，安法律制度之家是安法律理论之家的必然结果。

综上，给制度安法律之家，着重研究给制度安法律理论之家问题，实质上就是探讨法律制度体系化的问题；在必要的情形下，才会进一步涉及给现行制度安法律制度之家的问题。

（四）"法安天下"的关键：给中国（法律）制度安法律（理论）之家

更具体地说，给制度安法律之家侧重探讨给中国制度安法律之家，包括给中国古代和现代制度安法律理论之家与给中国现代制度安法律制度之家两个方面，但在此侧重关注前者。给中国（法律）制度安法律理论之家，实质上就是将现行零散而缺乏内在联系的中国（法律）制度，用某种法律理论将它们串联起来并加

---

❶ 汉密尔顿等：《联邦党人文集》，程逢如等译，商务印书馆，1980。

以体系化，追寻它们共同的社会归宿——历史－社会逻辑即技术合理性——与法律理论（即法学范式）归宿。这些零散的中国（法律）制度，主要包括以下两个层面。

1. 宏观层面的中国（法律）制度

第一，法律运行。法律运行是指法律运行主体（包括立法者、司法者、执法者、守法者等）在法律运行过程（包括立法、司法、执法、守法等）中所体现出来的一种法律行为或法律活动（包括立法行为、司法行为、执法行为、守法行为等）。目前，明确的整体的法律运行研究较少，大部分是分解式研究。分解式的法律运行研究，试图通过将"法律运行"分解为立法、执法、司法、守法、法律监督等环节，即"法律运行＝立法＋执法＋司法＋守法＋法律监督"，然后希望通过研究"立法""执法""司法""守法""法律监督"来达到对"法律运行"的研究。这种研究使我们对"立法""执法""司法""守法""法律监督"的研究日益走向了精细化、技术化，但这种分解式的研究存在着不可避免的弊端：我们研究的问题（"立法""执法""司法""守法""法律监督"）与我们要研究的问题（"法律运行"）并非同一问题。在这个意义上，分解式法学范式也不能有效完成甚至可能遮蔽、扭曲对我国现存"法律运行"法律制度的理论研究；换言之，我国法学界实际上缺乏对我国"法律运行"的研究，也就不可能从法学元理论——法学范式——角度来解决其理论归宿问题，最终也存在着安法律——尤其是法律理论——之家的问题。

第二，"礼法合一"。"礼法合一"或者"以礼入法"，是中国传统法律制度最突出、最重要、最基本的特征之一，其历史渊源至少可以追溯到西汉时期董仲舒的"引经决狱"，至今仍然有效地运行于中国社会，是中国目前历史最为悠久的传统法律制度之一。

"礼法合一"也受到了学界持续的高度关注,但学界多从规范层面进行规范角度的研究和探讨,很少将其嵌入中国大历史和中国社会中探讨其历史-社会逻辑,即长期的技术合理性,也很少从法学元理论——法学范式——角度探讨其理论根基,因此既没有解决其社会归宿问题,又没有解决其理论归宿问题,即存在着安法律——尤其是法律理论——之家的问题。

第三,"政法合一"。"政法合一"也是中国传统法律制度最突出、最重要、最基本的特征之一,其历史渊源至少可以追溯到中国古代行政兼理司法的传统,至今仍然有效地突出地运行于中国社会,尤其是中共十八大以后,正式地将中国共产党的领导上升为中国当代法治的基本原则,也是中国目前历史最为悠久的传统法律制度之一。"政法合一"也受到了学界持续的高度关注,但学界多从历史描述的角度进行研究和探讨,很少将其嵌入中国大历史和中国社会中探讨其历史-社会逻辑,即长期的技术合理性,也很少从法学元理论——法学范式——角度探讨其理论根基,因此既没有解决其社会归宿问题,又没有解决其理论归宿问题,也存在着安法律——尤其是法律理论——之家的问题。

2. 中观法律/社会组织层面的中国(法律)制度

第一,民主集中制。民主集中制是我国宪法规定的基本原则之一,也是一种合二(民主与集中)为一的有中国特色的基本法律制度,作为一种社会组织的基本原则,也广泛实施于各种法律组织、国家政权组织、企事业组织、人民团体等各种社会组织。民主集中制也受到了学界持续的高度关注,但学界多从事分解式的规范性、描述性的研究。分解式的研究试图通过将"民主集中制"分解为民主和集中(即"民主集中制=民主+集中"),然后研究"民主"与"集中"来达到对"民主集中制"的研究。这种研究使我们对民主和集中的研究日益走向了精细化、技术化，但这种分解式的研究同样存在着不可避免的弊端：我们研究的问题（"民主"与"集中"）与我们要研究的问题（"民主集中制"）并非同一问题。在这个意义上，分解式法学范式也不能有效完成甚至可能遮蔽、扭曲对我国现存"民主集中制"法律制度的理论研究；换言之，我国法学界实际上缺乏对我国"民主集中制"的研究，也就不可能从法学元理论——法学范式——角度来解决其理论归宿问题。另外，规范性的研究，大部分是从法律规范的角度来研究、评判"民主集中制"，而描述性的研究，大多是从其历史事实的角度来研究其发展演变过程，因此，也不可能将其嵌入中国大历史和中国社会中探讨其历史－社会逻辑，即长期的外在的技术合理性，也不可能将其嵌入自身组织结构中探讨其自身内在的技术合理性，最终也不可能解决其社会归宿问题。总之，"民主集中制"也存在着安法律——尤其是法律理论——之家的问题。

第二，"调审合一"（含审判委员会，下同）。"调审合一"也是中国传统法律制度最突出、最基本的特征之一，其历史渊源至少可以追溯到中国古代"官绅合一"的传统，至今仍然有效地突出地运行于中国社会的法院组织中。"调审合一"也受到了学界持续的高度关注，但学界多从事分解式的规范角度的研究。分解式研究试图通过将"调审合一"分解为调解和审判（即"调审＝调解＋审判"），然后研究"调解"与"审判"来达到对"调审"的研究。这种研究使我们对调解和审判的研究日益走向了精细化、技术化，但这种分解式法学范式的研究存在着不可避免的弊端：我们研究的问题（"调解"与"审判"）与我们要研究的问题（"调审"）并非同一问题。在这个意义上，分解式法学范式不能有效完成甚至可能遮蔽、扭曲对我国现存传统"调审合一"法律制度的理论研究；换言之，我国法学界实际上缺乏对我国传统"调审合一"制度的研究，进而也就不可能从法学元理论——法学范式——角度来解决其理论归宿问题。另外，对于规范角度的研究，大部分是从西方法律规范的角度来研究、评判中国的"调审合一"，以西方法律规范为标准，主张将调解从中国法院中清除出去，因此，也不可能将其嵌入中国大历史和中国社会中探讨其历史-社会逻辑，即长期的外在的技术合理性，也不可能将其嵌入自身组织结构中探讨其自身内在的技术合理性，最终也不可能解决其社会归宿问题。总之，"调审合一"也存在着安法律——尤其是法律理论——之家的问题。

二、为何安家——"法安天下"

为何会产生给中国（法律）制度安法律（理论）之家的问题？大致有以下三个方面的原因。

（一）法学理论方面的原因

第一，中国古代法学不发达，也不追求内部理论的体系化，无意也无力解决给中国古代（法律）制度安法律（理论）之家的问题。

法学是关于正义和非正义的科学。在这个意义上，中国古代不存在现代意义上的法学，只存在律学；即使是历史上关注法律问题的法家，也是如此，缺乏对正义、权利、公平、自由等法学核心问题的研究。"中国的法律学术从汉代开始，转变成为一种依据儒家经典对制定法进行讲习、注释的学问，历史上称之为'律学'。'律学'主要是从文字上、逻辑上和技术上对法律条文进行详细解释，关注的中心问题是刑罚的宽严，肉刑的存与废，'律''令'等法条的具体运用，以及礼与刑的关系……中国的律学不是一门独立的科学，律学家也不是完全以法律为研究对象的，他们基本上都是经学家或官僚，所以叫'引经注律'。律学至多只是经学的一个分支，经学的思想统治了律学。"❶ 而中国古代的经学与中国古代的法学（律学）一样，也不追求自身理论的体系化。"西方伦理学及社会科学要建立的，是有系统的、分析性的理论知识，以知为目标，而孔子的志趣，却不在树立一套伦理知识，只在重建社会秩序，目标在行，不在知。所以，与其说儒学是有关伦理的知识，毋宁说是伦理本身。"❷ 敏锐观察到这一点的韦伯也认为："儒学压根儿只是一大堆政治格言和社会上有教养者的行为守则而已。"❸ 换言之，儒家只是侧重于制度实践和制度运用的实效，并不追求自身理论的体系化，因此对进一步地给制度安法律之家尤其是理论之家的活动并不感兴趣，也无力解决给中国古代（法律）制度安法律（理论）之家的问题。

第二，中国近现代并未形成真正意义上的具有本土性和民族性的中国法学——尤其是中国法学范式，无力解决给中国（法律）制度安法律（理论）之家的问题，尤其是不能解决给具有中国特有的传统化合型（法律）制度安法律理论之家的问题。

随着中国法治建设的不断发展，中国法学界也出现过几次法学范式之争。如受西方法学在哲学根源上存在着人文主义与科学主义之分的影响，中国法学一直存在着科学性与人文性之争。人文论者，既有从人性、知识谱系、方法论、哲学根源等方面探讨

---

❶ 张中秋：《中西法律文化比较研究》，南京大学出版社，1999，第234-236页。
❷ 张德胜：《儒家伦理与秩序情结——中国思想的社会学诠释》，巨流图书公司，1989，第63页。
❸ Max Weber, *The Religion of China* (New York: The Free Press, 1964), p.152.

其基本理论问题，也有探讨人文精神在民法、刑法、行政法等部门法中的体现问题，主张中国法学范式变革的人文化。❶ 科学论者，既有探讨其基本理论问题，也有探讨民法学、证据法学、行政法学等部门法学中所体现的科学主义精神问题，主张中国法学范式变革的科学化。❷ 再如，自苏力提出政法法学、诠释法学和社科法学等三种法学范式，❸ 以及邓正来提出"中国法学向何处去"的范式问题以来，❹ 尤其是近几年受德国法教义学和美国法学人文社会科学化的影响，在法学界兴起了法教义学与社科法学之争。社科法学论者针对自己经验研究有余而基本理论研究不足的状况，提出要对社科法学的发展历程、方法论、实证传统、含义、社会

---

❶ 杜宴林：《法律的人文主义解释》，人民法院出版社，2005；占茂华：《自然法观念的变迁》，法律出版社，2010；侯健、林燕梅：《人文主义法学思潮》，法律出版社，2007；刘国利：《人文主义法学研究》，法律出版社，2016；胡玉鸿：《法学方法论导论》，山东人民出版社，2002；严存生：《法律的人性基础研究》，中国法制出版社，2016；舒国滢：《欧洲人文主义法学的方法论与知识谱系》，《清华法学》2014年第1期；苏彦新：《民法法典化的人文主义法学根源》，《政法论坛》2017年第1期；徐国栋：《民法的人文精神》，法律出版社，2009；叶必丰：《行政法的人文精神》，北京大学出版社，2005；陈兴良：《刑法的人性基础》（第四版），中国人民大学出版社，2017；胡玉鸿：《法学是一门科学吗？》，《江苏社会科学》2003年第4期；王麟：《法学知识的属性与进步》，《法律科学》2000年第2期；王伯琦：《法学：科学乎？艺术乎？》，载《近代法律思潮与中国固有文化》，清华大学出版社，2005，第132-143页；郑戈：《法学是一门社会科学吗？》，载《北大法律评论》第1卷第1辑，法律出版社，1998，第1-30页；刘星：《法学"科学主义"的困境》，《法学研究》2004年第3期。

❷ 张文显：《迈向科学化现代化的中国法学》，《法制与社会发展》2018年第6期；毋国平：《法的科学性与"法"：以纯粹法理论为中心》，《法律科学》2014年第1期；张欣：《行政法学科学性证成探微》，《黑龙江省政法管理干部学院》2014年第1期；张中：《论证据法学的科学性及其学科地位》，《中国法学教育研究》2015年第3期；寇志新：《谈民法学的科学性阶级性及其现实意义》，《法律科学》1986年第2期。

❸ 苏力：《也许正在发生——转型中国的法学》，法律出版社，2004。

❹ 邓正来：《中国法学向何处去》，商务印书馆，2006。

功用等自身基本理论进行研究，倡导部门法学研究的社科法学转向，主张中国法学范式变革的社科法学化。❶ 而法教义学在进行其含义、谱系、方法论、社会功用等自身基本理论研究的同时，❷ 也在向宪法学、刑法学、民法学、行政法学等部门法学领域扩展，主张中国法学范式变革的法教义学化。❸ 还如，针对我国当代法学中存在的人文性与科学性的分歧，还有学者提出了折中主义的混合式法学范式变革主张；❹ 针对我国当代法学中存在的法教义学与社科法学的分歧，有学者提出了包括"实用主义法学"、实践法学

---

❶ 苏力：《中国法学研究格局的流变》，《法商研究》2014年第5期；侯猛：《社科法学的传统与挑战》，《法商研究》2014年第5期；邵六益：《社科法学的知识反思》，《法商研究》2015年第2期；陈柏峰：《社科法学及其功用》，《法商研究》2014年第5期；包万超：《面向社会科学的行政法学》，《中国法学》2010年第6期。

❷ 雷磊：《法教义学与法治：法教义学的治理意义》，《法学研究》2018年第5期；贺剑：《法教义学的巅峰》，《中外法学》2017年第2期；许德风：《法教义学的应用》，《中外法学》2013年第5期；雷磊：《法教义学能为立法贡献什么？》，《现代法学》2018年第2期；雷磊：《法教义学与法治：法教义学的治理意义》，《法学研究》2018年第5期；雷磊：《什么是法教义学？》，《法制与社会发展》2018年第4期；凌斌：《什么是法教义学：一个法哲学追问》，《中外法学》2015年第1期；雷磊：《什么是我们所认同的法教义学》，《光明日报》2014年8月13日，第16版。

❸ 陈景辉：《部门法学的教义化及其限度》，《中国法律评论》2018年第3期；张翔：《宪法教义学初阶》，《中外法学》2013年第5期；李忠夏：《宪法教义学反思：一个社会系统理论的视角》，《法学研究》2015年第6期；冯军：《刑法教义学的立场和方法》，《中外法学》2014年第1期；张明楷：《也论刑法教义学的立场》，《中外法学》2014年第2期；刘艳红：《中国法学流派化志趣下刑法学的发展方向：教义学化》，《政治与法律》2018年第7期；刘艳红：《中国刑法教义学化过程中的五大误区》，《环球法律评论》2018年第3期；汤文平：《民法教义学与法学方法的系统观》，《法学》2015年第7期；王本存：《论行政法教义学》，《现代法学》2013年第4期。

❹ 魏建国：《大陆法系方法论的科学主义误区与人文主义转向》，《法学评论》2011年第1期；袁振辉、杨文丽：《西方法理学中的人文主义与科学主义》，《中共中央党校学报》2005年第2期；杨忠民、程华：《自然法，还是法律实证主义》，《环球法律评论》2007年第1期。

派、"实效主义法学"等在内的折中主义的法学范式变革主张。❶

上述不论是人文性(人文主义)与科学性(科学主义)之争,还是法教义学与社科法学之争,都没有在哲学上超出西方人文主义与科学主义的范畴,都没有超出西方传统三大法学流派(自然法学、规范法学和社会法学)之争的范畴,都是一种由西方实体主义发展而来的分解式法学范式;即使是为了解决这些分解式法学范式而提出的折中主义的混合式法学范式,也只是这些分解式法学范式的简单的物理性的、技术性的混合,实质上还是一种分解式法学范式。

这些受西方现代化范式支配而形成的分解式法学范式,能否解决中国(法律)制度安法律(理论)之家的问题呢?

这些受西方社会影响而形成的分解式法学范式,都具有不同的地方性,都是一种地方性知识,无法解决中国(法律)制度安法律(理论)之家的问题。如作为分解式法学范式之一的规范分析法学的代表性人物哈特,在《法律的概念》一书的"序言"中,就告诉读者:"本书也可以被视为一个描述性社会学的尝试。"❷ 而波斯纳对此也有同感:"把此书作为一个知识渊博的内部人对英国

---

❶ 孙海波:《法教义学与社科法学之争的方法论反省》,《东方法学》2015 年第 4 期;谢海定:《法学研究进路的分化与合作——基于社科法学与法教义学的考察》,《法商研究》2014 年第 5 期;熊秉元:《论社科法学与法教义学之争》,《华东政法大学学报》2014 年第 6 期;尤陈俊:《不在场的在场:社科法学与法教义学之争的背后》,《光明日报》2014 年 8 月 13 日,第 16 版;李晟:《实践视角下的社科法学:以法教义学为对照》,《法商研究》2014 年第 5 期;郑永流:《实践法律观要义——以转型中的中国为出发点》,《中国法学》2010 年第 3 期;叶会成:《实践哲学视域下的法哲学研究:一个反思性述评》,《浙江大学学报(人文社会科学版)》2017 年第 4 期;武建敏:《实践法哲学:理论与方法》,中国检察出版社,2015。

❷ 哈特:《法律的概念》,张文显等译,中国大百科全书出版社,1996,"序言"第 1 页。

法律制度的一种风格化描述，还是很启发人的，就如同德沃金法理学对人的启发在于它是对联邦最高法院自由派大法官的一种风格化描述一样，也就如同《尼各马可伦理学》中讨论的校正正义对人们的启发在于它是对亚里士多德时代雅典法律制度的一种风格化描述一样。"❶ 再如，作为混合式法学范式（实质上也是一种分解式法学范式）实践综合法学的代表性人物哈贝马斯提出的解决规范与事实分立的程序主义法治方案，波斯纳也认为它只是适用于德国，而不适用于美国，认为："他的理论（和哈特以及德沃金一样）所谈论的更直接的是他的国家即德国的情况，而不是其他国家的情况。美国人并不需要下面这些教诲：多样性的价值、政治原则找不到'先验的'基础、民主的重要性或合法政治制度的前提条件。这些东西都是我们生活形式的特点，是我们讨论和争论的理所当然的背景。"❷ 因此，波斯纳将之归纳总结为："所有这些法理学理论，我想强调它们的共同特点就是其所谓的普适性。每个理论家都宣布一些他认为适用于任何法律制度的原则，而事实上，最好是把他们每个人都理解为是对某个民族的法律制度的描述，在哈特那里是英国，在德沃金那里是美国，而在哈贝马斯那里是德国。"❸ 实际上，波斯纳这个归纳总结，也同样适用于自己为解决规范与事实分立而提出的一种侧重于结果的求助于社会科学的实用主义解决方案。

总之，这些受西方社会影响而形成的分解式法学范式，都具

---

❶ 波斯纳：《道德和法律理论的疑问》，苏力译，中国政法大学出版社，2001，第114页。

❷ 波斯纳：《道德和法律理论的疑问》，苏力译，中国政法大学出版社，2001，第124页。

❸ 波斯纳：《道德和法律理论的疑问》，苏力译，中国政法大学出版社，2001，第107页。

有不同的地方性，都是一种地方性知识，中国法律制度的安家问题无法建立在这种具有地方性的法律理论之上，无力解决给中国（法律）制度安法律（理论）之家的问题，尤其是不能解决给具有中国特有的传统化合型（法律）制度安法律理论之家的问题。

(二) 法律制度方面的原因

首先，由于中国古代法学和法律制度的不发达，中国古代大量的制度没有法制化；即使有些制度法制化了，安了法律制度之家，但由于中国古代法学的不发达甚至缺失，也没有从理论上作出合理化的法律解释——技术合理性解释，没有完成安法律理论之家的任务。

在法律实践中，分解式法学范式通过对法律的不断分解，如首先民事性法律与刑事性法律出现分解和分离，接着是行政法从民事性法律中分离出来形成一个独立的法律部门，后来是经济法、环境法等法律部门出现分解并形成独立的法律部门，使原来混而不分的法律逐渐分解、分化，最终使法律日益精细化、技术化，促进了法律制度的不断发展和繁荣，并形成一个日益分工、日益复杂化的法律体系，使大量的制度实现了法律化，解决了给制度安法律制度之家的问题。

比较而言，中国古代由于缺乏这种分解式法学范式的影响，使中国古代法律制度难以走向精细化和技术化，始终处于一种"化合型"法律制度的状态，如中国古代法律存在的民刑不分、诸法合体，无法将存活于中国社会的大量的民间制度（如民间习惯等）法律化、再制度化，满足其安法律之家的需要；即使是其中的有些制度法制化了，安了法律制度之家，但由于中国古代法学的不发达甚至缺失，也没有从理论上作出技术合理性解释，没有完成安法律理论之家的任务。

其次，在近现代中国社会进行法治建设的过程中，最终导致了西方制度——尤其是法律制度——及其法律理论的大量"入侵"和引入，❶ 最后形成了一种融合了中西各种因素的制度——尤其是法律制度——多元的格局。❷ 自近代以来，这些制度——尤其是法律制度——在与中国国情不断磨合、融通的作用下，形成了大量的正在中国社会有效运转的融合了中西各种因素的新制度。

最后，在近现代中国社会进行法治转型的过程中，经从传统到现代的过程，也是传统与现代融合的过程，最终形成了许多具有中国传统文化特色的融合了古今中国社会各种因素的（法律）新制度。

对于这些融合了古今中外各种因素的新制度，既不能单纯从西方的法律理论作出观念合理性的解释，更不适合在中国传统文化那里得到观念合理性的解释，因此就需要提出一种既不同于现代西方的法律理论，也有异于中国古代的新的法律理论，对这些制度作出法律理论上的技术合理性的解释，即解决安法律理论之家的问题。

还有些融合了古今中外各种因素的新制度，除了安法律理论之家的问题外，还存在安法律制度之家的问题。因此，这些在中国正在有效运转的融合了古今中外各种因素的新制度，由于没有完成安法律制度之家的任务，目前还处于不稳定的状态。即使是那些安了法律制度之家的制度，也还不能说稳如泰山，还存在名不正言不顺的问题，还存在安法律理论之家的问题；否则，有可

---

❶ 张德美：《探索与抉择：晚清法律移植研究》，清华大学出版社，2003，第177－422页。

❷ 梁治平：《法辨——中国法的过去、现在与未来》，中国政法大学出版社，2002，第136－167页。

能像中国古代的制度那样因缺乏法律理论之家而被歧视，进而遭受被抛弃的制度命运。

对于这些混合了古今中外各种因素而形成的新制度——尤其是法律制度，由于目前没有完成安家——尤其是安法律理论之家——的任务，因此导致了用西方的法律理论来解释这些新制度，将在中国社会形成的新制度——尤其是法律制度——的法律理论之家安到了西方的法律理论上，而这些西方的法律理论又"通过'话语'带动'实践'"，❶影响着正在中国有效运行的制度和法律制度。因此，目前给中国古代和现有的制度安的西方法律理论之家使中国制度住着不舒服，也不适合，使中国制度——尤其是法律制度——难以在西方法律理论之家中住下去，古代的如梁治平的《寻求自然秩序中的和谐》；而有的西方法律理论之家甚至对中国制度采取排斥、歧视，甚至完全否定的态度，使中国有些制度无法律理论之家可归，如正在中国社会有效运转的礼法合一、政法合一、调审合一、民主集中制等"化合型"法律制度就是如此。中国的学术界——尤其是法学界——急需完成给中国制度安法律理论之家的任务。

(三) 国家（法律）制度竞争方面的原因

在某种意义上，国家之间的竞争就是国家（法律）制度的竞争，体现在以下两个层面。一是在微观层面，国家（法律）制度的竞争表现为单个法律制度及其制度技术先进性的竞争与比较。但制度技术与科学技术不同：科学技术的先进性主要决定于自身，受外部社会环境影响几乎为零，而制度技术的先进性，除了决定于自身技术外，还受到外部社会环境的较大影响和约束，是一种

---

❶ 强世功：《法制与治理——国家转型中的法律》，中国政法大学出版社，2003，第9页。

相对于某个社会的技术合理性。因此,在微观层面,国家(法律)制度的竞争和比较,就是某个法律制度技术合理性的竞争与比较。

二是在宏观层面,国家(法律)制度的竞争则是整个法律制度体系及其技术合理性的竞争与比较。由于整个制度体系的技术合理性并不是每个制度的技术合理性的简单相加,可能存在着 1 + 1 < 2 的情形。如立法奉行国家主义法律运行观,司法奉行人本主义法律运行观,单个看来都具有技术合理性,但由于两者在法律运行观上存在激烈的冲突和矛盾,因此,由立法与司法组成的整个制度运行体系就可能存在相互冲突和矛盾的问题,其技术合理性就不是两者简单相加的结果。在这个意义上,相对于国家制度的竞争而言,宏观层面的整个法律制度的技术合理性比微观层面的单个法律制度的技术合理性更为重要。

为了提高整个法律制度的技术合理性,事先必须完成制度体系化的工作,关注法律制度体系的技术合理性。法律制度的体系化,就是将表面看来零散的相互之间没有内在联系的(法律)制度,通过某种理论——其核心是法学范式——将它们串联、整合在一起,并形成一个具有内在联系、相互支持、相互配合的制度体系,以实现整体制度绩效的最优化,提高整个法律制度系统的技术合理性,促进整个制度体系的不断现代化,比如笔者所从事的"安家"系列研究就是这个方面的尝试。

可见,在最核心的意义上,国家(法律)制度竞争,在技术层面上,应该是整个(法律)制度体系及其技术合理性——相对于中国社会的技术合理性——的竞争;更重要的是,在观念层面上,应该是关于整个(法律)制度技术合理性话语——核心是法学范式——的竞争。

如古代中国的儒家及其制度安排,尽管在中国社会有效运行了几千年,并在古代那种非常落后的科学技术(如交通技术、信息技术等)条件下,不仅保障了古代中国的正常运转,而且保持了古代中国长期处于世界经济、政治等发展的前列,应该说在那种科学技术条件下,在制度的技术上具有一定程度的先进性;[1] 并通过自己的示范效应,获得了周边国家的自愿效仿和借鉴,建立了一片属于自己的治业。但由于儒家只是侧重于制度实践和制度运用的实效,缺乏一种关于国家制度技术合理性的话语理论,对进一步地给制度安法律之家——尤其是理论之家——的活动并不感兴趣,缺乏进一步地为制度安法律之家——尤其是法律理论之家——的工作,使自己的制度缺乏理论化和体系性,也不利于制度向更为广泛的地域范围内传播,因此在后来与西方制度竞争的过程中,使自己败下阵来,不仅败了业,而且败了家。

比较而言,西方的国家(法律)制度如国家权力分配的制度,由于不仅重视(法律)制度技术的先进性的发展,更重视(法律)制度技术合理性话语理论的研究和建构,如洛克的《政府论》及其国家权力分立的理论,不仅在制度技术上为当时英国以国王为代表的旧势力和以资产阶级为代表的新势力联合执政提出了分权的制度安排,而且从理论上论证了其制度技术的合理性,安了法律理论之家,并被孟德斯鸠发展完善成为现代三权分立的理论,因此使之得以便于在其他各国传播,先是传播到欧洲各国,后来又被传播到美国并被联邦党人发展成为三权分立与制衡的理论,运用于美国当时的建国实践中,并通过英国和美国的示范效应传遍世界各国,为世界各国治国所效仿或借鉴,既建立了一片法律

---

[1] 苏力:《大国宪制——历史中国的制度构成》,北京大学出版社,2018;苏力:《纲常、礼仪、称呼与秩序建构——追求对儒家的制度性理解》,《中国法学》2007 年第 5 期。

制度大业，也建立起来了一片法律理论大业。

目前，我国存在着的具有中国特色的法律制度（如政法合一、调审合一、审判委员会制度等），存在着中国历史上儒家的一系列制度曾经面临过的安家——尤其是安法律理论之家，即制度体系化及其现代化——问题。这些不被西方分解式法学范式认可的法律制度，目前尽管存在于中国社会并运行较为通畅，应该说有一定的技术合理性，但由于缺乏一种适合的法学范式将这些零散的法律制度体系化，一直在其理论归宿上处于一种不确定的状态，在与西方已经实现体系化的法律制度竞争或比较时，常常处于一种劣势和不利地位。为此，我们必须研究这些本土法律制度体系化及其现代化的问题，必须提供一种能够贯通古今中外的中国大法学范式解决它们的安家——尤其是安法律理论之家——问题。

三、何以安家——"法安天下"

如何给中国（法律）制度安法律（理论）之家？先要考虑安家的"地基"问题，使其坚实而宏博：在空间上，要将中国（法律）制度的家安于中国社会，追寻其社会逻辑；在时间上，要将中国（法律）制度的家安于中国大历史，追寻其历史逻辑。与此同时，还要考虑安家的高度，尤其是法学理论——其核心是法学范式——高度，使其雄壮而高大，能够自立于世界民族之林，要将中国（法律）制度的家安于中国大法学，尤其是中国大法学范式。❶ 以下将分而论之。

（一）安家于中国社会

法律的嵌入性就是指法律与社会的关系，将法律嵌入社会进

---

❶ "大法学"是笔者受黄仁宇的"大历史"概念启发而提出的概念，指宏观法学概念和理论。

行考察、思考和研究。因此，将中国（法律）制度的家安于中国社会，实际上就是法律与社会之间的关系问题，实质上就是研究法律的嵌入性问题。在这个意义上，法律的嵌入性理论就是这样的一种给中国制度安法律之家——尤其是法律理论之家——的法律理论，就是这样的一种给中国制度安法律之大家、立法律之大业的地基式的法律理论。如果将中国法律的安家立业建立在法律的嵌入性理论上，就是将其建立在中国社会基础上，就是研究中国法律与中国社会的关系，就是将中国法律嵌入中国社会进行考察、思考和研究，并建立起专门为中国法律安家立业量身定做的地基，进而在此地基上专门为中国制度量身打造自己的法律之家，就是将中国法律的安家立业建立在中国自己的地基上，而不是建立在别人的地基上，因此，就会使中国法律的安家立业的地基显得非常踏实，也非常稳固，在此地基建立起来的法律之家不仅非常稳固，而且也非常适合中国制度居住，住起来也非常舒服，至少不会像现在那样将中国现行制度的家安到别人家中而显得局促、别扭，甚至受到歧视，被别人看不起，最后还有可能被赶出家门，无家可归。

　　法律的嵌入性除了研究中国法律与中国社会的关系，将中国法律嵌入中国社会进行考察、思考和研究外，还研究一般法律与一般社会的关系，还包括将别国的法律嵌入别国社会进行考察、思考和研究，因此，如果将中国法律的安家立业建立在法律的嵌入性理论这个地基上，就会使中国法律安家立业的这个地基不仅稳固、结实，而且宽阔，可以超越时空的局限，具有普适性。因此，中国制度在这样的地基上安的法律之家，不仅适合于中国制度居住，也适合其他各国制度居住，最后还有利于立中国法律之大业。

法律的嵌入性还根据法律嵌入社会的不同程度，将其分为强嵌入性、弱嵌入性和零嵌入性。因此，根据法律的嵌入性，法律可以分为强嵌入性的法律、弱嵌入性的法律和零嵌入性的法律。如果将中国法律的安家立业建立在法律的嵌入性理论上，我们就可以为不同嵌入性程度的法律安不同的法律之家、立不同的法律之业。如对于强嵌入性的法律，可能是对于不同的社会安不同的法律之家，立不同的法律之业，相对于某一个社会可能是独此一家；对于零嵌入性的法律，可以四海为家，或者各国法律可以安同一个法律之家，立同一个法律之业；而对于弱嵌入性的法律，则处于上述两者之间。因此，它们在安法律之家、立法律之业的难度上是不同的：对强嵌入性的法律，由于与具体社会的关系较为密切，牵扯社会的方方面面，因此安家立业的难度较高；对于零嵌入性的法律，由于与具体社会的关系不是很密切，因此安家立业的难度较低，甚至在某种意义上，不存在安家立业的问题；对于弱嵌入性的法律，由于与具体社会的关系的密切程度居中，因此安家立业的难度也居中。因此，对于给制度安法律之家、立法律之业的问题，我们将侧重于强嵌入性法律和弱嵌入性法律的安家立业问题的研究；对于给中国制度安法律之家、立法律之业的问题，我们也将侧重于强嵌入性法律和弱嵌入性法律的安家立业问题的研究；尤其是前者，将是笔者在后续的研究中着重探讨的问题。

从嵌入社会的维度来看，中国社会也可以分为宏观、中观和微观三个层面，因此，安家于中国社会，探讨法律的嵌入性也包括三个层面。

一是宏观层面的法律的社会结构嵌入性。如宪法，在法学意义上，主要探讨国家权力与公民权利之间关系及其规范整合；在社会学意义上，宪法主要反映的是各种政治力量在社会中的构成及其社会整合，嵌入在一定的社会结构中，具有其社会结构嵌入性。二是中观层面的法律的组织结构嵌入性。任何法律的实施都由一定的法律组织来承担，都受到一定社会组织结构的影响，具有其组织结构嵌入性。根据其组织结构规范性的不同，社会组织可以分为正式组织与非正式组织。正式组织的组织结构规范性较强，大部分有其相应的组织规范，组织结构较为固定，因此可以采用组织结构-功能的研究方法；非正式组织的组织结构是随机形成的，没有固定而规范的组织结构，因此只能采用社会关系网络的研究方法。三是微观层面的法律的嵌入性。微观层面的法律的嵌入性，主要是将法律人及其行为嵌入一定的组织结构中进行观察、思考和研究，主要探讨嵌入组织结构中的法律人及其行为，也是中观层面组织结构嵌入性的微观基础。

法律的嵌入性不仅是一种理论，还是一种研究法律的方法——嵌入性分析方法。根据法律的嵌入性程度不同，可以分为强嵌入性分析、弱嵌入性分析和零嵌入性分析；根据法律的嵌入性维度不同，可以分为宏观的社会结构嵌入性分析、中观的组织结构嵌入性分析（又可以细分为规范的组织结构-功能分析和随机的社会网络分析）和微观的法律嵌入性分析。

我们之所以将法律嵌入不同环境条件下进行嵌入性分析，最终目的就是使法律在技术操作层面实现与外部和内部社会环境的互洽，实现其技术合理性，包括法律自身的内部的技术合理性和外部的技术合理性。技术合理性与观念合理性的区别在于：前者是建立在制度技术层面的自下而上的合理性，有利于实现制度观念与制度技术的统一；后者是一种建立在制度观念层面的自上而下的合理性，不利于制度观念向制度技术层面推进，也不利于实现制度观念与制度技术的统一。因此,如果将中国法律的安家立业建立在法律的嵌入性理论上,就是将其建立在技术合理性上,也就有利于为中国法律安的家、立的业不仅能够达到观念层面,而且能够进一步推进技术操作层面,实现观念与技术的统一与协调;不仅能够达到"行"的层面,而且能够达到"知"的层面,实现知行合一;最终使为中国法律安的家、立的业的地基不仅稳固宽阔,而且显得厚实。

(二) 安家于中国大历史

大历史(macro-history)是黄仁宇先生受经济学中宏观经济学与微观经济学的划分的启发而提出的。大历史"是从技术的角度看历史,不是从道德的角度检讨历史",[1] 着重追寻"历史上的长期技术合理性",而不只是满足于现实的合理性和未来的合理性。因此,时间间距较长,动辄牵涉一个世纪或一个朝代,甚至整个"中国大历史",甚至整个西方大历史,相信历史有它的连续性、前后连贯。大历史在研究历史的长期合理性上,着重研究"历史何以如是地展开",尽量呈现大历史的真实性、客观性,强调其中的非人身因素,尽量排除从个人的好恶来看待历史,尽量从技术的角度来看待历史。大历史不仅时间间距较长,空间间距也较宽,主张"放宽历史的视域",主张"中外联系",主张"站在(古今中外的)中间",根本宗旨是"从中西的比较揭示中国历史的特殊问题",因此,更强调中国本位的"中外联系",是"中国大历史"。

大历史,不仅是黄仁宇研究的对象,更是他研究历史的方法,也是大历史之所以能成为大历史的方法技术原因,也是其能克服

---

[1] 黄仁宇:《中国大历史》,生活·读书·新知三联书店,1997,"中文版自序"第4页。

道德化或者意识形态化弊端的研究路径。

首先，这种技术路径是一种自下而上的路径，要求我们从制度的技术操作层面切入，不要预设任何先入为主的观念，着重研究技术制度。这种存在于技术操作层面的技术制度，相对于较高观念层面的观念制度而言，必然显得零碎、弥散、琐细甚至零乱，不系统、没有逻辑、更没有体系，是一种无法交流或交流起来不经济的地方性的甚至个人化的制度知识，有的深藏于社会中，有的司空见惯而不易被觉察，有的浑然天成而不易被辨别，很容易被视而不见，更容易被意识形态化——特别是从西方发达成熟的制度意识形态出发的时候——为"封建、落后"的制度技术和知识，但它是研究中国法治的经验起点和"原材料"。

其次，"向下也必须有方法的增加和转换"。❶ 为了避免对这种琐细的技术制度的一种意识形态化的理解甚至误解，还需一种科学而客观的研究视角即大历史的技术角度。❷ 凡是能够解决好问题并能技术操作化的制度，都可以作为解决问题的选项，对制度持一种开放、包容的态度；即使是作为观念制度的道德或意识形态，也是如此：如果道德化或意识形态化能凭借节约机制等功能解决好问题，也可以作为其中的一个选项，但并不是唯一的选项，并不意味着选择了某种意识形态就排斥其他的选项。在这个意义——功能和技术——上，技术角度并不必然排斥道德实用主义，而是对道德实用主义的一种推进，一个重要的弥补和修正。这种"站在（古今中外的——引者注）中间"（黄仁宇语）的自下而上的技术角度，需要我们从浅显的社会法律问题即技术制度入手，

---

❶ 苏力：《研究真实世界中的法律》（译者序），载罗伯特·埃里克森《无需法律的秩序》，苏力译，中国政法大学出版社，2003。
❷ 黄仁宇：《中国大历史》，生活·读书·新知三联书店，1997；张洪涛：《中国法治为何需要"大历史"》，《政法论丛》2013年第1期。

并对其进行经济学、社会学、人类学、政治学等社会科学角度的向下研究，重新将法律嵌入中国社会进行透视的嵌入性分析。

再次，向下的技术操作层面的技术制度的技术角度的切入，只是为保障研究问题的真实和审视问题的客观；研究的目的还是为了向上——只不过是"自下而上"罢了。"更重要的是追求从实践中发现真实的有意义的问题，发现影响人的行为和制度运作的重要且相对稳定的变量，发现这些主要变量之间的具有恒定性的因此具有普遍意义的因果关系，研究在特定环境条件下人的行为方式以及在不同条件下的变异因此可以丰富这些简单因果关系建构起来的模型（即理论）。"[1] 质言之，就是为了理解并构建其中的建基于制度技术上的合理性即技术合理性。[2]

最后，还必须承认的是，技术合理性还不是研究的最终目的；其最终目的是在技术合理性的研究基础上，总结、提炼并形成一种能保障来自中国社会——实质上就是绝大多数中国人——的声音制度化地上浮的自下而上的法律意识形态。这种意识形态实际上已存在于中国社会，如马克思（Karl Marx）的物质决定意识、经济基础决定上层建筑的历史唯物主义，毛泽东的"从群众中来、到群众中去"的群众路线，邓小平的"实践是检验真理的唯一标准"、"解放思想，实事求是"的中国特色社会主义理论，江泽民的"三个代表"重要思想，胡锦涛的"以人为本"的科学发展观，以及为实现中国梦而开展的"党的群众路线教育实践活动"，习近平总书记的"以人民为中心"的思想，等等，都属于这种意识形

---

[1] 苏力：《研究真实世界中的法律》（译者序），载罗伯特·埃里克森《无需法律的秩序》，苏力译，中国政法大学出版社，2003，第18页。
[2] 张洪涛：《调解的技术合理性——一种中观的组织结构-功能论的解读》，《法律科学》2013年第2期。

态。但要将这种意识形态扩展到法律领域并具体化、系统化，形成一种中国特有的法律观和制度观，我们的研究还显得较为欠缺。为此，需要一种向下的建基于从技术角度来研究技术制度的技术合理性上的法律观和制度观，需要一种比道德实用主义更为实用主义的法律观和制度观，也就是波斯纳所说的"支持法律向一种更为实用主义的方向发展"，❶用邓小平的话说就是"白猫、黑猫，抓住老鼠就是好猫"的法律观和制度观，用笔者的话说就是一种技术实用主义的法律观和制度观。❷

总之，如果说安家于中国社会是追寻相对于中国社会的技术合理性，那么，安家于中国大历史则是追寻相对于中国社会的长期的技术合理性；如果说安家于中国社会是追寻相对于中国社会的社会逻辑，那么，安家于中国大历史则是追寻相对于中国社会的历史逻辑；如果说安家于中国社会是追寻相对于中国社会的横向的技术合理性，那么，安家于中国大历史则是追寻相对于中国社会的纵向的技术合理性。因此，如果我们将中国（法律）制度之家既安于中国社会又安于中国大历史，就可以达到历史逻辑与社会逻辑的统一，就可以将历史逻辑和社会逻辑的统一既建基于技术合理性上，又建基于法律的嵌入性理论上，也建基于法律的嵌入性分析方法上，最终夯实给中国（法律）制度安法律（理论）之家、立法治之业的地基。

（三）安家于中国大法学

安家的"地基"夯实了，还要有高度，尤其是理论高度，要

---

❶ 波斯纳：《道德和法律理论的疑问》，苏力译，中国政法大学出版社，2001，第216页。
❷ 关于这种技术进路的研究和实践，还可以参见张洪涛：《中国法治为何需要"大历史"》，《政法论丛》2013年第1期。

安家于中国大法学——其核心是中国大法学范式。

范式是团体（即学科共同体）承诺的集合，是决定一个学科之所以成为一个学科的学科基质，包括世界观、本体论、方法论和认识论等范式的形而上部分与范例等范式的形而下部分；其中，世界观是范式构成的核心要素，也是范式变革的唯一标准，当世界观发生变革时，范式构成的其他要素也会发生相应的变革。因此，在最根本、最核心的意义上，安家于中国大法学，就是安家于中国大法学范式上，就是安家于中国大法学范式的世界观——如中国传统的关系主义——以及在此关系主义世界观基础上形成的化合式法学范式。

"大法学"（macro-law），是笔者受黄仁宇"大历史"研究的启发而引入法学范式研究中来的，因此，与"大历史"一样，"大法学"及其大法学范式强调"站在（古今中外的——引者注）中间"（黄仁宇语）的立场：着重对法律现象——尤其是法学范式——在历史上的长期合理性的解读，而不只是满足于现实的合理性和未来的合理性的言说，着重研究法律现象——尤其是法学范式——背后的前后联系、古今联系；也注重中外联系、中西联系，但更强调中国本位，是中国本位基础上的中外联系、中西联系，是"中国大法学"和中国大法学范式。因此，在解释法律现象——尤其是法学范式——背后的前后/古今联系和中外/中西联系上，着重从技术制度的角度来解释，追求对中国大法学和中国大法学范式的融贯性解释。这种融贯性解释在中国大法学范式上体现在以下两个方面。

1. 中国大法学范式的中西互鉴

实体主义是西方文化的主流，"实体构成了（西方——引者注）哲学史发展的基本链条，它把哲学史上所有以本体论为基础的哲学连贯成一个整体"。❶ 它具有三个基本特征。第一，实体主义是一种实体——尤其是第一实体——至上论哲学。实体主义认为实体是第一性的，其他都是第二性的；其中，第一实体具有至高无上性，追寻第一实体是实体主义研究的最终目标。如实体主义通过不断的追溯而获得的"不可再分的最小、最基本的单位"即本原，在构成上的"同一性本质"，在形成上的"最高/终极原因"，都可能成为实体主义追溯的第一实体。第二，实体主义是一种基础主义哲学。它主要通过三种路径来实现：一是事物起源上的本原路径，就是将事物的起源或来源追溯到事物最开始时的原始状态，如从泰勒斯的"水"到赫拉克利特的"水"、德谟克利特的"原子"、柏拉图的"理念"、亚里士多德的"个别事物"；二是事物构成上的本质/基质路径，如亚里士多德的"是其所是"、黑格尔的"绝对精神"、洛克的"物自体"；三是事物起因上的本因路径，如亚里士多德的"不动的动者"、斯宾诺莎的"自因"。第三，实体主义还是一种分解式哲学，重在分析，其目标在知而不在行。实体主义在追溯第一实体时，通过不断分解的方式来实现。如实体主义将多样性的现象还原于同一性的本质，将整体还原于个体直至不可再分的最小、最基本的单位——本原，将表面的、次要的"初因"逐步还原于深层次的、根本性的"本因"的过程，也是一个不断分解、分析的过程，直到找到本体为止。还有学者从中西方提出问题方式的不同来解释这个问题：西方提出的是"为什么"的科学性问题，如古希腊哲人提出的是"宇宙是由什么元素构成的"，霍布斯提出的是"社会秩序为什么是可能的"，中国提出的是"如何"的规范性问题，如孔子认为"不曰

---

❶ 梁枢：《实体思维与辩证思维》，《学术月刊》1990年第9期。

'如之何,如之何'者,吾末知如之何也已矣",❶ 提出的是"如何建立社会秩序"。"问题的提法,不单规限而且引导答案的答法":❷ 前者指向自然,是分析性的,落点在事物的普遍方面,后者指向社会,是综合性的,落点在人事的具体方面;前者以知为目标,追求理论的系统性,后者的目标在行,追求其实践性。❸

因此,在亚里士多德实体主义的长期影响下,西方(法)哲学形成了实体基础主义的分解式(法)哲学范式(简称为分解式法学范式)。分解式法学范式,就是通过对研究对象的不断分解来寻找法律的基础或者本体的法学研究范式。如法理学首先将其研究对象法律分解为价值、规范和事实;然后,根据研究需要,将价值、规范和事实进一步地进行细分,如哈特将规范分为第一性规则和第二性规则;最后,根据研究需要,还可以进一步地分解下去,直到分解到不能分解并找到法律本体或者基础为止,如哈特将第二性规则又分解为承认规则、裁判规则和改变规则,并认为承认规则是法律制度的基础或者本体。不论是国外的人文主义与科学主义的法学范式之争,还是国外的自然法学、规范分析法学和社会分析法学的法学范式之争,还是国内的人文性与科学性的法学范式之争,还是目前国内的法教义学与社科法学的法学范式之争,它们的共同之处都是一种分解式法学范式。

根据库恩范式构成理论,作为一种成功而有用的范式,分解式法学范式必然体现在以下三个方面:一是分解式法学教科书范例,如我国法学本科教科书"总论-分论"教学体例,如果说"总论"体现的是实体基础主义,那么,"分论"则是分解式的体

---

❶ 《论语·卫灵公》。
❷ 张德胜:《儒家伦理与秩序情结》,巨流图书公司,1989,第35页。
❸ 张德胜:《儒家伦理与秩序情结》,巨流图书公司,1989,第36、62-63页。

现；二是分解式立法范例，如我国立法实践"总则－分则"立法体例，如果说"总则"体现的是实体基础主义，那么，"分则"则是分解式的体现；三是分解式法学研究范例，如我国法学研究"总－分－总"结构体例，如果说"总"体现的是实体基础主义，那么，"分"则是分解式的体现。

分解式法学范式，在给法学和法律带来不断的分解、分化、精细化、层次化、技术化和专门化，促进了法学和法律的不断繁荣和发展的同时，也给法学和法律带来了法学理论上的流派之间的隔阂、规范与事实的分立、法学知识的碎片化和片面的深刻等问题，法律实践上带来供给的知识和法律实践所需求的知识的脱节、"合法性"与"合法律性"之间的紧张、"法学与司法"之间的"各行其是"等问题。[1]

受分解式法学范式的影响，中国法学和法律日益走向了成熟和繁荣，法学研究和法治实践日益走向了精细化、技术化和专门化，但分解式法学范式难以满足中国特色社会主义法治理论研究和法治实践的需要，尤其体现在中国现存传统"化合型"法律制度（如礼法合一、政法合一、调审合一、民主集中制、审判委员会等）的理论研究上。分解式法学范式，试图通过对中国现存传统"化合型"法律制度进行分解来研究它，譬如为了研究"调审合一"，将"调审＝调解＋审判"，然后希望通过研究"调解"与"审判"来达到对"调审"的研究，但实质上，我们研究的问题（"调解"与"审判"）与我们要研究的问题（"调审"）并非同一

---

[1] 哈贝马斯：《在事实与规范之间》，童世骏译，生活·读书·新知三联书店，2003；胡克：《法律的沟通之维》，孙国东译，法律出版社，2008；波斯纳：《各行其是：法学与司法》，苏力、邱遥堃译，中国政法大学出版社，2017。

问题；在这个意义上，分解式法学范式不能有效完成甚至可能遮蔽、扭曲对我国现存传统"化合型"法律制度的理论研究，难以满足中国特色社会主义法治理论研究和法治实践需要，不适合于解决中国（法律）制度安家的理论问题。

为了克服分解式法学范式的不足，西方开展了近一个世纪的向综合法学转变的学术努力，包括：以博登海默、伯尔曼为代表的西方法学家，基于克服传统分解式法学范式的理论局限性，提出的"理论综合法学"混合式法学范式的变革主张；以卡多佐、哈贝马斯、波斯纳为代表的西方法学家，基于克服传统分解式法学范式的实践局限性，提出的"实践综合法学"混合式法学范式的变革主张。根据库恩范式变革（即世界观革命）理论，综合法学探索的大方向是可取的，但只将分解式法学范式进行了粗浅的物理性的技术性的"量的综合"即"混合"，没有从变革分解式法学范式的世界观——实体主义——入手，实质上还是一种分解式法学范式，无法实现对分解式法学范式的超越，因此，无法解决分解式法学范式因实体主义带来的上述法学理论和法律实践方面的问题。在这个意义上，混合式法学范式与分解式法学范式一样，也不适合于解决中国（法律）制度安家的理论问题。

比较而言，关系主义化合式法学范式（简称化合式法学范式），既迥异于实体主义分解式法学范式，也有异于综合法学混合式法学范式，至少可以从理论上解决分解式法学范式面临的规范与事实分立等问题。

与实体主义认为实体是第一性的、第一实体是至高无上的哲学观点不同，"关系主义认为，岂止一切物的'性质'，凡是被认定为'实体'的物，实际上都不过是关系规定的'结节'……实体不是第一性的存在,关系规定态才是第一性的存在"❶。可见,如果说实体主义认为实体是第一性的,那么,关系主义则认为关系是第一性的,实体则只是嵌入关系中的一个"结节",离开了关系则实体的意义无法确定。如果说实体主义分解式法学范式研究的对象是实体,包括价值、规范与事实,那么,关系主义化合式法学范式研究的对象则是关系,如法律关系、复合的法律关系即法律关系网络、法律与社会的关系即法律的嵌入性等。而在构成关系——如法律关系——的实体要素中,既有主体又有客体,既有主观方面又有客观方面,既有法律规范又有法律事实。可见,如果说实体主义分解式法学范式必然会带来规范与事实的分立,关系主义化合式法学范式则至少可以从理论上解决规范与事实分立的问题;如果说实体主义是一种"分"的哲学,关系主义则是一种"合"的哲学;如果说实体主义法学是一种"知"的法哲学,那么,关系主义法学则是一种"行"的法哲学;如果说实体主义法学研究的是"应当是这样的法律""实际上是这样的法律",即"书本上的法律"和"行动中的法律",那么,关系主义法学研究的则是"关系/网络中的法律";如果说实体主义法学是一种实体基础主义分解式法学范式,那么,关系主义法学则是一种关系基础主义化合式法学范式。

与综合法学混合式法学范式试图在不变革分解式法学范式的世界观——实体主义——基础上,来解决其带来的规范与事实分立等问题不同,关系主义化合式法学范式则是从变革造成规范与事实的世界观——实体主义——入手来解决其规范与事实分立等问题;因此,与综合法学混合式法学范式只对分解式法学范式进

---

❶ 邓习议:《四肢结构论——关系主义何以可能》,中国社会科学出版社,2015,第77页。

行了粗浅的物理性的技术性的"量的综合"即"混合"不同，关系主义化合式法学范式则是对在世界观层面上的"质的综合"即"化合"；也因此，综合法学混合式法学范式实质上还是一种分解式法学范式，无法实现对分解式法学范式的超越，无法解决分解式法学范式因实体主义带来的规范与事实分立等上述法学理论和法律实践方面的问题，关系主义化合式法学范式则至少可以从理论上解决规范与事实分立的问题。

我们在强调关系主义化合式法学范式与实体主义分解式法学范式、综合法学混合式法学范式的差异的同时，还必须承认关系主义化合式法学范式与实体主义分解式法学范式、综合法学混合式法学范式之间的内在联系。由于实体基础主义分解式法学范式是迄今为止最为成功而有用的法学范式，深入而全面渗透到了现代法治和社会生活的方方面面，因此，试图用关系基础主义化合式法学范式取而代之的想法是不现实的。在这个意义上，关系基础主义化合式法学范式对实体基础主义分解式法学范式的超越，只是对其功能不足的弥补，而不是推倒重来，是在"分"的基础上的"合"。在这个意义上，关系主义化合式法学范式与实体主义分解式法学范式、综合法学混合式法学范式，与中、西医之间的关系一样，两者之间并不必然冲突、对立，而是相互借鉴、取长补短，前者是对后者的超越和发展，理论上可以成为中国（法律）制度的栖身之处，解决给中国（法律）制度安家——尤其是安法律理论之家——问题。

2. 中国大法学范式的古今融贯

中国大法学范式不仅强调中西联系，而且也注重古今联系，强调将关系主义化合式法学范式最早的哲学根源追溯到中国古代的关系主义。由于中国传统文化——尤其是儒家——侧重的是

"行"而不是"知",并不追求自身理论的体系性、明确性、完整性和自洽性,因此,并未提出明确的、系统的关系主义理论思想。儒家的关系主义理论思想,都是经过后来学者研究得出的较为一致的看法。如有学者认为,在中国素有"群经之首"的《周易》中就提出了先天之"道"(即阴阳关系)的思想:"易之为书也,广大悉备,有天道焉";"是以立天之道,曰阴与阳"。❶ 后来《老子》又发展了这种先天之"道"的思想:"有物混成,先天地生。寂兮寥兮,独立而不改,周行而不殆,可以为天地母。吾不知其名,字之曰道……人法地,地法天,天法道,道法自然。"❷ 孔子则在天人合一思想的基础上,将先天之"道"运用于人类社会,发展了后天之"道"的思想,以图推动人类行为符合"道理"(即道之理)。后来的儒家在孔子后天之"道"思想基础上,发展出来了一系列处理各种各样人际社会关系的"仁""伦"等方面的思想;其中,父子关系、君臣关系、夫妻关系、长幼关系和朋友关系等五伦关系是最基本的。后来的学者将儒家的各种关系归纳为两类:"人与人之间,有种种天然的、或人为的交互关系。如父子,如兄弟,是天然的关系。如夫妻,如朋友,是人造的关系。"❸

再如,现代学者梁漱溟从中西文化比较角度,认为中国传统文化儒家"在社会与个人相互关系上,把重点放在个人者,是个人本位;同在此关系上,把重点放在社会者,是谓社会本位。诚然,中国之伦理只看见此一人与彼一个之相互关系……不把重点固定放在任何一方,而从乎其关系,彼此相交换;其重点实在放

---

❶ 余敦康:《周易现代解读》,华夏出版社,2006,第366、370-371页。
❷ 《老子》,远方出版社,2006,第43-44页。
❸ 金耀基:《金耀基自选集》,上海教育出版社,2002,第96页。

在关系上了。伦理本位者,关系本位也"❶。而费孝通侧重关注的是儒家的"伦",认为西洋社会是一种"团体格局":"西洋社会组织像捆柴就是想指明:他们常常由若干人组成一个个的团体。团体是有一定界限的,谁是团体里的人,谁是团体外的人,不能模糊,一定得分清楚。"❷ 而中国社会是由许多"富于伸缩性的网络"组成的"差序格局":"伦是什么?我的解释就是从自己推出去的和自己发生社会关系的那一群人里所发生的一轮轮波纹的差序。"❸ 而金耀基在考察了中国文化思想上的"个人主义"与"集体主义"的思想倾向之后,认为儒家的关系主义是儒家试图打通和超越"个人"与"社会"之间的隔阂,实现其由修身到齐家、到治国、到平天下,由"己"一直通到天下这个大"社会"的"第三条道路"。❹ 还有学者从本体论和方法论的角度,认为:"从结构化的观点整体地看问题,是中国关系主义的一个基本特点";"因为关系是一个结构,关系结构中的构成单元虽然是实体,这些实体虽然很重要,但这些实体是关系结构的一部分,它们只有在关系结构的整体中才能显现出真正意义,所以,我们必须在关系结构的整体中认识它们,解读它们,了解它们的真正含义。这就是关系主义的整体主义。"❺

与西方实体主义及其"分"的文化观念对西方社会的政治、经济、法律等各个方面都产生了深远而广泛的影响一样,中国关系主义及其"合"的文化观念也对中国社会的政治、经济、法律等各个方面都产生了深远而广泛的影响,深深地嵌入中国社会肌

---

❶ 梁漱溟:《中国文化要义》,学林出版社,1987,第93页。
❷ 费孝通:《乡土中国 生育制度》,北京大学出版社,1998,第25页。
❸ 费孝通:《乡土中国 生育制度》,北京大学出版社,1998,第27-28页。
❹ 金耀基:《金耀基自选集》,上海教育出版社,2002,第160-162页。
❺ 高尚涛:《关系主义与中国学派》,《世界经济与政治》2010年第8期。

体中,也深深地嵌入中国人的身体和灵魂中。在政治上,大概由于"天候和地理的力量支撑着","在公元前221年,也就是基督尚未诞生前的约两百年,即已完成政治上的统一;并且以后以统一为常情,分裂为变态(纵使长期分裂,人心仍趋向统一,即使是流亡的朝廷,仍以统一为职志),这是世界上独一无二的现象"。❶ 在经济上,大概在李悝的时代,"创造了一种计划经济的原始风格"。在法律上,大概也是在李悝的时代,就形成了"间架性的设计,这是立法的基点,不是实际考察的尺度"。❷

由于中国传统关系主义强调的是关系而不是实体,强调的是整体主义而不是个人主义,强调的是义务而不是权利,是一种"吃人的文化"(鲁迅语),因此,在近代中西文明发生激烈碰撞而失败时,人们尤其是当时学者就自然而然地将这种失败的根本原因归结于这种传统而"落后"的儒家关系主义文化,以至于有许多学者提出"文化救国"主张,要彻底改造、清算这种儒家关系主义"吃人的文化"。但作为一种在中国古代社会长期存在并产生了深远而广泛影响的文化,并不是想清算就清算掉、想抛弃就能抛弃掉的,它会以另外一种更加隐蔽的并容易被当时人们认同、接受的新形式和新面貌存在于中国社会,那就是从西方并经过俄国而传来的西方马克思关系主义思想。在这个意义上,马克思主义——尤其是关系主义的思想——是中国传统关系主义文化在近现代的延续和发展。这也许是马克思主义之所以能在中国社会生根发芽并发扬光大的最根本原因。

马克思是西方关系主义思想的开创者,"真正实现由实体追问

---

❶ 黄仁宇:《赫逊河畔谈中国历史》,生活·读书·新知三联书店,1992,第6页。
❷ 黄仁宇:《赫逊河畔谈中国历史》,生活·读书·新知三联书店,1992,第12-13页。

向关系思维的转变,从而搭起由传统实体观向现代关系论过渡桥梁的是卡尔·马克思"。❶ 现代关系主义的学者包括皮亚杰、雅各布森、列维-斯特劳斯、布罗代尔、布迪厄、吉登斯、哈贝马斯等,无不是在马克思关系主义理论的不同程度的影响下发展而来;甚至还包括美国的社会网络理论的思想渊源,也可以追溯到马克思的关系主义。在马克思看来,商品、货币、资本等生产力的体现形式都是研究社会关系的"载体",生产力必须放在一定的社会关系之中来理解和界定,"黑人就是黑人。只有在一定的关系下,他才成为奴隶。纺纱机是纺棉花的机器。只有在一定的关系下,它才成为资本。脱离了这种关系,它也就不是资本了,就像黄金本身并不是货币,砂糖并不是砂糖的价格一样"❷。总之,"在马克思的理论结构里,生产关系是一个比较基本或原始的概念……马克思的政治经济学的研究对象可以说是'资本主义的生产方式',也可以说是'资本主义的生产关系或社会关系'"❸。

马克思关系主义不仅体现在本体论上,更重要的是体现在其方法论上。马克思之所以能够将两个对立冲突的现象——主观与客观、个体与整体、个人与社会、行动与结构、物质与意识、经济基础与上层建筑等——统一于社会关系中,这直接可以归结于马克思的对立统一规律,进一步又可以归结于马克思研究社会关系的研究方法——辩证法。"辩证法预设了一个整体或统一体。将两个'关联物'(所谓'二元':身/心、主体/客体、观念/物质等等)重新摆在一个比较大的整体中,从而超越了一元论和二元论

---

❶ 黄秋生:《从实体追问到关系思维——马克思思维方式的革命性变革》,《电子科技大学学报(社科版)》2011年第4期。
❷ 《马克思恩格斯选集》(第1卷),人民出版社,1972,第362页。
❸ 黄瑞祺:《马克思主义与社会科学方法论集》,中国社会科学出版社,2013,第37页。

的对立。"❶ 辩证法是从研究各种社会关系（如包括微观层面的人与人之间的关系；中观层面的阶级之间的关系；宏观层面的生产力与生产关系之间的关系、上层建筑与经济基础之间的关系等）中总结、提炼、抽象出来的有关"联系的科学"的"最一般的规律"。在这个意义上，"马克思主义的核心是'方法'，尤其是'辩证法'"，❷ 而且还是从辩证法的角度来研究社会关系的辩证方法。这些社会关系具体大致包括以下三个方面。第一是横向的共时性的社会关系：人与社会、自然之间的辩证关系，阶级之间的辩证关系，社会结构（如生产力与生产关系、上层建筑与经济基础、各意识形态之间的辩证关系等方面）之间的辩证关系。第二是纵向的历时性的发展变化的辩证关系：对立与统一之间的辩证关系，肯定与否定之间的辩证关系，量变与质变之间的辩证关系，矛盾之间的辩证关系，外因与内因之间的辩证关系，等等。第三是纵－横向的历史与逻辑之间的辩证关系，即逻辑的历史的相统一规律。总之，"马克思无论是对物（表现为商品、货币、资本等具体'物象'形态）的考察，还是对人（表现为人的本质、人的发展）的考察，无论是对分工理论还是社会形态理论的研究，无论是对社会结构还是对社会批判理论的探讨，社会关系始终是这些研究、探讨的总体视域和根本方法"。❸

马克思主义——尤其是关系主义的思想——在现代中国社会产生了深远而广泛的影响，形成了大量的中国化的马克思主义理论成果。如在马克思主义关系辩证法的指导下，毛泽东将中国社

---

❶ 黄瑞祺：《马克思主义与社会科学方法论集》，中国社会科学出版社，2013，第43页。
❷ 黄瑞祺《马克思主义与社会科学方法论集》，中国社会科学出版社，2013，第29页。
❸ 周志山：《社会关系与和谐社会》，中国书籍出版社，2015，第96－97页。

会主义建设和社会主义改造中存在的十大矛盾问题,概括为"十大关系",并作为我们解决这些问题的方法。再如,习近平总书记在治国理政中,先后提出的"四个全面的战略思想"、"党总揽全局的思想"、"总体国家安全观"、"五位一体"思想等方面,无不是中国传统关系主义也是马克思关系主义——尤其是整体主义——思想的体现;尤其是在"全面依法治国"战略实施过程中,坚持马克思主义立场、观点和方法,把辩证唯物主义和历史唯物主义——尤其是关系主义辩证方法论——运用于法治领域,形成了习近平法治思想科学方法——"坚持发展地而不是静止地、全面地而不是片面地、系统地而不是零散地、普遍地而不是孤立地观察、认识和处理全面依法治国一系列重大关系":❶正确处理政治和法治的关系、正确处理改革和法治的关系、正确处理发展和安全的关系、正确处理依法治国和以德治国的关系和正确处理依法治国和依规治党的关系。

马克思关系主义思想也对西方社会产生了深远而广泛的影响,并在学术——尤其是社会学领域——上,形成了两大流派:一派是以吉登斯和布迪厄为代表的欧洲关系主义;另一派是以格兰诺维特为代表的美国社会网络理论。

当然,我们在强调中国传统关系主义与现代关系主义的古今融通——尤其是思想观念之间的融通——之时,也不能否定两者之间的差异——尤其在技术上的差异——及其相互借鉴和融通。如中国传统关系主义与现代关系主义尽管在观念层面是相通的,但技术层面上存在一定程度的差异:前者不是在充分地"分解"及其精细化、技术化基础上的"化合","身"与"心"、技术与

---

❶ 《习近平法治思想概论》编写组:《习近平法治思想概论》,高等教育出版社,2021,第255页。

观念发展失衡,是一种"心"与观念的"早熟",只是一种"文化共同体";后者则是在实体主义分解式范式充分发展之后发展而来的,是在充分的"分解"即精细化、技术化基础上的"化合","身"与"心"、技术与观念发展较为平衡,是一种技术与文化的共同体。可见,在技术层面上,现代关系主义是有可取之处的,值得中国传统关系主义的借鉴和学习。

再如,马克思关系主义与现代关系主义尽管在观念层面是相通的,但技术层面上也存在一定程度的差异:首先,在本体论上,与后来成熟的关系主义范式相比,马克思的关系主义本体论也较为简单粗糙,其社会关系受当时社会发展等客观条件的制约,主要是一种简单的、单向度的、单维度的社会关系,而不是现在关系主义社会学范式所主要研究的复杂的、多向度的、多维度的社会关系,即社会网络;其次,在方法论上,与后来成熟的关系主义范式相比,马克思关系主义方法论也较为简单粗糙,主要是一种双向度的平面关系的辩证法方法,而不是现在关系主义社会学范式所采用的复杂的多向度关系/多维度关系、立体关系的社会网络分析方法;最后,在认识论上,与后来成熟的关系主义范式相比,马克思的关系主义认识论也较为简单粗糙,主要是一种在辩证法长期作用下而形成的双向的辩证思维/关系思维/实践思维,而不是现在关系主义社会学范式在社会网络分析方法长期作用下而形成的复杂的网络思维。总之,与"大部分新范式的早期形态都是粗糙的"一样,[1] 马克思关系主义范式是一种较为粗糙的关系主义范式,而不是一种较为成熟的关系主义范式即网络关系主义范式;但并不影响马克思关系主义范式在整个关系主义范式发展

---

[1] 托马斯·库恩:《科学革命的结构》,金吾伦、胡新和译,北京大学出版社,2012,第130页。

中的革命性作用和地位,并不能否定马克思关系主义范式在由实体主义向关系主义发展中的决定性作用和科学革命过程中的历史地位,尤其是在面对一种自亚里士多德以来一直影响非常深远而持久、全面而深入渗透于科学各个层面各个方面,并且科学体制化常规化的世界观——实体主义——时,马克思能提出一种带有革命性的世界观——关系主义,并对后来的关系主义范式带来了深远的影响,实属罕见,实在是难能可贵。

当然,我们在强调技术层面的差异之处的同时,也不能否定中国传统关系主义及其"化合"观念在整个关系主义化合式范式中的意义:相对于技术而言,观念由于深度嵌入社会中,具有强嵌入性、超强的黏性和柔性,其作用更重要、更隐蔽、更深刻、更持久、更难以移植,是范式构成的核心,也是范式变革唯一标准。在这个意义上,关系主义化合式法学范式,是一种中国本位的中国大法学范式,在观念层面上,也是对中国传统关系主义及其"化合"观念的暗合与复兴,是一种古今融通的中国大法学范式,在技术层面,既是现代世界法学范式——尤其是实体主义分解式法学范式——内在发展逻辑的必然结果,是一种中西互鉴的中国大法学范式,因此能够解决给中国(法律)制度安法律(理论)之家及其理论高度问题。

(四)"安家——'法安天下'"系列研究

基于以上考虑,笔者将开展"安家"系列研究,尝试将现有中国主要(法律)制度体系化,其中主要包括以下两个方面:

1. 中国法律制度体系化的理论工具:中国大法学范式研究

第一,分解式法学范式研究。这部分研究已经基本完成,主要是对现有唯一成功而有用的由西方实体主义发展而来的实体基础主义分解式法学范式(简称分解式法学范式)进行了研究,显示了这种分解式法学范式在法学研究方面的积极作用和弊端，尤其是在解决中国（法律）制度安家问题上的不足，并提出了关系主义化合式法学范式（简称化合式法学范式）在克服分解式法学范式弊端上的意义，强调的是中国大法学范式——化合式法学范式——的中西联系与互鉴。

第二，化合式法学范式研究。如果说分解式法学范式强调的是中国大法学范式的中西联系与互鉴，那么，化合式法学范式侧重关注的是中国大法学范式——化合式法学范式——的古今联系与融通。这部分研究大部分已经完成，具体包括：首先，追溯了关系主义在中国传统文化——尤其作为中国传统文化流传下来的载体中医——上的历史渊源；其次，研究了关系主义在近现代中国的发展及其隐蔽的体现形式——马克思关系主义；再次，研究了马克思关系主义在现代的技术发展及其在中国现代大法学范式建构方面的借鉴意义；再次，在吸取分解式法学范式研究成果的基础上，从关系主义角度对中国大法学范式——化合式法学范式——的本体论和方法论进行了初步的理论建构；最后，在总结中国民法典、刑法、行政法、环境法、教育法等法典编纂中分解式立法范例的经验基础上，还研究了化合式立法范例。

2. 中国法律制度体系化的具体展开：中国大法学范式下的制度研究

第一，中国传统化合型法律制度研究。一是宏观层面化合型法律制度研究：《中国传统礼法合一国家治理体系研究》（已出版），《中国政法传统的历史-社会逻辑》（基本完成）；二是中观法律组织层面化合型法律制度研究：《调审合一法律组织学研究》（本书），《民主集中制的普适性及其技术展开——法律组织学研究》（尚未开始）。

第二，非中国传统的化合型法律制度研究。中国大法学范式研究不仅体现在对中国传统化合型法律制度研究，而且也适合于非中国传统化合型法律制度研究上，如《法律运行原论——化合式法学范式研究》。

另外，必须说明的是，尽管现在有"安家"系列研究的明确计划，但它是随着研究的不断展开和深入而逐渐显山露水，尤其是随着笔者的法学研究从早期法学范例研究上升到目前法学范式的高度，本书作为分解式法学研究范例到化合式法学研究范例的脉络就更为清晰，并作为这次编辑此书的基本结构和思路；在这个意义上，本书的研究也不是事先计划的产物，严格说来是一种事后整理或者再研究的结果。本书除了第三章是首次公开发表外，其余各章都是近几年研究的成果，大都作为学术论文或压缩成为学术论文以相同或不同的题目先期在诸多学术刊物上公开发表过，依本书的章节顺序分别是：《司法之所以为司法的组织结构依据——论中国法院改革的核心问题之所在》（《现代法学》2010年第1期）、《调解的技术合理性——一种中观的组织结构-功能论的解读》（《法律科学》2013年第2期）、《中国法院压力之消解——一种法律组织学解读》（《法学家》2014年第1期）、《审判委员会法律组织学解读——兼与苏力教授商榷》（《法学评论》2014年第5期）、《法律洞的司法跨越——关系密切群体法律治理的社会网络分析》（《社会学研究》2011年第6期）、《民法典学者建议稿信息结构及其参与者的社会网络》（《环球法律评论》2014年第3期）。这次编辑本书时，为了形成一个以"调审合一法律组织学"为主题的有机统一整体，我对这些文章的标题、某些概念等形式作了一些技术性的修改，但基本内容还是保有原来的基本面貌。在此，对这些刊物编辑部的授权许可表示感谢！对这些刊物的责任编辑或匿名审稿人为这些文章的首次发表付出的心血，也表示由衷的感谢！

最后，还必须交代的是，本书大部分内容的写作主要集中于笔者在南京工作期间。在这段时间，我与我的妻子李玲女士过着聚少离多的分居生活。她不仅承担了全部烦琐的家务活，帮我度过了人生中一段最艰难的时光，而且给我开展持续而不间断的学术研究营造了一种宽松的生活氛围。本书的研究和出版无疑凝结了她的辛劳、理解、支持和奉献。在此，请允许我将此书献给她，以怀念我们曾经走过的那段艰难而充满创作激情的美好时光！

张洪涛

初稿完成于 2015 年 10 月南京百家湖寓所

二稿完成于 2021 年 11 月 8 日广西大学东校园紫荆湖寓所

三稿完成于 2022 年 3 月 28 日广西大学东校园紫荆湖寓所

四稿完成于 2023 年 5 月 28 日广西大学东校园紫荆湖寓所

目录

CONTENTS

上篇　分解式法学范式的研究 ‖ 001

第一章　司法之所以为司法的法律组织学解读 ‖ 003

一、引子：问题与视角 / 003

二、一般的理论探讨：司法组织的结构与功能 / 006

三、当代中国法院组织结构的"名"与"实"/ 011

四、当代中国法院审判系统的组织结构与功能 / 016

五、当代中国法院改革的核心问题及其建议 / 023

第二章　调解技术合理性之法律组织学解读 ‖ 031

一、研究的缘起 / 031

二、调解的同等组织结构 / 034

三、嵌入调解同等组织结构的民意沟通 / 041

四、嵌入调解同等组织结构的沟通合法性 / 048

五、调解技术合理性的制度化建议 / 055

第三章　审委会研究中的分解式法学范式及其反思 ‖ 058

　　一、研究问题的缘起 / 058

　　二、审委会研究中的分解式法学范式（例）/ 063

　　三、分解式法学范式对审委会的正面影响 / 072

　　四、分解式法学范式对审委会的负面影响 / 085

　　五、结语：分解式法学范式的转型 / 096

下篇　化合式法学范式的研究 ‖ 099

第一分编　非随机的规范性的组织结构 – 功能分析 ‖ 101

第四章　中国法院调审组织之法律组织学解读 ‖ 102

　　一、引论：问题与视角 / 102

　　二、法律洞影响下法院压力何以形成：宏观的功能比较视角 / 105

　　三、法院压力何以消解：调审组织的形成 / 111

　　四、法官压力何以消解：调解型横向分权式决策的"民主化" / 118

　　五、法官压力何以消解：审判型纵向分权式决策的"行政化" / 123

　　六、法官压力何以消解：调审型纵–横向分权式决策的去司法化 / 127

　　七、结语：消解压力方式的影响及其制度化解决的建议 / 132

第五章　审判委员会法律组织学解读 ‖ 136

　　一、引论：问题与视角 / 136

二、审委会"十字形"组织结构 / 138

三、审委会存废的标准:"对法官的功能"抑或组织功能? / 142

四、审委会实际的组织功能 / 146

五、结语 / 152

第二分编　随机的非规范性的社会网络分析 ‖ 155

第六章　调审合一的司法原因:法律洞司法跨越之社会网络分析 ‖ 156

一、材料、问题与视角 / 156

二、法律洞在司法领域的延伸:司法洞 / 161

三、法律洞司法跨越的策略选择:退出、扩展还是嵌入 / 167

四、法官微观层面的策略性嵌入:法官与村支书的交替 / 173

五、法官宏观层面的策略性嵌入:制定法与习惯法的融合 / 178

六、法官中观层面的策略性嵌入:审判与调解的轮换 / 183

七、结语:从个案研究迈向一般理论 / 187

第七章　调审合一的立法原因:法律洞形成之社会网络分析 ‖ 193

一、问题、材料与方法 / 193

二、当代中国民法典(学者建议稿)法律洞 / 197

三、立法网络的形成 / 203

四、立法网络结构洞对民法典法律洞的影响 / 213

五、零成本立法政策对关系人及其知识网的约束 / 218

六、零成本立法政策对主持人及其群内网络的影响 / 224

七、零成本立法政策对立法者及其群间网络的作用 / 228

八、民法典法律洞的主要制度性影响及其克服 / 232

主要参考文献 ‖ 240

上 篇
分解式法学范式的研究

分解式法学范式，就是通过对研究对象的不断分解来寻找法律的基础或者本体的法学研究范式。如法理学首先将其研究对象法律分解为价值、规范和事实；然后，根据研究需要，将价值、规范和事实进一步细分，如哈特将规范分为第一性规则和第二性规则；最后，根据研究需要，还可以进一步分解下去，直到分解到不能再分解并找到法律本体或者基础为止，如哈特将第二性规则又分解为承认规则、裁判规则和改变规则，并认为承认规则是法律制度的基础或者本体。在本书中，分解式法学范式，试图通过将调审合一分解为审判与调解，即"调审=调解+审判"，然后希望通过研究"调解"与"审判"来达到对"调审"的研究。但实质上，我们研究的问题（"调解"与"审判"）与我们要研究的问题（"调审"）并非同一问题；在这个意义上，分解式法学范式不能有效完成甚至可能遮蔽、扭曲对我国法院调审合一的理论研究，难以满足中国特色化合型法律制度调审合一的理论研究和法治实践需要。为此，我们需要在审判和调解的分解式法学范式研究的基础上，进一步对调审合一进行化合式法学范式的研究，也需要在分解式法学范式的基础上形成一种化合式法学范式。

基于以上思路，本篇首先对审判进行了分解式法学范式研究；其次，也对调解进行了分解式法学范式研究；最后，以"审委会"研究为例，在反思了我国审委会的分解式法学范式研究及其不足的基础上，提出了与我国审委会研究相适应的法学范式由分解式法学范式向化合式法学范式转型的问题。

CHAPTER 01 >> 第一章
司法之所以为司法的法律组织学解读

一、引子：问题与视角

早期的令状是一种比较普遍的行政管理工具，在12世纪以前，都是以"你必须将某物返还给某某"的命令式的口吻作出，是一种纯粹的行政救济。自亨利二世起，行政令状出现了司法化的倾向，即这些令状不再直接命令相对人如何做，而是要求他们到王室法官面前通过说理的方式解决争讼，最终由法官群体而不是由国王一个人裁断双方权利义务的分配。"司法程序当然比较缓慢，因为它要深入调查事件真相，听取双方的意见，审阅文书，咨询专家、证人和陪审团都要前来，程序规则也必须得到遵守。而纯粹的行政救济则'不面对庭审，在没有进一步的预备程序的情况下就预先下了结论，授权恢复对土地的占有'。一句话，这是一种警察措施，一种随意性很强的技术。它不进行及时通告，完全是单方的武断行为,其结果只能导致非正义和决策的自相矛盾,最终可能导致比它所要处理的不公更大的不公"。❶ 因此,行政令状的司法化,虽然降低了行政效率,但获得了司法公正。行政令状的司法化,也带来了证据制度即陪审制的出现,而陪审制作为一种"非法律职业者参与审判程序"的制度,❷ 还带来了普通法系庭审的集中性、直接性、言辞性等特征和庭审方式的变化,当事人之间的横向关系和力量(尤其是证据力)对比得到了强化,法官与当事人之间的纵向关系被弱化,实行的是一种"对抗式"诉讼模式,而不是"纠问式"诉讼模式。最后,"审判方式大大地影响了实体法规则在各国起作用的方式"。❸ 它就是通过实行陪审制、审判活动中的言辞性原则以及对抗式的诉讼模式,使所有与案件有关的证据展示和审判过程都公正客观;同时,"由于它将吸引非职业者的参加同对于专职司法机构的权威的尊重结合在一起;使非职业者参加司法程序,推动了民众价值和情感的输入,不仅使司法产品合法化,而且也使法律制度本身合法化"❹。

这是行政令状的司法化过程,是经过历史的挤压和高度浓缩后展示出来的英国早期法院的演变过程,是中央法院在众多法院(庄园法院、城市法院、商人法院等)的竞争中,通过自身自然而然地不断改进、完善和演变而战胜其他法院的过程,也是法院自身不断去行政化的过程。其中,蕴含着许多制度的信息,值得我们反复地咀嚼。如从法院外部来看,法院与行政的不同,法院与

---

❶ 范·卡内冈:《英国普通法的诞生》,李红海译,中国政法大学出版社,2003,第46页。
❷ 埃尔曼:《比较法律文化》,贺卫方、高鸿钧译,清华大学出版社,2002,第155页。
❸ 埃尔曼:《比较法律文化》,贺卫方、高鸿钧译,清华大学出版社,2002,第146页。
❹ 埃尔曼:《比较法律文化》,贺卫方、高鸿钧译,清华大学出版社,2002,第165-166页。

社会的关系，法院通过满足社会的需要而获得其社会根基；从法院内部来看，程序的变化会带来实体法的实施、证据制度、庭审方式等相应的变化，并将所有这些变化归结于法院功能的变化，而且法院的公正与效率呈反向变化，等等。在此，笔者并不准备探讨其中的某个问题，而是侧重于探讨庭审方式、证据制度、执行制度等相互之间的内在关联；换言之，就是探讨引起法院这些变化的核心问题之所在，以期对我国近30年全方位的司法改革（包括庭审方式、证据制度、执行制度、行政管理等方面）作一种理论上的检讨，❶ 试图指出我国今后司法改革的核心问题之所在。❷

一般而言，人们将上述这些变化归结于功能的设定，即功能的进路；或者进一步追溯到行政令状的司法化，即行政令状由命令式向说理式转变。不错，司法之所以为司法，关键在于其功能既不同于立法，也有异于行政，有自己特定的功能和价值。这是司法存在的功能依据。这是目前法学界惯常的进路和看法，也是人们研究得较为透彻的问题。❸ 然而，就此止步是不够的。组织功能并不是我们能够随意设计出来的，而是由一定的组织结构保障的。也就是说，法院之所以具有一定的功能，如公正、效率和社会正义等，是由法院相应的组织结构所决定和保证的。"组织的结

---

❶ 《人民法院五年改革纲要（1999—2003）》，《中华人民共和国最高人民法院公报》1999年第6期；《人民法院五年改革纲要（2004—2008）》，《中华人民共和国最高人民法院公报》2005年第12期。

❷ 在西方，司法一般是指拥有司法权的政府机构；在中国，司法（如司法局、司法厅、司法部）往往指政府下属的一个行政机构，而司法权由法院与检察院分享。因此，为了使其论述问题具有国内与国外的一般意义，这里的司法是西方意义上的含义，而不是中国意义上的含义，主要是指法院；在论述中国问题时，尽量使用法院。

❸ 贺卫方：《司法的理念与制度》，中国政法大学出版社，1998，第103－128页；苏力：《送法下乡——中国基层司法制度研究》，中国政法大学出版社，2000，第61－87页。

构与组织的功能是密切相关的，一定的组织结构，只有具有一定功能才有意义；而一定的功能，又必然依赖于一定的组织结构才能产生"。❶ 不仅如此，而且行政令状由命令式向说理式转变，也是法官与当事人的沟通方式和互动方式由先前的纵向沟通和服从型互动向现在的横向沟通和协作型互动转变的结果。实际上，这种转变也由社会组织结构的相应变化而带来。这就是本章的研究进路，即组织结构的进路。❷

社会组织是社会与人联系的中介。因此，这种组织结构的进路，既不像人的进路太微观，有时难免出现盲人摸象之嫌；也不像社会的进路、制度的进路看问题很宏观，但太远或太大，陷于其中而短期内看不到希望；如果说它们分别称为微观的进路和宏观的进路的话，组织结构的进路就是中观的进路。这种进路也不像功能的进路那样，给人一种唯心论的感觉，好像法院的改变决定于人们的主观功能设计，而是一种客观的进路。这种进路，在笔者看来，是对当前学界研究这个问题所采取的人的进路、制度的进路和功能的进路的重要补充。

二、一般的理论探讨：司法组织的结构与功能

"从组织结构与职位的关系看，任何组织结构都必然产生出各种职位，一个组织在纵向和横向上所设置的各种职位及其职位之间的相互关系，是组织结构的直接表现，职位关系使组织形成一定的格局，这种格局也就是结构。……组织内的职位关系就是其

---

❶ 刘祖云等：《组织社会学》，中国审计出版社、中国社会出版社，2002，第248－251页。
❷ 这里的法院组织结构，不只是目前法学界一般指的整个法院体系的组织结构，更重要的是指单个法院作为一个独立的社会组织的内部组织结构。本章侧重的是研究后者，兼及前者。

组织结构。"❶ 任何组织内的职位关系可以理念化地分为横向的职位关系和纵向的职位关系，也就是我们常说的平级关系和上下级关系。"任何组织性的结构都由两部分组成，科层结构和同等结构。……当然，在实践中这些极端很少实现；大多数组织都是等级结构和同等因素不同程度的结合，由于可能的变换、结合是如此之多，以致几乎具有无限的实验可能性。"❷ 因此，科层结构和同等结构的特点及其与特定功能的联系，就自然成为我们讨论一切社会组织结构的基点；也就是说，只要弄清楚这两种基本类型的社会组织的结构特点及其与特定功能的联系，就可以解释所有的社会组织。

在极端的等级结构中，组织决策的职责往往由处于等级结构最顶端的最高领导者一人承担，组织目标也由他最后确定，且围绕组织目标而进行的组织活动具有鲜明的特征。首先，在组织沟通上，主要是一种自上而下的纵向沟通，而自下而上的纵向沟通的作用受到抑制，且缺乏一种横向沟通。因此，在这种组织结构中，组织沟通存在信息量过小、信息冗余量过大、信息精确度较低、沟通的形式单调等弊端，常常凭借文件、会议、指令、指示等形式进行。❸ 其次，在组织互动上，主要是一种顺从型互动，而不是一种合作型互动；处于这种组织结构中的行动者之间经常发生方向一致的行为，而且大都与最高决策者的行为保持一致。❹ 因

---

❶ 刘祖云等：《组织社会学》，中国审计出版社、中国社会出版社，2002，第249页。
❷ M. J. C. 维尔：《宪政与分权》，苏力译，生活·读书·新知三联书店，1997，第322页。
❸ 刘祖云等：《组织社会学》，中国审计出版社、中国社会出版社，2002，第76－81页。
❹ 刘祖云等：《组织社会学》，中国审计出版社、中国社会出版社，2002，第102－109页。

此，最后，这种组织结构有一个权威性的命令链，具有统一、迅速的特征；在追求效率的组织功能中，应该是一种较好的组织结构选择。

在极端的同等结构中，组织决策由许多人参与，组织目标也由许多人经过一定的妥协最后形成；在某种意义上，它直接或间接地反映了所有组织成员的意志，容易受到绝大多数组织成员的认可、接受和执行。因此，围绕组织目标而进行的组织活动具有与等级结构完全不同的特征。首先，在组织沟通上，主要是一种横向沟通，具有沟通的信息量较大、真实、准确、形式灵活、问题相对不集中、分散等特征。❶ 其次，在组织互动上，主要是一种合作型互动，组织成员的行为具有协作、相互配合、交换和互助的特征。❷ 因此，最后，这种组织结构中，涉及冗长的辩论、观点的分裂，所有的观点都可以得到代表，所有的论点都可以阐发，所有的利益都可以给予其恰当的分量，甚至可能会阻碍决策，并几乎不可避免地导致妥协的解决办法；❸ 在追求公正、决策民主和科学的组织功能中，这种组织结构应该是一种明智的选择。

在当今既追求公正、民主、科学，又追求效率、迅速、统一的政府目标中，政府组织结构必然既有等级结构因素，也有同等结构要素，不同的只是两者的比例和程度不同而已，并在这两种组织结构之间保持一种必要而恰当的张力。"西方政府体制的运作可以视为在这两种组织类型之间的一种张力，可以视为在这种组

---

❶ 刘祖云：《从传统到现代——当代中国社会转型研究》，湖北人民出版社，2000，第292－298页。
❷ 刘祖云等：《组织社会学》，中国审计出版社、中国社会出版社，2002，第110－114页。
❸ M. J. C. 维尔：《宪政与分权》，苏力译，生活·读书·新知三联书店，1997，第322－323页。

织的价值和另一种组织的价值之间的一种不断选择,可以视为把等级结构的速度和效率与从同等结构中获得的信息和同意相结合的一种努力。"❶ 因此,在以制定适用于所有社会成员的法律规则为组织目标,以追求公正、民主和科学为主要价值的立法机关中,其组织结构必然是一种同等结构或以同等结构为主的组织结构;在以实施法律为主要任务,以追求效率、迅速、统一为主要价值的行政执法机关中,其组织结构必然是一种等级结构或以等级结构为主的组织结构。

当然,并不是所有社会组织的功能与结构都如此鲜明,一目了然。如司法组织,一方面追求公正、民主和科学,但它显然不像立法机构那样,可以进行较长时间甚至无限期的辩论,必须在"合理的期限内"或法律规定的限期内作出决断;另一方面,它追求与上述价值相冲突至少不一致的效率、迅速和统一,但它又不像行政机关那样单纯地追求效率、迅速和统一,甚至绝大多数情况下要以牺牲这些价值为代价,将公正、民主和科学作为优先考虑的东西。"它代表了一种有意识地将不同类型组织的价值结合起来以实现特定目的的努力。"❷ 这就是人们一般将这种融合了两种相互冲突的价值追求的价值统合为正义的原因;它不只是包含了公正的应有之义,也包含了效率的含义,因为迟到的正义非正义。一定的功能,又必然依赖于一定的组织结构才能形成;也就是说,即使我们对司法组织的功能设计非常完美无缺,但如果没有相应的组织结构的配合,这种功能也无法实现。为此,在法院内部的

---

❶ M. J. C. 维尔:《宪政与分权》,苏力译,生活·读书·新知三联书店,1997,第323页。
❷ M. J. C. 维尔:《宪政与分权》,苏力译,生活·读书·新知三联书店,1997,第324页。

组织结构中，与公正、民主和科学的价值功能追求相适应的是同等结构因素；处于这种组织结构中的法官之间的关系是横向的职位关系，其地位是平等的，"除了法律以外，没有别的上司"，是法理权威，而不是传统权威；即使是处于不同审级的法院的法官，也是如此。处在这种组织结构中的组织沟通，主要是一种横向沟通，是透明、公开、开放性的沟通，具有沟通的信息量较大、真实、准确、形式灵活、问题分散等特征。当然，这里的横向沟通，既包括法官与法官、法官与庭长甚至院长之间，更重要的包括法官与参与到法院审理中来并也进入了这种法院组织结构中的所有案件参与人之间的横向沟通。处在这种组织结构中的组织互动，主要是一种合作型互动，组织成员的行为具有协作、相互配合、交换和互助的特征。同样，这里的合作型互动，既包括法官与法官、法官与庭长甚至院长之间，更重要的包括法官与参与到法院审理中来并也进入了这种法院组织结构中的所有案件参与人之间的合作型互动。因此，在这种法院组织结构中，有更多人的意见、利益得到了应有的考量和必要的尊重，更容易达成比较一致的看法，也就更容易获得社会公正，尽管它是以较长时间的辩论，最后以一种双方妥协的方式而获得的。

也因此，在法院内部的组织结构中，与效率、迅速的价值功能追求相适应的是等级结构因素，处于这种组织结构中的法官职位关系是纵向的职位关系，其地位是不平等的；处于不同审级法院的法官之间，也是如此。处在这种组织结构中的组织沟通和组织互动，主要是一种自上而下的纵向的组织沟通和顺从型互动，最多辅之以一种自下而上的纵向的组织沟通和合作型互动，因此，在这种法院组织结构中，虽然可能获得效率，但社会公正难以得到保障。

在当今法院既追求公正也追求效率的今天，现实社会生活中的法院组织结构很少出现这两种极端的情形，往往是两种结构因素的有机结合，不同的只是两者比例和程度的不同而已。如在以公正为主兼顾效率的功能设计中，法院组织结构就以同等结构为主，辅之以等级结构；在以效率为主兼顾公正的制度设计中，法院组织结构则以等级结构为主，辅之以同等结构。实际上，这是所有现实社会中社会组织结构所具有的特征。如在立法机关中，尽管以同等结构为主，但也有其立法效率的考虑，故也有等级结构因素的存在；在行政机关中，尽管以等级结构为主，也有同等结构因素的存在。它们与司法机关的组织结构不同的只是，司法机关中有比立法机关更多的等级结构因素，有比行政机关更多的同等结构因素。如果以等级结构因素为标准，从大到小的排列顺序依次为行政机关、司法机关和立法机关；如果以同等结构因素为标准，从大到小的排列顺序依次为立法机关、司法机关和行政机关。因此，司法之所以为司法，不仅存在组织功能的不同，可以满足社会对正义的需要，更进一步的在于组织结构中的等级结构因素和同等结构因素的结合比例与程度，不同于立法机关也不同于行政机关。这就是司法存在的组织结构依据。

三、当代中国法院组织结构的"名"与"实"

公正与效率是现代法院共同追求的目标，我国法院也不例外。因此，为了保证这种功能的实现，我国法院自觉或不自觉地设计了同等结构因素和等级结构因素。从规范层面的正式制度安排来看，作为等级结构因素最集中的体现，首先就是法院内部的行政管理系统，具体包括法院日常的行政办公、人事、财务、福利待遇、司法统计、审判后的案件执行等；其次，还体现在审判过程中不可分割开的附带性行政管理方面,如案件进入法院以后的分配、审判长人选的确定等。这些在其他国家的法院中也存在,不同的是,中国法院的行政事务性工作复杂得多,也繁重得多:既包括正式制度所安排的,也包括非正式制度安排的;既包括应有的为审判提供保障的与审判工作有关的,也包括与审判工作无关或无直接关系的。❶ 如果以审判过程为标准,为了研究的方便,笔者将前者称为外部等级结构因素,后者称为内部等级结构因素。这两种等级结构因素,在世界各国法院的等级结构因素中也存在。不同的是,我国实行的是一种相同的分散化的管理模式,而西方发达国家对外部等级结构因素有一种集中化管理的共同趋势,对这两种等级结构因素作了不同的制度安排。由于内部等级结构因素与法院审判工作相伴而生,不可能从审判工作中分离出来,而外部等级结构因素却可以从法院审判工作中适当地分离出来,因此,这种外部等级结构因素有一种更加集中化、行政化和等级化的趋势,如既可以交由本国最高法院进行全国性的集中化管理,也可以交由法院系统之外有在现有的适当的行政机关进行集中化、行政化的管理。❷ 这些更加集中化、行政化的制度安排,不但没有妨碍法院审判活动,相反更加有利于审判活动的公正和效率。

同样,从规范层面的正式制度安排来看,作为同等结构因素

---

❶ 苏力:《送法下乡——中国基层司法制度研究》,中国政法大学出版社,2000,第70-72页。

❷ 如美国通过国会建立了只由法官组成的联邦司法管理委员会,集中管理全国法院内部的行政管理;在各州也仿照联邦法院系统的管理模式建立了司法事务管理委员会。日本受美国的影响,通过设立最高法院事务总局,最高法院控制了法院系统的行政管理工作。而德国、法国等国家则采取了一种行政主导的模式。如德国,在联邦一级,由联邦司法部负责其行政管理;在州一级,则由州司法部负责。不论是司法主导型,还是行政主导型,共同之处在于:一是更加集中化,二是强调从法官、检察官中遴选管理者。详细论述参阅孙万胜:《司法制度的理性之径》,人民法院出版社,2004,第306-311页。

最集中的体现则是法院的审判系统。首先，尽管我国各级法院均由院长、副院长、庭长、副庭长和审判员若干人组成，但在审判上没有区分，遵循世界惯例，都是法官中的一员，享有平等的审判权。尽管其行政管理职位不同，但在审判上职位关系都平等，都是法官；也就是说，职位区别只是为了法院内部行政管理而设立的。其次，在具体案件审理活动中，只有基层法院的一审简单案件适用独任审判，其他均由合议庭审判，由至少三名以上的审判人员组成合议庭审理案件，实行的是一人一票、少数服从多数的原则。即使是备受争议的，作为法院内部集体领导审判工作的专门机构，审判委员会，在对案件判决进行表决的时候，也是实行一人一票、少数服从多数的原则。再次，从法院内部设立的各种审判组织来看，除了设立合议庭和独任审判员外，法院内部还设立了各种专门的业务庭（如民庭、刑庭、行政庭等）和审判委员会，但这些审判组织的设立，基本上是根据案件的难易程度、专业化程度所作的横向社会分工，各审判组织之间一般不存在业务上的领导与被领导、服从与被服从的纵向的社会分层关系。如只有基层法院的一审简单案件适用独任审判，中级以上的各级法院以及基层法院审理非简单案件均适用合议庭审判，只有重大、复杂、疑难案件才提交审判委员会讨论并作出决定；至于说内部各业务庭的设立，主要是基于社会分工和法官素质等方面的考虑，对法院审判业务所作的横向分工而已。另外，从整个法院系统来看，现代法院都设置了不同审级的法院和级别管辖制度，我国法院也不例外；但主要是根据案件的性质、案件影响的大小、诉讼单位隶属关系、诉讼标的大小、案情繁简程度等方面所作的受理一审案件的横向分工，其目的主要是使审判资源得到合理而充分有效的运用。其二，实行两审终审制，这是为了更充分地保护当事人的诉权，为纠纷的解决提供一个纠错渠道，二审法院对初审法院的复审，主要是法律的审查，包括审查法定程序与法律解释和适用是否存在错误。最后审查的结果可能是维持原判、发回重审，甚至改判，但这是基于法律的明文规定而应该履行的法定职责，也是基于法律而作出的判决，而不是基于两者之间的行政关系而行使的行政权力，因此，这里的上下级法院并不是像一般社会大众所理解甚至曲解的行政意义上的上下级关系；否则，有违上诉制度设置的初衷。因此，我国相关法律将法院之间的审判工作规定为业务监督关系，而不是像检察院之间的那种领导关系。❶可见，不论是从各种审判人员及其活动来看，还是从法院内部的各种审判组织以及整个法院系统来看，在审判上一律平等；从组织结构看，这是一种同等结构安排，有利于保证法院审判过程中公正的实现，进而也有利于整个司法效率的提高。

　　书本上的法律规定是一回事，行动中的法则是另外一回事。从现有的实证研究来看，中国法院的审判系统中，与转型期的其他社会组织存在"表层结构与潜层结构并存的二元性"或"异质性"一样，❷ 也存在这种类似的二元性或异质性：既存在正式制度安排的同等结构因素，还存在非正式制度形成的等级结构因素；而且是以后者为主，前者为辅。如在法院内部的审判工作上，在法院院长、副院长、审判委员会成员、庭长、副庭长和一般审判员之间，存在着根据不同情形而进行自下而上的层层汇报和自上而下的层层审批的不成文而具有重要影响的非正式制度，各级法

---

❶ 贺卫方：《司法的理念与制度》，中国政法大学出版社，1998，第 123 页。
❷ 李金：《中国社会组织的二元性及其问题》，《改革》1991 年第 6 期；金耀基：《从传统到现代》，时报文化出版企业股份有限公司，1997，第 113-116 页。

院的法官在审判上并不是真正的平等，而是有三六九等之分的；❶更有甚者，还有将这种做法制度化，形成了专门的规范性文件。❷

在不同审级法院之间的审判工作中，也存在着这种类似自下而上的层层"请示"和自上而下的层层"指导"的一种"非程序性的审判工作监督"，且不同审级法院的法官之间也有等级之分；❸最为明显的是，在法官的管理上，采用了一种行政化的等级制管理，"将每个法官都纳入一种等级化的体系之中，普通法官要接受庭长副庭长的领导，庭长副庭长要接受院长副院长的领导。官阶的设计也完全引入了行政体系内部所使用的等级模式。例如，省高级法院的院长属副省级官员，副院长有厅局级和副厅局级的不同定级，各庭庭长属处级，副庭长属副处级。最高人民法院的法官有局级审判员、处级审判员等分别。法官的这种级别不仅意味着所谓政治待遇的差别，而且也显示出一种等级服从的位阶和责任的分布"。❹ 而且，目前进行的有些司法改革措施，也自觉或不自觉地强化了在审判中法官之间的这种行政化、等级化的倾向。❺因此，从法院组织结构来看，中国法院正式制度设计的同等结构因素为主的组织结构，实际上为一种非正式制度所表现出来的等级结构因素为主的组织结构所扭曲甚至同化或取代。也就是说，中国法院内部的审判系统和整个法院系统中的审判系统，在正式制度上设计的虽然是一种以同等结构为主的组织结构，但在实际

---

❶ 苏力：《送法下乡——中国基层司法制度研究》，中国政法大学出版社，2000，第 61-87 页；贺卫方：《司法的理念与制度》，中国政法大学出版社，1998，第 103-128 页。

❷ 李昌林：《从制度上保证审判独立》，法律出版社，2006，第 310-315 页。

❸ 贺卫方：《司法的理念与制度》，中国政法大学出版社，1998，第 122-125 页。

❹ 贺卫方：《司法的理念与制度》，中国政法大学出版社，1998，第 120 页。

❺ 如法官法中的法官等级的划分、法院院长引咎辞职、法官遴选制度改革、法官异地交流任职等方面的改革。参阅苏力：《道路通向城市——转型中国的法治》，法律出版社，2004，第 167-195、249-285 页。

社会生活中却演变为一种以等级结构为主的组织结构。

在此，必须强调的是，这并不意味着同等结构因素的消失或不起作用，从目前审判委员会、庭务会、合议庭在有关审判工作中，都不同程度地表现出来的审判行政化和决策分散化相结合的特征来看，❶目前的组织结构很可能是审判过程中等级结构因素与同等结构因素相结合而形成的"棱镜型组织"结构。❷中国法院审判系统中目前的这种混合结构与审判系统以外的外部等级结构，必然对其功能的发挥、审判方式甚至实体法的实施等方面产生重大而深远的影响。

四、当代中国法院审判系统的组织结构与功能

由于中国法院中的审判系统表现出来的是一种由等级结构因素与同等结构因素混合而形成的"棱镜型组织"结构，因此，这两种组织结构因素必然会对进入这个组织结构的人的行为，进而对审判甚至整个法律产生深刻而重大的影响。当然，这里的人，不仅包括长期工作、生活在这种组织结构中的法律人，如法官经常与法院打交道的律师等，还包括偶尔或临时进入这个组织结构中的各种法律人或社会人，如当事人及与当事人有关的证人、亲戚、邻居和朋友等。

让我们先看看正式制度安排的审判系统的同等结构的影响。如上所述，在审判系统的同等结构中，组织沟通必然是一种横向的沟通，组织的互动必然也是一种协作型的互动。首先，这种横向沟通和协作型互动，表现在"审"上，就是为审理案件而组成

---

❶ 苏力：《送法下乡——中国基层司法制度研究》，中国政法大学出版社，2000，第78—81页。

❷ 刘祖云：《从传统到现代——当代中国社会转型研究》，湖北人民出版社，2000，第271页。

的合议庭及其成员法官与当事人及其各自的代理人、律师、证人等之间。由于这是一种同等结构，嵌入这种组织结构中的人及其行为必然是一种水平指向型的，因此，决定案件胜负的关键在于争议双方与合议庭及其成员法官在审判过程中的横向的法律沟通及互动的密度、频度、强度、深度；在主要用证据说话的审判规则作用下，在某种意义上就是决定于争议双方的证据量的多少和证据力的大小。因此，在这种利益驱动机制的作用下，争议双方会调动一切力量去收集有利于自己的证据，尽可能提供有利于自己的质量最高的信息。我们所追求的审判活动中的集中性、直接性和言辞性以及对抗式的诉讼模式，以及使所有与案件有关的证据展示和审判的过程是一个公正客观化的过程，审判的公开性等目标，在这种审判组织结构中，几乎都可以得到保障。这不只是争议双方愿意做的事情，也是合议庭及其成员乐于做的事情，更是法律所希望看到的情形。因此，在这种组织结构中所有人的行为，基本上与法律所设定的行为模式一致。

其次，这种横向沟通和协作型互动，还表现在事实与法律的"判"上。由于提供的信息量，信息密度、频度、强度、深度的增大、增强，相对集中，因此，在既要追求公正，又要追求效率的约束下，法官在"判"上独享审判权的难度相应地增大。为此，必然会导致法院内部在"判"上出现分工与协作。这种分工与协作最典型的就是陪审团的引入，专门承担事实方面的"判"，而法律方面的"判"由法官专门承担。另外，它还会导致初审法院与上诉法院之间，在事实审和法律审上的一种相对分工。在组成合议庭的法官之间，由于是一种横向沟通和协作型互动，法官各自的意见会得到自由而充分的表达，对案件的事实和法律看法也会得到应有的尊重；即使是少数派的意见，也是如此。同时，为了争夺对案件判决的主导权和法律成就感的需要，法官之间也会进行细致、深入的争论，以便影响、说服或者反驳自己的同行。因此，在这种组织结构中，能够充分发挥合议庭的集体智慧，事实问题和法律问题越争越明，尽可能避免对案件的误判，有利于共识的形成和判决的客观、公正和公开。

再次，信息量的增大和相对集中，"审"与"判"合二为一的可能性更大。由于信息量大和相对集中，只有参与了"审"的法官才有发言权，才能作出适当的"判"；而没有参与"审"的法官，甚至那些带"长"的法官，也无法干预，也不便干预；至少为"审"与"判"的分离提供了一些技术上的客观困难。

另外，这种横向沟通和协作型互动，还集中而突出地表现在这种判决活动的书面呈现即法官对判决书的写作上。在一定意义上，判决书是对整个案件审判过程的书面呈现，客观上与整个案件的实际审判过程具有紧密的联系，也受法官主观愿望的影响。在审理阶段，由于当事人对抗激烈，进行了深入的争论，各自的代理人特别是律师，也从法律上进行了细致、全面、周到和尽可能深入的论证，在事实和法律方面提供了大量的信息；在判决阶段，法官之间、法官与陪审团之间，由于进行了充分、细致而深入的沟通，因此，法官不仅愿意写好判决书，也为写好判决书夯实了基础，也能够写好判决书，以便增强其不论是对当事人及其代理人，特别是律师，还是对持有少数派意见的法官甚至其他社会大众的说服力，法官在有关法律的适用上，会进行细致而充分的阐释。

最后，还必须谈谈同等结构对嵌入这种组织结构的法律人及其相关的社会人，甚至整个社会人对整体法律的看法。对嵌入这种组织结构的法律人来说，案件从审到判都是一种客观化地展示证据与根据证据和相应法律作出判决的过程,在横向沟通和协作型互动的审判过程中,法官体认到了法律的作用,感受到了自己工作的价值和意义,从而也会激发他们强烈地提高自己法律素质的意识;律师也有类似的感受和愿望;而当事人从中也感到了法官和法律的公正,这为自愿履行判决夯实了基础,进而也相应地提高了司法的效率。同时,他们还会油然而生一种对法律的敬意,自然而然产生一种对法律的信仰。当这些嵌入这种组织结构的法律人,将这种对法律的感受和看法向他们周围的人不断地传播时,也会引导这些社会人逐渐形成一种对法律的情感,感受到法律、法院确实是一种社会正义之源。因此,在这种审判结构中的审判具有更大的社会包容性和整合性,同时也就具有一种社会扩张性,能够相应地提高司法审判和法律的公正、公开的形象;尽管为保证审判的公正性而相对延长了审判的时间,有可能降低了审判的效率,但由于其公正性,使整个司法系统和法律体系甚至整个社会的效率得到了大大的提高。

再让我们看看非正式制度形成的审判系统的等级结构的影响。如上所述,在等级结构组织中,组织沟通是一种纵向沟通,包括自上而下的纵向沟通和自下而上的纵向沟通两种,组织互动也是一种服从型互动。首先,这种纵向沟通和服从型互动,表现在"审"上,如在为审理案件而组成的合议庭及其成员法官与当事人及其各自的代理人、证人等之间,尽管有正式制度安排的同等结构而带来的横向沟通和协作型互动的因素,但由于等级结构因素而带来的纵向沟通和服从型互动的因素的进入,甚至成为一种主导的沟通和互动形式,他们的行为指向更可能是垂直性和非对等性的,而不是水平性和对等性的;往往是审理的法官处于主导的地位,而当事人及其代理人和其他参与人处于一种被主导甚至被支配的地位。最后,必将大大减弱当事人及其代理人对证据等信息的关注,也会大大减弱法官对来自横向渠道(如通过当事人)所获得的证据等信息的关注,反而会更加关注来自纵向渠道所发出的信息,特别是那种自上而下的信息(如上级的指示、暗示),从而降低他们之间横向的信息交流的量、频度、强度和深度,减弱了证据和法律对案件处理结果的影响。在这种组织结构中,法官的审理必然是纠问式的、职权主义的,而不可能出现像判例法系那样的对抗式的当事人主义,也不可能完全而充分地公开。

其次,这种纵向沟通和服从型互动,更重要的还表现在"判"上。如果说同等结构的"判"主要在审理案件的法官身上,那么,在以等级结构为主同等结构为辅的组织结构中,案件的判决,除了由审理案件的法官决定外,更主要的是在由等级结构所决定的纵向沟通和服从型互动过程中形成和完成的,即通过一种自下而上的层层汇报和自上而下的层层审批的多重博弈来形成和完成,案件的判决权最终由等级结构中不同等级的法官来分享;而且往往是处于等级结构中较高等级的法官比较低等级的法官,有更大的影响力和决定权。如我国法院中的那些带"长"的法官的影响力往往大于那些一般的法官,案件判决权的大小往往与行政职务的高低呈正相关,因此,就出现了一种被学者研究发现的法院内部的行政管理,❶ 即外部等级结构,混进了法院的审判系统中,并将这种正式制度所安排的同等结构植入到了一种非正式制度安排的等级结构中,从而使法院的审判系统表现出了一种以等级结构为主同等结构为辅的组织结构。当事人及其代理人,特别是经常

---

❶ 苏力:《论法院的审判职能与行政管理》,《中外法学》1999 年第 5 期。

与法院打交道的律师，看到了这种情形后，在利益驱动下，使其对法官的关注胜于对案件事实及其作为支撑的证据的关注，对处于等级结构中较高等级法官的关注胜于对较低等级法官的关注。从更大的社会视野来看，对比诉讼法院的法官等级更高的诉讼法院以外的行政官员或上一级法院的法官的关注胜于对诉讼法院的法官的关注，从而为法院以外的因素影响法官的判决提供了可能，如案件在不同审级的法院之间的自下而上的层层请示和自上而下的指导，在法院与行政、立法机关之间，通过不成文的不断的汇报、协调，甚至借助成文的个案监督、错案追究等方式，进入司法审判中。可见，在这种组织结构中，案件的"判权"不只是在法院内部的不同等级的法官之间分享，而且在一个更大的社会人文空间中被更多的更高等级的官员之间所分享，如此一来，最后牺牲的不仅是法院审判的公正和效率，而且是整个司法的公正和效率，更是整个社会的公正和效率。

再次，这种纵向沟通和服从型互动，还表现在"审"与"判"的分离上。在同等结构中，由于信息交流的量、频度、强度、深度较大，使审与判的分离有一种技术上的困难，但由于等级结构的加入，在审上，信息量、交流的频度、强度和深度远远低于同等结构，为审与判的分离提供了技术上的方便和更大的可能性；再加上等级结构的巨大影响，审与判更可能会出现一种相对分离的状态。

另外，这种纵向沟通和服从型互动，还集中而突出地表现在这种判决活动的书面表现即法官对判决书的写作上。客观上，在审理阶段，纵向沟通和服从型互动过程中的当事人及其代理人，特别是律师发表的意见的积极性受到了抑制；在审判阶段，较低等级的法官的意见更容易受到抑制，主审法官的意见更容易得到其他非主审法官的"协调性认可"和附和。❶ 因此，事实问题和法律问题不可能得到像同等结构中那样充分的争论和深入的探讨，为法官最后写作判决书增加了客观的困难。❷ 更重要的是，在主观上，法官更有可能会尽量写得简短和模糊些，而不愿意将判决书写得长些、细致些、充分些。在理论上，判决书应该是整个案件实际审判过程的一种书面呈现，客观上与案件的整个实际审判过程具有紧密的联系。但在等级结构中，一方面审与判发生了一定程度的分离，另一方面判决权不仅有可能在法院内部的不同等级的法官之间分享，而且也有可能在法院外部的更大的社会人文空间中受到更高等级的行政官员和上级法院的法官的影响，而这些正是正式法律制度所不允许的，甚至是严重违法的，因此，法官为了自保，写好判决书的可能性不大，相反更可能会将判决书写得简短些，也会有意写得模糊些。❸ 尤其是在案件的判决过程中，在案件的法律分析和适用上，理不直而气不壮，法官所写的判决书上经常会出现"本院认为"等官僚化、形式化、模糊化的表述。

最后，还必须谈谈等级结构对嵌入这种组织结构的法律人及其相关的社会人甚至整个社会人对整体法律的看法和影响。对嵌入这种组织结构的法律人来说，法官体认到了权力大于法律，行政权威高于法律权威，传统型权威大于法理型权威；身处于其中的律师与法官感同身受，有类似的看法和体会；当事人对此也会有切身的感受；他们也会自觉或不自觉将这种感受传递给社会上的社会人。在这种结构中，法官和律师不会像同等结构中那样，

---

❶ 苏力：《送法下乡——中国基层司法制度研究》，中国政法大学出版社，2000，第 80-81 页。
❷ 苏力：《道路通向城市——转型中国的法治》，法律出版社，2004，第 208 页。
❸ 苏力：《道路通向城市——转型中国的法治》，法律出版社，2004，第 200 页注释 10、第 215 页。

更加注意自己法律素养的提高，相反会去进行各种各样的社会关系的建立，积累自己的"社会资本"，以备后用。而当事人和其他社会人看见这种情形后，会更加远离法律，藐视法律，失去对法律的最基本的信任。❶ 恰如培根所言："一次不公的（司法）判断比多次不平的举动为祸尤烈。因为这些不平的举动不过弄脏了水流，而不公的判断则把水源败坏了"。❷

五、当代中国法院改革的核心问题及其建议

不论是审判系统的审判方式、证据制度等改革，还是法院行政管理方面的如法官素质及其专业化、法官遴选培训和执行体制等方面的改革，最终必须落实到人的行为的变化，特别是作为法院主体的法官的行为的变化，使他们的行为安排朝着我们所设计的制度进行。在影响人特别是法官的行为的各种因素中，既有法官本身素质的因素，即人的进路；也有制度激励的因素，即制度的进路；还有宏观的社会因素（如社会转型、民族国家建设、法律现代化、中国传统文化等），即社会的进路。除了这些因素外，在笔者看来，还有一个更为重要的因素，即法院的组织结构。它不仅基本上决定了法官及其他进入这个法院组织结构中的人的行为的基本方向，而且决定了进入这个组织结构的所有人之间的沟通和互动方式及其效果。在等级结构中，人们的行为是垂直指向的，而且主要是自下而上指向的，处于较高等级结构的人的行为对处于较低等级结构的人的行为具有决定性影响；处于等级结构中的人们之间的沟通和互动主要是一种纵向沟通和服从型互动，沟通与互动比较被动。在同等结构中，人们的行为是水平指向的，

---

❶ 笔者的法律实践和当前诉讼率的下降，都说明了这点。
❷ 贺卫方：《司法的理念与制度》，中国政法大学出版社，1998，第1页。

人们之间的沟通和互动主要是一种横向沟通和协作型互动，沟通和互动比较积极，信息得到了充分的交流。因此，我们不仅要进行法官素质的培养，制度的设计与配套，社会环境的改善，更重要的是，还要进行法院自身组织结构的改造。法院之所以不同于立法机关，也异于行政机关，不只是体现在功能的设计上，更体现在组织结构上；法院之所以能够实现制度所设计的功能，是因为有相应的组织结构作保障。这就是司法之所以为司法的组织结构依据。

在同等结构中，法官行为是独立的，法官的审判必然也是独立的；除了法律外，没有别的上司。在等级结构中，法官的审理不仅受到上级的影响，表现得没有同等结构中的法官那样积极，更重要的是，在判决上，法官的行为不仅受到来自当事人及其代理人的影响，而且受到来自纵向的上级意志的影响，是非常不独立的。法官的审与判不仅部分分离，即审者不完全不判，判者并不完全不审，至少要征求审者的意见，询问审理的情形；而且法官的判决权既不独立，甚至还不完整。这种判决权不仅在法院内部受到被"瓜分"，而且很有可能在更大的人文社会空间内被"瓜分"。因此，如果说审判独立是我国司法改革的基本趋向，那么从操作层面来看，则是等级结构因素逐步减少，同等结构因素不断强化的问题。这不只是中国司法审判改革的基本趋势，也是司法改革的世界性趋势。如文章开头的引子所示，普通法系司法组织结构尤其是其中的审判组织结构的发展历史如此；大陆法系司法组织结构发展的历史也是如此，如大陆法系减少甚至消除职权主义对审判的不利影响的努力，实际上就是审判组织结构由等级结构向同等结构转变。这也是司法尤其是审判要实现其公正与效率的必然要求。

法院组织结构由等级结构为主转变为同等结构为主，是当代中国法院改革的核心问题之所在。如何增加我国法院组织中的同等结构因素，减少其等级结构因素呢？这实际上是一个问题的两方面：同等结构因素的增加必然导致等级结构因素的减少，反之亦然。因此，我们的司法改革措施无外乎三种方案：同等结构因素的增加、等级结构因素的减少或者两种措施同时进行。针对中国目前的现实情况，减少甚至消除等级结构因素对审判的影响，显得更为急迫而重要。当然，等级结构因素对审判影响的减少甚至消除与等级结构因素的减少甚至消除是两个不同的概念。等级结构因素是不可能不要的，是必然存在的，我们只是要将这种因素的不利影响降到最低程度。为此，有学者主张将两者在法院内部分离开来。❶ 实际上，只做到这点往往是不够的。我们要将等级结构因素不只是在法院内部进行分离，而且要从法院内部甚至从整个法院系统内分离出来，使之更加的等级化和行政化，也更加集中化管理。在这个意义上，目前中国法院的问题，很可能是由于等级结构因素的行政化和集中化程度不够而造成的；也可以这样说，中国法院的问题，很可能是由于该同等结构化安排的同等化得不够，而该等级结构化安排的等级化、集中化和行政化得也不够。因此，如果以法院的审判系统为标准的话，从反面的角度来看，一方面就是法院内部审判系统的去行政化的问题；这种去行政化不只是包括功能的去行政化，更重要的是，还包括组织结构的去行政化。另一方面，就是法院审判系统外部的更加行政化的问题；这种行政化的对象主要是指能够与审判系统分离的法院

---

❶ 苏力：《送法下乡——中国基层司法制度研究》，中国政法大学出版社，2000，第 61-87 页；李昌林：《从制度上保证审判独立》，法律出版社，2006，第 319-320 页。

行政管理，即外部等级结构的那部分。这样安排的主要理由有：

第一，有利于最大限度地保障司法的公正，特别是审判的公正。中国法院目前由于每个法院的审判系统对应着一个可以与审判系统相分离的行政管理系统，必然造成行政系统与审判系统的交错、混同，甚至必然带来行政系统对审判系统的干预，成为其附属物。[1] 最后颠覆了正式制度安排的审判系统所应有的同等组织结构，将其扭曲、变形为以等级结构为主同等结构为辅的组织结构。因此，如果将这种可以与审判系统相分离的行政管理系统，从每个法院内部分离出来，进行一种更加行政化、集中化的管理，不仅可以减弱两者在地理空间上的联系，而且也可以减少甚至消除它们在人文空间上的各种联系，有利于最大限度地保障司法的公正，特别是审判的公正。

第二，有利于提高司法的整体效率。目前中国法院中可以与审判分离的行政管理，分散在各级法院内，国家必须为每个法院的行政管理投入相应的人力、物力和财力。这种分散化的行政管理模式必然带来人力、物力和财力重复投入和重复建设，浪费了巨大的社会资源。如果将目前中国法院的可以与审判系统相分离的行政管理实行一种相对集中化、更加行政化、等级化的管理，就必然会大大减少目前各级法院的行政管理的中间环节和不必要的重复投入和建设，降低目前司法中的行政管理成本，有利于提高司法中的行政管理的效率，从而相应地提高司法的整体效率。

第三，中国法院目前的这种分散化的行政管理模式，必然造成国家对法院行政管理的投入与国家对审判系统的投入的一种混而不分的状态，使对审判的必要投入常常难以保障；特别是当总

---

[1] 苏力：《送法下乡——中国基层司法制度研究》，中国政法大学出版社，2000，第73－78页。

投入紧张的时候,常常出现行政管理的投入利用行政职权挤占、挪用国家对审判的必要投入。因此,法院的行政管理的集中化、更加的行政化和等级化,可以改变目前这种互相混淆的局面,便于国家根据各自的特征对审判系统和行政管理进行分类管理,而且有利于法院中审判系统的必要经费得到保障。

第四,还可以减少中国地方上的国家法院的地方色彩,即人们所说的地方保护主义,使法院成为真正意义上的国家法院。由于将法院中可以与审判系统相分离的行政管理进行集中化、更加行政化和等级化的管理,必然减少其中的行政管理的环节,不与目前的国家行政机关的等级结构相对应,减弱地方行政机关通过目前的法院中行政管理的这个途径而影响法院的审判工作,使这种集中化、更加行政化和等级化的法院的行政管理成为阻隔地方政府干预地方法院审判的一道屏障。

在此,笔者还想从法院组织结构的角度,谈一谈在我国目前司法改革研究中经常讨论但却被忽视的司法的公正与效率的关系在中、西方的差异问题,以便从另一个方面说明我国法院改革中将这种法院的审判与行政管理分开,并将后者进行更加集中化、行政化和等级化管理的必要性。在西方发达国家,法院的行政管理与审判系统相对分离,法院的效率主要是指法院审判的效率。在这种前提下,审判组织采取一种同等结构为主的组织结构,司法的公正得到了应有的优先保障,但必然会以牺牲效率为必要的代价;正如文章开头所示,司法的公正与效率是不一致的。但从长期来看,由于保障了审判的公正,提高了法院的权威和社会公信力,为判决的顺利执行提供了"案件判决的合法性"保障,因此,在整体上也就有利于司法效率的提高。这就是西方普遍不特别强调审理期限,直到最近才对审理期限作出了要求——合理期限内——的原因。

而在我国目前这种法院的行政管理与审判系统高度混同的情形下，法院的效率应该由法院行政管理的效率和法院审判的效率构成。这就意味着西方采取的一些改善司法公正与效率的措施，并不必然适合中国的司法现实。对此，我们必须保持一种应有的谨慎；这是我国目前司法改革实践与理论研究中所忽视的，习惯笼统地谈论司法效率问题。❶ 更重要的是，它还意味着我国提高司法效率的措施，不可能既可以提高其行政管理的效率，又可以提高审判的效率。也就是说，在我国提高司法效率的措施并不一定会提高司法的整体效率；相反，有可能是一种降低司法效率的措施。因为，提高法院的行政管理效率的措施与提高法院审判效率的措施是不同的，其各自的结果不同甚至是相反的。如我们在强调提高司法效率的时候，常常会借用行政管理的那些措施，增加其等级结构的因素，使之更加行政化；❷ 当然，这种做法节约了时间成本，肯定会提高法院的行政管理效率，但它不一定会提高审判效率。这是因为，审判效率必须以公正为前提，是在公正基础上的效率；否则，在短期内似乎提高了审判效率，从长期来看，却损害了法院的权威和社会公信力，从而也就降低了审判整体的效率。这种行政化的措施，尽管减少了时间成本，但可能会影响审判的公正，案件的执行会受到来自当事人的各种各样的积极的或消极的抵抗，案件执行会面临重重困难，从而在整体上降低司法效率。因此，等级结构并不必然等于效率，只是在行政执法中

---

❶ 王利明：《司法改革研究》，法律出版社，2001，第74－82页；汪习根主编《司法权论》，武汉大学出版社，2006，第28－31页。

❷ 最典型的就是院长引咎辞职的做法。参见苏力：《道路通向城市——转型中国的法治》，法律出版社，2004，第167－195页。

等级结构会提高效率，而在审判中则会降低效率。这是因为，行政执法并不存在规则和事实认识上的不同，不需要解决对规则的重新理解和确认的问题，只是涉及规则的实施的问题，等级结构就能很好使之自上而下地得到贯彻，提高效率；而在司法中存在规则的重新理解和确认的问题，需要解决"案件判决的合法性"问题，而等级结构不利于很好地解决这个问题，如果强行用这种方式解决这个问题，必然会降低其效率。因此，行政机关提高其效率的做法，移用到审判中去，并不必然会出现在行政中的效果，甚至出现一种相反的结果。行政有行政的制度逻辑和结构逻辑，立法有立法的制度逻辑和结构逻辑，司法也有司法的制度逻辑和结构逻辑。我们不仅要深入理解司法的制度逻辑，❶ 更要深刻地研究司法的组织结构逻辑。如我国司法中曾经出现的公正与效率双低的现象，❷ 很可能就与这种等级结构有紧密的联系，这是对司法的制度逻辑和组织结构逻辑缺乏理解的结果。

从一种更长的历史眼光来看，法院内审判系统与行政管理的分离，并将后者进行更加集中化、行政化和等级化的管理，也是社会分工发展的必然结果。在中国古代，整个社会就是一个"家

---

❶ 苏力：《道路通向城市——转型中国的法治》，法律出版社，2004，第167-195页。

❷ 在法院审判效率方面，根据现有的实证的统计资料和研究，截至2004年底，全国共有法官190 627人，法官与人口比为1∶6819，大大高于日本（1∶57 900）、英国（1∶55 000）和美国（1∶19 900）；但总体效率不高，2004年中国法官年均审案约26.5件，而美国法官年均审案在300至400件。（徐昕：《迈向社会和谐的纠纷解决》，中国检察出版社，2008，第50-51页）在法院审判公正方面，从民事上诉率、民事再审率、涉讼信访案件、执行率的统计资料来看，都处于高位。1990—2005年的民事上诉率平均维持在20%左右，1990—2005年的民事再审率在10.9% ~25.6%徘徊；1992—2004年的涉讼信访案件年均在416.8万~1069万之间徘徊，1994—2006年的执行率保守的估计大致在40% ~50%。（徐昕：《迈向社会和谐的纠纷解决》，中国检察出版社，2008，第32-36页）

庭的层系",❶ 社会上的各种社会组织结构都仿照、模拟家庭的组织结构；即使是最大的社会组织——国家的组织结构，也是如此。因此，整个社会组织的结构具有高度的同质性。这种状况在近、现代甚至今天也不同程度地存在着，社会组织结构的分化程度不是很高，如中国现代社会曾经出现过的各种各样的"单位办社会的现象"等，就是明证。改革开放以后，随着中国社会经济和社会分工的快速发展，各种社会组织的功能在不断地专门化，以便提高其效率；各种社会组织根据不同的功能定位，选择适合于自己的不同组织结构，社会组织之间的结构也出现了明显的差异，其异质性在不断地增加。❷ 有的单纯是一种等级结构，有的单纯是一种同等结构，而绝大多数社会组织则是一种混合的结构，只是其混合的比例不同而已。因此，法院内审判系统与行政管理的分离，并将后者进行更加集中化、行政化和等级化的管理，不仅是使其审判职能专门化的需要，也是社会分工发展的必然结果。

---

❶ 梁漱溟：《中国文化要义》，学林出版社，1987，第90页。
❷ 刘祖云：《从传统到现代——当代中国社会转型研究》，湖北人民出版社，2000，第272-282页。

第二章
调解技术合理性之法律组织学解读

一、研究的缘起

随着社会的发展特别是网络技术的发展而带来的信息费用的大幅降低，民意对我国司法的影响在增强是不争的事实，且大有不断增强之势。因此，我国司法实践中需要急切解决的是民意如何沟通的问题而不是是否需要民意的问题；换言之，就是民意沟通的技术化而不是道德化。民意沟通的技术化，首先是指网络技术化，即网络民意问题；但这只是虚拟世界的民意沟通，不是现实世界的民意沟通。现实世界民意沟通的技术化须由一定的社会组织来承担；这就是本章要探讨的民意沟通的组织技术化。承担民意沟通的法律组织，除了立法组织外，还包括一定的司法组织，如英美法系的陪审团。从组织功能、组织沟通及其组织技术保障即组织结构看，中国法院调解更适合、实际上也承担着我国司法民意

沟通的任务。❶

但由于调解与现代西方法治观念不符，在中国法院，调解没有自己独立的组织及其人员，而是附着在中国法院审判及其人员身上，因此，在中国法院司法化改革进程中，调解在制度和理论层面未被重视，审判受到了全面而深入的关注。这种"审判权本位"，❷ 导致了审判与调解的研究尤其是基本理论研究的不平衡，即调解的外部研究的不平衡。

其次，调解的研究还存在着内部研究的不平衡，即宏观的外部视角的文化论和社会结构－功能论较多，中观的内部视角的组织结构－功能论较少。不论是文化论，❸ 还是社会结构－功能论，❹

---

❶ 从规范层面看，调解可分为法院调解、行政调解、社会调解等种类；但从组织形态看，这些调解没有实质性的不同。本章侧重从组织社会学角度来研究调解的组织结构与功能等基本理论问题，并不限于法院调解。

❷ 吴英姿：《法院调解的"复兴"与未来》，《法制与社会发展》2007年第3期。

❸ 强世功主编《调解、法制与现代性——中国调解制度研究》，中国法制出版社，2001；曾宪义：《关于中国传统调解制度的若干问题研究》，《中国法学》2009年第4期；周安平：《诉讼调解与法治理念的悖论》，《河北学刊》2006年第6期；周永坤：《论强制性调对法治与公平的冲击》，《法律科学》（西北政法大学学报）2007年第3期；谢冬慧：《南京国民政府民事调解制度考论》，《南京社会科学》2009年第10期。

❹ 强世功主编《调解、法制与现代性——中国调解制度研究》，中国法制出版社，2001；范愉：《调解的重构（上）——以法院调解改革为重点》，《法制与社会发展》2004年第2期；范愉：《调解的重构（下）——以法院调解改革为重点》，《法制与社会发展》2004年第3期；高见泽磨：《现代中国的纠纷与法》，何勤华等译，法律出版社，2003；王亚新：《论民事、经济审判方式的改革》，《中国社会科学》1994年第1期；李浩：《民事审判中的调审分离》，《法学研究》1996年第4期；李浩：《调解的比较优势与法院调解制度的改革》，《南京师大学报》（社会科学版）2002年第4期；吴英姿：《"大调解"的功能及限度 纠纷解决的制度供给与社会自治》，《中外法学》2008年第2期；吴英姿：《法院调解的"复兴"与未来》，《法制与社会发展》2007年第3期；艾佳慧：《调解"复兴"、司法功能与制度后果——从海瑞定理Ⅰ的角度切入》，《法制与社会发展》2010年第5期；艾佳慧：《"大调解"的运作模式与适用边界》，《法商研究》2011年第1期。

都是从宏观的外部视角即从文化结构和社会结构的角度来解释调解的功能，没有深入调解内部自身的组织结构之中来解释其组织功能。这种文化论和社会结构－功能论，只具有解构意义，不具有建构意义，即使科学也无法操作，大多向中观的技术层面推进。

另外，调解的研究还存在着实践发展与理论研究的不平衡。随着目前"大调解"的兴起，调解在中国社会制度实践层面得到了全面的"复兴"。但这种在实践层面的复兴，并不意味着理论层面的复兴。不论是持进化论学者，❶还是持质疑否定论学者，❷对调解的"复兴"都流露出不同程度的担忧，习惯将"大调解"作意识形态化的解释，没有认识到调解自身的技术合理性。因此，这轮调解的"复兴"，与以往一样，背后隐藏着理论和认识上的危机，会随着意识形态因素的消退，重蹈覆辙。

因此，从理论上消除人们对调解研究上的盲点和行动上的盲目，展示调解建基于自身组织技术上的技术合理性，就显得尤为必要和紧迫。基于此，本章力图将调解作为中国法院与审判同等重要的组成部分，❸从中观的内部的组织技术角度——社会组织结构——来展示调解在民意沟通和合法性获得等方面的技术合理性，

---

❶ 吴英姿：《法院调解的"复兴"与未来》，《法制与社会发展》2007年第3期；徐昀：《"调判结合"的困境》，《开放时代》2009年第6期；傅郁林：《"诉前调解"与法院的角色》，《法律适用》2009年第4期。

❷ 张卫平：《诉讼调解：时下态势的分析与思考》，《法学》2007年第5期；周安平：《诉讼调解与法治理念的悖论》，《河北学刊》2006年第6期；周永坤：《论强制性调解对法治与公平的冲击》，《法律科学》（西北政法大学学报）2007年第3期；张晋红：《法院调解的立法价值探究》，《法学研究》1998年第5期。

❸ 目前学界较为普遍地存在着没有注意到司法、法院、审判与调解在中西方存在的差异：西方一直是调审分离，只是到了20世纪80年代，才开始出现调审合一趋势，西方司法＝法院＝审判；在我国，至少是从近代甚至古代，法院实行调审合一体制，中国法院＝调解+审判。为了与西方司法含义区别开来，在涉及中国问题时，改称中国法院。

为打破目前有关调解的外部研究之间、内部研究之间以及理论研究和实践发展之间的不平衡，展示调解在我国司法民意沟通的组织技术化上的制度意义，作一种学术上的努力，以求教于学界同人。

二、调解的同等组织结构

组织内的职位关系就是其组织结构。根据组织内的职位关系不同，将横向的职位关系称为同等结构，纵向的职位关系称为等级结构。❶ 因此，研究调解的组织结构问题，就转化成对调解组织内部相对稳定的职位关系，以及可能要进入调解组织中的被调解人之间以及与调解人之间等外部关系的研究。❷

首先，从调解的内部职位关系看，由于调解是一种群众性组织，因此，所有的调解人员包括主任、副主任、委员、调解员等都是以民主的方式由群众或群众性组织选举产生。如《人民调解委员会组织条例》（以下简称《组织条例》）第 3 条规定："人民调解委员会委员除由村民委员会成员或者居民委员会成员兼任的以外由群众选举产生，每三年改选一次，可以连选连任。"《中华人民共和国人民调解法》（以下简称《调解法》）第 9 条规定："村民委员会、居民委员会的人民调解委员会委员由村民会议或者村民代表会议、居民会议推选产生；企业事业单位设立的人民调解委员会委员由职工大会、职工代表大会或者工会组织推选产生。"《人民调解工作若干规定》（以下简称《若干规定》）第 2 条

---

❶ 张洪涛：《司法之所以为司法的组织结构依据》，《现代法学》2010 年第 1 期。
❷ 关于组织的边界，学界一般认为是指组织内部工作的正式成员。西方管理学中还有一种"利益涉及者"理论，认为凡是和组织发生关联，其利益受到组织影响的人都是组织的成员。参见周雪光：《组织社会学十讲》，社会科学文献出版社，2003，第 9 页。本章持后一种观点。

规定:"人民调解员是经群众选举或者接受聘任。"因此,所有的调解人员应直接对选举人负责,而不是对主任或副主任负责;当人民调解委员会的委员或调解人员出现不能任职或失职或违法乱纪等情形时,主任无权处理,只能交由选举人或组织行使职权。如《组织条例》第3条规定:"人民调解委员会委员不能任职时,由原选举单位补选。人民调解委员会委员严重失职或者违法乱纪的,由原选举单位撤换。"再如《调解法》第15条规定:"人民调解员在调解工作中有下列行为之一的……由推选或者聘任单位予以罢免或者解聘。"

尽管法律有时规定人民调解员在人民调解委员会领导下工作,调解委员会也设立主任、副主任等职务,但从整体立法精神看,这里领导职务的设定显然不同于行政机关,应该主要是起着业务指导或召集人的作用,业务上不是服从与被服从的关系。如《调解法》在调解委员会与法院和政府之间的关系上,突出强调了政府及其有关部门对调解组织的业务指导,而不是对调解组织的领导权力。《调解法》第5条规定:"国务院司法行政部门负责指导全国的人民调解工作,县级以上地方人民政府司法行政部门负责指导本行政区域的人民调解工作。基层人民法院对人民调解委员会调解民间纠纷进行业务指导。"这一点还体现在调解委员会之间关系的法律规定上,《若干规定》第27条规定:"调解跨地区、跨单位的纠纷,相关人民调解委员会应当相互配合,共同做好调解工作。"

与此同时,法律还着重强调了政府及其部门对调解组织的经费等支持和服务义务。如《调解法》第6条规定:"县级以上地方人民政府对人民调解工作所需经费应当给予必要的支持和保障,对有突出贡献的人民调解委员会和人民调解员按照国家规定给予表彰奖励。"该法第 10 条规定："县级人民政府司法行政部门应当对本行政区域内人民调解委员会的设立情况进行统计，并且将人民调解委员会以及人员组成和调整情况及时通报所在地基层人民法院。"该法第 14 条第 2 款规定："县级人民政府司法行政部门应当定期对人民调解员进行业务培训。"该法第 16 条规定："因从事调解工作致伤致残，生活发生困难的，当地人民政府应当提供必要的医疗、生活救助。"该法第 18 条规定："基层人民法院、公安机关对适宜通过人民调解方式解决的纠纷，可以在受理前告知当事人向人民调解委员会申请调解。"

其次，如果说调解的内部职位关系法律规定还不是那么清晰的话，从外部关系即被调解人之间以及与调解人之间的关系的相关法律规定看，则较为明确，上升到了法律原则的高度。如《组织条例》第 6 条规定："人民调解委员会的调解工作应当遵守以下原则：……（二）在双方当事人自愿平等的基础上进行调解……"《若干规定》第 5 条规定："根据《最高人民法院关于审理涉及人民调解协议的民事案件的若干规定》，经人民调解委员会调解达成的、有民事权利义务内容，并由双方当事人签字或者盖章的调解协议，具有民事合同性质。"《中华人民共和国民事诉讼法》（以下简称《民事诉讼法》）第 96 条规定："人民法院审理民事案件，根据当事人自愿的原则……进行调解。"特别是《调解法》，不仅明确了上述法规所确定的自愿原则，也明确规定了平等原则，为自愿原则提供了前提保障。如《调解法》第 2 条规定："本法所称人民调解，是指人民调解委员会通过说服、疏导等方法，促使当事人在平等协商基础上自愿达成调解协议，解决民间纠纷的活动。"该法第 3 条规定："人民调解委员会调解民间纠纷，应当遵循下列原则：（一）在当事人自愿、平等的基础上进行调解。"

为了使上述原则得以保障和贯彻,各相关法律还从反面进行了禁止性规定。如《组织条例》第 6 条规定:"人民调解委员会的调解工作应当遵守以下原则:……(三)尊重当事人的诉讼权利,不得因未经调解或者调解不成而阻止当事人向人民法院起诉。"该条例第 12 条规定:"人民调解委员会委员必须遵守以下纪律:……(二)不得对当事人压制、打击报复;(三)不得侮辱、处罚当事人;(四)不得泄露当事人的隐私。"《民事诉讼法》第 99 条规定:"调解达成协议,必须双方自愿,不得强迫。"《调解法》第 3 条规定:"人民调解委员会调解民间纠纷,应当遵循下列原则:……(三)尊重当事人的权利,不得因调解而阻止当事人依法通过仲裁、行政、司法等途径维护自己的权利。"

调解的平等自愿原则不仅体现在被调解人之间,更重要的是体现在调解人与被调解人之间。如《组织条例》第 8 条规定:"人民调解委员会调解纠纷,应当在查明事实、分清是非的基础上,充分说理,耐心疏导,消除隔阂,帮助当事人达成协议。"《若干规定》第 31 条规定:"人民调解委员会调解纠纷,应当在查明事实、分清责任的基础上,根据当事人的特点和纠纷性质、难易程度、发展变化的情况,采取灵活多样的方式方法,开展耐心、细致的说服疏导工作,促使双方当事人互谅互让,消除隔阂,引导、帮助当事人达成解决纠纷的调解协议。"《最高人民法院关于人民法院民事调解工作若干问题的决定》第 6 条规定:"当事人可以自行提出调解方案,主持调解的人员也可以提出调解方案供当事人协商时参考。"《调解法》第 22 条规定:"人民调解员根据纠纷的不同情况,可以采取多种方式调解民间纠纷,充分听取当事人的陈述,讲解有关法律、法规和国家政策,耐心疏导,在当事人平等协商、互谅互让的基础上提出纠纷解决方案,帮助当事人自愿达成调解协议。"

为了使平等自愿原则得以贯彻落实,各相关法律对当事人的程序性和实体性权利也进行了规定。如《若干规定》第 6 条规定:"在人民调解活动中,纠纷当事人享有下列权利:(一)自主决定接受、不接受或者终止调解;……(三)不受压制强迫,表达真实意愿,提出合理要求;(四)自愿达成调解协议。"《调解法》第 17 条规定:"当事人一方明确拒绝调解的,不得调解。"该法第 23 条规定:"当事人在人民调解活动中享有下列权利:(一)选择或者接受人民调解员;(二)接受调解、拒绝调解或者要求终止调解;(三)要求调解公开进行或者不公开进行;(四)自主表达意愿、自愿达成调解协议。"

再次,从调解的外部关系对内部职位关系的影响看,调解的这种建立在平等自愿原则上的调解人与被调解人之间的外部关系,还会影响到调解人之间的内部关系。尽管现有的法律对调解的内部职位关系规定得不是那么明确和具体,调解人之间很可能由于调解组织中多少存在着因行政管理的需要而形成一种服从与被服从的关系;尤其是法院调解中法官作为调解人时,这种调解人之间实然存在的服从与被服从的关系更为突出,甚至在一定程度上会颠覆法律规定的法官之间的法律地位平等关系,❶ 从而对调解的实体内容和程序很可能产生一定的实质性影响。但由于受调解人与被调解人之间平等自愿原则的影响和限制,调解人之间最终不大可能形成除必要的行政管理以外的服从与被服从的关系,尤其是处于较高等级的调解人不大可能通过对处于较低等级的调解人的干预和影响来干预和影响被调解人(如当事人);即使是法官作

---

❶ 张洪涛:《司法之所以为司法的组织结构依据》,《现代法学》2010 年第 1 期。

为调解人，也是如此。以下就是发生在我国某个基层法院一起有关通奸的案件，其审理过程节选如下❶：

法官：从法律角度……你们跟他要钱没有任何法律依据，原告要求你们停止侵害，你们要立即停止对原告的无理侵害。

被告：他起了诉，对我的影响更大，我要求他给我1万元，……没有什么行不行的，提了头来见。

面对被告 M 的压力，法院改变了"依法"审判的思路，转向了调解方式，增派了主管院里思想政治工作的 D 副院长来加强对被告和原告的说服工作：

（对被告）"你的心情和一些过激行为我可以理解……你的精神受到了打击，名誉受到损失，原告应给予一定的经济赔偿，你应该相信组织依法解决……事已至此，应该想通一点，想远一点，要求不能太高，言行不能偏激，根据实际情况，要人家赔偿1万元偏高。请仔细思考一下，你的爱人亦有过错……原告向本院提起诉讼后，你不该再找他扯皮，再有过激的言行，法律会依法惩处。"

（对原告）"你不要指责对方……总根子、矛盾的起源还是在你身上，你的行为违法，严重地影响了他的家庭、夫妻感情，对社会造成了严重影响……你应该从违法角度看情节、看后来，主要责任在你身上，你的违法情节严重一些。……造成他人的精神、名誉上的损害，是要承担经济责任的。……而你既执行了调解协议（'私了'协议）而又反悔，还来法庭告状，说人家敲诈勒索，你说 M 会怎么想？一切矛盾都是由你

---

❶ 杨柳：《模糊的法律产品——对两起基层法院调解案件的考察》，载《北大法律评论》第2卷第1辑，法律出版社，1999。

引起的，由此导致的法律责任不承担，于法无据，为什么不给人家一定的赔偿呢？"

从上述调解人（包括主审法官和法院副院长）与当事人原、被告交谈中，可以看出：法官与当事人由原先的纵向的强制服从关系向后来的横向的平等协商关系转变，最终使案件由一种等级结构规定的运行逻辑向同等结构规定的运行逻辑转变；由于受这种外部关系的转变，处于较高等级的副院长不可能像我国司法审判实践中那样，通过对处于较低等级的法官的干预和影响来达到对调解过程和调解协议或者说对被调解人（如当事人）的干预和影响，而是自己直接面对当事人进行说服工作。正是这种建立在平等自愿原则的调解人与被调解人之间的外部关系，为调解人如上述法官与副院长之间建立一种平等协商的关系提供了实实在在的制度保障。相反，现行法律对审判的内部平等关系尽管进行了详尽的规定，但由于缺乏这种外部平等关系的保障，使法律规定的那种内部的平等协商关系及其同等结构最终为实然的行政服从关系及其等级结构所取代。❶

最后，还必须重申的是，也许有学者以中国法院较为普遍地存在着的"以判压调""以判促调""以判逼调"的现实来否定法官作为调解人与被调解人之间存在平等协商关系，进而也否定调解人之间存在的平等协商关系。不可否认，由于中国法院实行调审合一的司法体制，中国法院存在着调解人与法官合一，进而导致较为普遍地存在着"以判压调""以判促调""以判逼调"的现实。但那是"调审"的情形，而不是本章要研究的调解。本章所要研究的调解是将审判从调审中剥离以后纯化了的调解，或者说

---

❶ 张洪涛：《司法之所以为司法的组织结构依据》，《现代法学》2010 年第 1 期。

纯规范意义上的调解。因此，中国法院的"调审"与"调解"是两种不同的情形，我们不能以中国法院调审的情形如"以判压调""以判促调""以判逼调"等来否定本章所研究的调解的情形，如调解人与被调解人以及调解人之间存在的平等协商关系。当然，笔者将调解做这种理念化的处理，是一种研究策略的需要，其最终目的还是更好地研究中国法院的现实即调审。这是因为，只有将理念化的调解研究透彻了，才能更深刻更有效地研究调解与审判混合以后中国法院的调审；我们目前之所以对中国法院调审缺乏更深刻的认识和理解，在某种程度上就是因为我们对调解的研究不够重视和深刻。

综上，无论是从调解的内部职位关系和外部关系看，还是从外部关系对内部职位关系的影响看，调解（包括法院调解）都是一种平等的协商关系，其组织结构属于同等结构。

三、嵌入调解同等组织结构的民意沟通

调解的同等组织结构为嵌入此结构中的民意沟通提供了制度框架，对调解的组织沟通产生了广泛而深入的影响。

第一，从民意沟通的主体看，调解的同等组织结构框定了民意沟通主体的选择方式及其范围。调解的同等组织结构，决定了民意沟通主体的选择方式必须采取民主协商的方式，而不是审判那种由法律确定的方式。只要经民主协商同意的，都有可能成为民意沟通的主体；即使是与纠纷没有利害关系的"局外人"（如"送法下乡案"中的村支书、营业所主任等），也可以参与其中，甚至还有可能成为左右案件的关键性人物。调解的同等组织结构还会影响到参与调解的调解人的选择。调解可根据需要，来选择或者中途调整调解人，如上述案例中的主管思想政治工作的副院

长中途参与到调解中来，就是如此。而审判中的法官一经法律确定，除非有法律规定的情形外，一般不能随意调整或变换。因此，《调解法》第 20 条规定："人民调解员根据调解纠纷的需要，在征得当事人的同意后，可以邀请当事人的亲属、邻里、同事等参与调解，也可以邀请具有专门知识、特定经验的人员或者有关社会组织的人员参与调解。"

第二，调解的同等组织结构，为民意沟通构建了一种"平等的言谈情景"。虽然由于权力和能力等方面的客观差异会导致人与人之间事实上的不平等，但由于调解的同等结构的制度设计，既可以从组织和法律上保证可能进入调解中的被调解人之间的法律平等，也可以从组织和法律上保障进入调解中的调解人与被调解人之间的法律平等，为调解的民意沟通制度化地创造一种"平等的言谈情景"。这种民意沟通主体地位的平等，不只是与审判一样体现在当事人（包括审判中的当事人和调解中的被调解人）之间，而且还有区别于审判的地方：体现在调解人与被调解人之间，如从上述案例中法官与原、被告之间谈话的语气、内容就可以明显地看出来；甚至还体现在本处于不同等级结构中的不同调解人之间，如上述案例中的法官与副院长之间，副院长不能像审判那样通过等级结构来影响法官的调解活动，这是由调解人与被调解人之间的同等组织结构所保障的。嵌入调解同等组织结构的调解主体地位平等，为调解营造一种"自由的言谈情景"提供了前提条件。

第三，调解的同等组织结构，为民意沟通营造了一种"自由的言谈情景"。由于调解的同等组织结构，决定了调解的民意沟通的内容只要经过了所有嵌入调解同等组织结构的所有主体的协商和同意，都可以进入调解中。如果说审判对纠纷有时间上的限定，必须在法定诉讼时效范围内,调解对民意沟通的内容,则没有时效方面的规定,一个过去了十年的"依法收贷案"的时效问题无人提起,甚至还包括法官。其次,如果说审判的内容——法律争点——是法定的,实际上是由法官具体确定的,进入调解的民意沟通的具体内容则是由所有嵌入调解同等组织结构的调解主体协商同意确定的,这里既可以谈论与纠纷解决有关的事情,还可以谈论与之没有直接关系的事情(如国家大事、"拉家常");即使是在法律看来一些不符合法律甚至违背法律但对问题的解决至关重要的一些态度、愿望和需求,也可以带入调解尤其是异向调解突破法律禁止性规定的调解为异向调解之中,受到所有成员甚至包括法官的关注、考虑,甚至"认可",如上述通奸案中被告对原告的无法律依据甚至违法的"法律制裁",也得到了法官以拘留形式的"认可",甚至最后达成的调解协议也可以用"制作"的方式来完成。❶ 总之,"这些公众集体的时间边界、社会边界和内容边界都是流动的;与决策相分离的意见的形成过程就是在一个由诸多重叠的亚文化公众集体所构成的开放的、包容的网络中进行的"。❷ 在这个意义上,调解的同等组织结构构建的是一种"超越法律"的"自由的言谈情景",是一种"无法无天"的自由,民意得到了全面而深入的释放,"依法"只是一种修辞。❸

第四,调解的同等组织结构还影响了民意沟通的方式。中国法院的等级组织结构决定了其组织沟通方式是纵向沟通和服从型

---

❶ 苏力:《中国当代法律中的习惯——从司法个案透视》,《中国社会科学》2000 年 3 期。
❷ 哈贝马斯:《在事实与规范之间》,童世骏译,生活・读书・新知三联书店,2003,第 381 页。
❸ 苏力:《关于能动司法与大调解》,《中国法学》2010 年第 1 期。

互动,[1] 调解的同等组织结构决定了其组织沟通方式是横向沟通和协作性互动。这种横向沟通和协作型互动,不仅体现在"调"上,要"充分说理,耐心疏导",也表现在"解"上,"要帮助当事人自愿达成调解协议";不仅与审判一样体现在被调解人之间,而且还有与审判不同的地方:体现在调解人与被调解人之间,甚至还体现在审判的等级结构所决定的处于不同等级结构中的不同调解人之间。只要嵌入调解的同等组织结构,所有参与调解的人之间的民意沟通必须采取横向沟通和协作性互动的方式。

这种横向沟通和协作性互动的方式,既是对调解民意沟通自由的保障,也是对调解民意沟通自由的限制。由于调解的同等组织所决定的所有嵌入此结构的每个人都是自由的,因此,一个人的自由并不是无限制的,必须受到另一个人的自由的限制,必须以另一个人的同意为条件;或者说,必须采取横向沟通和协作型互动方式来实现,而不能单纯建立在某个人的完全自由的基础上,由某个人单方面作出决定。由此可见,尽管调解的时间边界、社会边界和内容边界不确定,但它确定时间边界、社会边界和内容边界的方式是确定的,即必须采取横向沟通和协作型互动的方式。正是调解的横向沟通和协作型互动方式,为沟通主体、沟通议题和信息的选定、进入起到了"合法化过滤器"的筛选作用。在这个意义上,调解的同等结构所保障的横向沟通和协作型互动,既是对其"自由的言谈情景"的保障,也是对"自由的言谈情景"的限制;这种自由与其说是一种建立在相互自由基础之上的自由,不如说是一种建立在相互自由基础上的限制。这种限制既是自由的体现,也是对自由的必要保护,调解就是"通过人们对论辩过

---

[1] 张洪涛:《司法之所以为司法的组织结构依据》,《现代法学》2010 年第 1 期。

程的普遍、平等的了解和平等、对称的参与而确保在议题之选择和最好信息最好理由之接纳这两方面的自由"。❶ 在调解中，作为调解人的法官的首要职责是保障一种"理想的言谈情景"，"确保民主的法律共同体用来进行自我组织的包容性的意见形成和意志形成'渠道'完好无损：'司法审查的首要任务，应该是拆除民主过程中的障碍'"，❷ 而不是实体权利的分配。

第五，嵌入调解同等组织结构的对自由的限制不同于审判对自由的法律限制。如果说审判对民意沟通自由的限制建立在法律基础上，实际上建立在由国家垄断并最终由国家暴力保障实施的行政权力的基础上，是从沟通过程的外部植入或强加的，与沟通或交往不具有构成性联系，是建立在单方面强制基础上的非构成性的外部强制，这种行政权力为法律的代言人法官尤其是处于等级结构中较高等级者所单方面所有，不为当事人与法官所共享，不为当事人的能力所控制和支配，对当事人的自由有可能起不到保障作用。那么，调解对民意沟通自由的限制是建立在"交往权力"上，"这样一种交往权力，只可能形成于未发生畸变的公共领域之中。它只能产生于未受扭曲之交往中那种未遭破坏的主体间性结构"❸。调解的同等组织结构建构的就是这样的"公共领域"和"主体间性结构"。在这个意义上，调解同等组织结构既是对民意沟通自由的保障，也是对民意沟通自由的限制，是自由与限制的结合体。"这种权力，正如阿伦特所说的，是没有人能够真正

---

❶ 哈贝马斯：《在事实与规范之间》，童世骏译，生活·读书·新知三联书店，2003，第282页。
❷ 哈贝马斯：《在事实与规范之间》，童世骏译，生活·读书·新知三联书店，2003，第326页。
❸ 哈贝马斯：《在事实与规范之间》，童世骏译，生活·读书·新知三联书店，2003，第181–182页。

'占有'的:'权力[Macht]是随着人们开始一起行动而产生的;一旦他们分散开去,它也就马上消失'。"❶ 因此,建立在这种交往权力基础上的强制,是一种构成性的内部强制,与自由相伴而生、相伴而亡。这种构成性的内部强制,不仅存在于被调解人之间,也存在于调解人与被调解人之间,甚至也存在于调解人之间。正是这种交往权力,构成了对法官权力的制约,也形成了对当事人自由的保障。"从这个角度来看,对于民主的意见形成和意志形成过程来说具有构成意义的交往权利和参与权利,具有一种特殊的地位。"❷

第六,嵌入调解同等组织结构的自由与其构成性限制的结合而形成的"主体间性"和"主体间性结构",是民意沟通成功的基础和保障。调解的同等组织结构,既为民意沟通的自由提供了保障,也为自由提供了一种与自由相伴而随的构成性限制,因此,嵌入这种组织结构中的自由不可能是追求利益最大化的工具理性的体现,只能是一种自由与其构成性限制相结合而形成的"主体间性"。在这个意义上,调解的同等组织结构也是一种"主体间性结构"。调解的主体间性结构,在规范层面,体现为《若干规定》第31条的"促使双方当事人互谅互让"的规定和《调解法》第22条的"人民调解员……在当事人平等协商、互谅互让的基础上提出纠纷解决方案,帮助当事人自愿达成调解协议"的规定。在法律实践层面,既体现于被调解人之间的互谅互让——原告要想想"M(被告)会怎么想"的问题,被告也要想想"根据(原告的)

---

❶ 哈贝马斯:《在事实与规范之间》,童世骏译,生活·读书·新知三联书店,2003,第180页。
❷ 哈贝马斯:《在事实与规范之间》,童世骏译,生活·读书·新知三联书店,2003,第326页。

实际情况，要人家赔偿 1 万元偏高"的问题，而不只是考虑使各自利益最大化的问题，也表现于调解人与被调解人之间的换位思考和相互理解：如中国基层法官要为老太婆想想断绝母子关系以后是否管用的问题，理解"你（被告）的心情和一些过激行为"，而当事人也要站在法官的角度理解法官的苦衷，认识到"法院拘留我也是为我好"，❶ 而不只是法律权利保护的问题；在精神层面，表现为调解所承载的儒家"中庸理性"，即建立在人与人之间关系结构上的双向地将别人视为平等利益主体的"结构理性"，而不是单向地将别人视为实现自己利益的客体即工具的工具理性。

正是嵌入调解同等组织结构而形成的"主体间性"和"主体间性结构"，为调解的民意沟通取得成功提供了可能和技术保障。正如哈耶克所认为的，认识到理性的有限性才是最大的理性一样，这种"主体间性"或"结构理性"以承认别人的合理利益的存在为前提而追求自身利益的最大化，或者说认识到自己利益的有限性，才是最大的理性，才是利益的最大化。因此，在这种主体间性指引下，"鼓励每个人采纳其他成员的视角，甚至采纳所有其他人的视角；在这样的条件下，以理性为动力而改变人们最初的立场，是可能的"。❷ 也因此，嵌入调解"主体间性结构"的民意沟通，才是"一个理性的过程而不是一个意志的过程，一个说服的过程而不是一个权力的过程，其目标是用一种好的、正义的、不管怎么样是可以接受的方式来管理生活中那些包含着人们的社会

---

❶ "互让"是整个交涉过程中的两个重要因素之一。参见季卫东、易平：《调解制度的法律发展机制——从中国法制化的矛盾入手》，《比较法研究》1999 年第 3、4 期；强世功主编《调解、法制与现代性：中国调解制度研究》，法制出版社，2001，第 1 – 87 页。

❷ 哈贝马斯：《在事实与规范之间》，童世骏译，生活·读书·新知三联书店，2003，第 337 页。

关系和社会本性的方面"；❶ 才是观点之间的真诚交流，证据和信息的质与量之间的交换和较量过程，"排除理解过程内外所产生的任何强制，而只承认更好的论据的强制力量"。❷

四、嵌入调解同等组织结构的沟通合法性

嵌入调解同等组织结构的民意沟通，并不是调解的最终目的；调解的最终目的是让调解中形成的规则——调解协议——为有关承担者所接受和认可，获得其合法性。嵌入调解组织结构的民意沟通及其获得的合法性，既不同于立法，也有异于司法审判，有自己独特之处：

第一，调解获得的合法性是建立在自身组织技术上。由于嵌入调解同等组织结构的民意得到了最广泛、最深入的释放、沟通和尊重，因此，即使处于"沙漠地带"——国家权力边缘——的"村民"的意见、愿望和要求也会受到不同程度的尊重并对纠纷的最终解决产生实质性影响；即使在立法中非常微弱甚至被掩盖的声音如民间习惯，也会被带入调解之中，使所有参与者不得不"穿行于习惯与法律之间"，并对调解协议产生不同程度的甚至决定性的影响；❸ 调解协议必须考虑到所有涉及人的利益，"相关的倡议、议题和贡献、问题和建议更多地来自意见光谱的边缘而不是它的已成为主流的中央。'所以，这表明，通过法律而追求政治自由，取决于我们（最高法院）不断地寻求将他者、以前被排斥

---

❶ 哈贝马斯：《在事实与规范之间》，童世骏译，生活·读书·新知三联书店，2003，第336页。

❷ 哈贝马斯：《在事实与规范之间》，童世骏译，生活·读书·新知三联书店，2003，第282页。

❸ 苏力：《中国当代法律中的习惯——从司法个案透视》，《中国社会科学》2000年3期。

的人们包括进来——这实际上意味着把那些新兴的自觉的社会团体的以前缺席的声音带入法理讨论领域,使之成为这个领域的在场者'"。❶ 因此,这样形成的法律——调解协议——及其合法性是由调解的组织技术所保障的,是"基于所有公民自由平等地(直接——引者注)参与政治和法律秩序的民主决策过程中生成"的,❷ 形成的是一种基于自身组织技术而获得的技术合理性。

第二,调解的合法性是建立在自身组织技术上的沟通合法性。随着近代社会以来的不断理性化,人们认为形式理性优于实质理性;现在又随着现代社会的多元化、碎片化、去中心化和复杂化,人们又认识到形式合法性的弊端,呼唤着"迈向回应型法"。不论是实质合法性还是形式合法性,都是有关法律实体内容——权利义务分配——的合法性,都无法解决现代社会韦伯所说的实质理性与形式理性的紧张与冲突,通过实体的法律分配来获得其最低限度的合法性已不能满足现代社会的需要。因此,"在欧陆法律理论和法律实践中大行其道达两个世纪之久的笛卡尔式的逻辑－演绎思维方式已经愈来愈招致多方面的抨击;作为一种替代,论证和商谈理论在法律理论中发展起来"。❸ 这种沟通合法性的理论衡量标准由以前侧重关注实体或判决的结果转移到对程序或判决过程的关注,对这种沟通过程是不是在一种平等、自由、开放状态下进行的关注,甚至于深入沟通主体的社会心理层面是取向于成功即主体性的关注还是取向于理解即主体间性的关注,用哈贝马斯的话说就是这种法律商谈或沟通是不是处于一种"理想的言谈

---

❶ 哈贝马斯:《在事实与规范之间》,童世骏译,生活·读书·新知三联书店,2003,第338页。
❷ 伊芙琳·T.菲特丽丝:《法律论证原理:司法裁决之证立理论概览》,张其山等译,商务印书馆,2005,第67页。
❸ 马克·范·胡克:《法律的沟通之维》,孙国东译,法律出版社,2008,第14页。

情景"："(1) 任何可言说者均可参加论辩。(2)(a) 任何人均可质疑任何主张；(b) 任何人均可在论辩中提出任何主张；(c) 任何人均可表达其态度、愿望和需求。(3) 任何言说者均不因受到论辩内或论辩外的某种强制的障碍而无法行使其在 (1) 和 (2) 中所确定的权利。"❶

这种沟通合法性"一定程度上——有意地或无意地——在形式合法性与实质合法性之间搭起了一座桥梁"，❷ 试图有效地解决两者之间的冲突与紧张；而在波斯纳看来，沟通合法性的实质就是悬置法律的实体问题，将实体问题转化为程序问题。❸ 但调解悬置法律的实体问题，并不是要回避法律的实体问题，而是将实体问题交由嵌入调解同等组织结构的所有人通过充分的民意沟通而得以解决，并获得其合法性，以避免形式合法性与实质合法性之间出现的紧张与冲突。在这个意义上，胡克与波斯纳对哈贝马斯的评价没有实质性的区别。调解的这种不是建立在法律实体内容上，而是建立在法律程序基础上，通过嵌入同等组织结构的民意沟通而获得的合法性，从规范的角度看，称作沟通合法性或程序合法性；从社会组织的角度看，又可以称作建立在自身组织技术上的沟通合法性。

正是由于调解的这种建立在组织技术上的沟通合法性将法律实体内容的合法性交由嵌入调解同等组织结构的所有人通过充分的民意沟通而获得，因此，它能有效地适用于存在于社会多元尤其是法律多元的社会，如中国古代社会由于地域辽阔、人口众多

---

❶ 伊芙琳·T. 菲特丽丝：《法律论证原理：司法裁决之证立理论概览》，张其山等译，商务印书馆，第 61-62 页。
❷ 马克·范·胡克：《法律的沟通之维》，孙国东译，法律出版社，2008，第 260 页。
❸ 波斯纳：《道德和法律理论的疑问》，苏力译，中国政法大学出版社，2001，第 114-124 页。

而带来的法律多元社会，以及现代社会由于社会的日益复杂化而带来的法律多元社会。这也许就是中国社会和现代西方社会中调解得到广泛运用的原因。在这个意义上，"法律的沟通进路也许在某些点上更接近于中国法律文化"❶。

第三，调解这种建立在组织技术上的沟通合法性不同于立法建立在组织技术上的合法性。尽管从组织技术角度看，调解与立法具有相同的社会组织结构即同等结构，❷ 但由于立法面对的是不特定人及其不特定的利益，通过利用代议制形式而代表所有社会成员的利益，因此，这种立法不一定能与具体人的具体利益有效地建立起紧密而直接的利益联系；尤其是在人口众多、地域辽阔的中国，由于"集体行动的逻辑"导致的"搭便车"难以克服，❸建立起这种紧密而直接的利益联系的难度更大。因此，这种通过立法而获得的合法性，不是"从它所指向的（具体——引者注）对象那里取得的合法性"，❹ 不是一种具体的合法性，而是一种普遍的合法性。相反，调解面对的是具体人及其具体利益，能够与特定人及其特定利益形成紧密而直接的利益联系，容易形成一种利益驱动机制；在这种利益驱动机制的作用下，民意能够得到充分而有效的沟通。因此，这种通过嵌入调解同等组织结构的民意沟通而形成的解决纠纷的实体规则及其获得的沟通合法性，是从它所指向的具体对象那里获得的规则及其沟通合法性，也是一种能为

---

❶ 马克·范·胡克：《法律的沟通之维》，孙国东译，法律出版社，2008，"中译本序"。
❷ 关于立法机构的组织结构，参见张洪涛：《司法之所以为司法的组织结构依据》，《现代法学》2010 年第 1 期；M. J. C. 维尔：《宪政与分权》，苏力译，生活·读书·新知三联书店，1997，第 322 - 328 页。
❸ 奥尔森：《集体行动的逻辑》，陈郁等译，格致出版社、上海三联书店、上海人民出版社，2011，第 1 - 79 页。
❹ 马修·德夫林：《哈贝马斯、现代性与法》，高鸿钧译，清华大学出版社，2008，第 53 页。

参与调解的所有人所认可、接受的具体的实体规则，获得的沟通合法性是一种具体的合法性，而不是像立法那样普遍的合法性。

第四，调解这种建立在组织技术上的沟通合法性有异于大陆法系审判的合法性。大陆法系属于制定法传统，理论上，司法只是立法规则的运用，因此，在韦伯的眼中，大陆法系的司法审判被形象地称为"自动售货机"。"因为司法的判决是同法律和法规连接在一起的，所以司法的合理性基础是现行法律的合法性。"❶换言之，司法审判的合法性不是通过自身获得的，而是通过司法审判以外的立法事先给定的，理论上，司法的功能主要在于实现其法律性，而不是合法性。比较而言，在同向调解中，在不违背实体法律的禁止性规定的前提下，参与调解的所有人通过民意沟通，可以形成解决纠纷的实体规则及其合法性。这时，与大陆法系的审判对合法律性的要求相比，调解的合法律性要求很低，只是不违背实体法律的禁止性规定，主要追求其合法性。这种对合法性的追求，在异向调解中体现得更为突出，甚至可以突破实体法律的禁止性规定，单纯追求其合法性，而不顾其合法律性。可见，大陆法系审判的合法性建立在审判外部的立法基础上，要严格受其合法律性的限制，而调解的沟通合法性建立在自身组织技术上并通过民意沟通而获得，受合法律性的限制较为松弱。

第五，调解这种建立在组织技术上的沟通合法性有别于英美法系审判的合法性。如果说大陆法系在解决合法性与合法律性的紧张与冲突上，主要采取了立法与司法社会分工的思路，即立法主要解决合法性问题，司法主要解决合法律性问题，那么，英美法系（主要是普通法）则主要采取的是合二为一的思路，将合法

---

❶ 哈贝马斯：《在事实与规范之间》，童世骏译，生活·读书·新知三联书店，2003，第296页。

性与合法律性的紧张与冲突都放在司法环节加以解决,其合法性主要通过审判自身的民意沟通而获得。在这个意义上,英美法系的审判与调解在解决合法性与合法律性的紧张与冲突问题,或者说获得其合法性的方式上,都采取了在一定程度上相同的思路——通过自身而获得其合法性。但调解与英美法系的审判在获得合法性的程度,或者说合法性受合法律性的限制程度上,还是有所区别的。英美法系审判通过自身而获得的合法性,不仅要受实体法律规则即先例的禁止性规定的限制,而且还要受实体法律规则的非禁止性规则的约束,其合法律性——遵循先例——的要求较高,实现的是一种法律——先例——下的自由。比较而言,调解通过自身组织技术而获得的沟通合法性,只受实体法律规则禁止性规定的限制,甚至在一定情形——如异向调解——下,可以突破实体法律禁止性规定,不像英美法系审判那样要遵循先例,实现的是一种"无法无天"的自由。也许正是由于这个差异,导致了我国调解难以像英美法系审判那样,通过遵循先例而演化出自己的法律规则系统,并走上形式化和自治化的道路,而英美法系审判正是通过对合法性的合法律性约束,演化出了自己的"在事实与规范之间"的法律规则体系,并走上了形式化和自治化的道路。

第六,调解这种建立在组织技术上的沟通合法性也区别于中国法院审判的合法性。尽管中国法院审判在规范层面模仿了大陆法系审判同等结构为主等级结构为辅的组织结构,但由于中国法院审判的行政化程度高于大陆法系国家,❶ 因此,法院审判的合法性对立法的依赖度更高,更难以通过审判自身而获得其合法性,如我国在正式制度层面不承认法官立法,而大陆法系对法官立法

---

❶ 苏力:《经验地理解法官的思维和行为》,载波斯纳《法官如何思考》,苏力译,北京大学出版社,2009。

还是进行了一定的制度化安排。在这个意义上，中国法院的审判可以说只是单纯追求合法律性，受合法律性的限制更为严苛，通过自身而获得合法性的制度空间更小，制度能力更差。同时，由于我国特殊的国情决定了我国立法中"搭便车"现象更为普遍也更为严重，因此，立法提供给法院审判的合法性资源也十分有限。在立法提供的合法性资源有限和法院审判受合法律性的局限更为严苛的双重夹击下，中国法院审判对调解的依赖程度就更高，更离不开对调解及其提供的合法性资源的依赖，通过调解的民意沟通而提供给审判的合法性的任务就更繁重，进而也导致了调解获得合法性的功能更强大，甚至还可以突破法律的禁止性规定。如果以合法律性功能为标准，中国法院审判最强，大陆法系审判次之，英美法系审判再次之，中国法院调解最差；如果以合法性为标准，中国法院调解最强，英美法系审判次之，大陆法系审判再次之，中国法院审判最弱。在这个意义上，中国法院审判和调解是从一个极端——审判是走向合法律性极端——走向另一个极端——调解是走向合法性极端——的结合，存在着事实与规范之间的分离，而不是像大陆法系和英美法系那样是某种程度上的合法律性与合法性的结合，也是某种程度上的事实与规范的结合，"处于规范与事实之间"。

总之，嵌入调解同等组织结构的民意沟通及其沟通合法性，既不同于法院审判——包括大陆法系、英美法系和中国法院审判——和立法提供的合法性，也有异于形式合法性和实质合法性，而是一种独特的建基于自身组织技术上的技术合理性。制度的命运最终决定于自身技术。正是这种技术合理性，决定了调解具有自己独特的制度价值和制度地位，也决定了调解具有自古至今强劲的制度生命力。正是这种技术合理性，决定了我国调解制度的又一次制度复兴，而不能将此归结于外部的各种各样的甚至相互矛盾冲突的意识形态因素；只有将调解的制度复兴归结于自身技术，对调解的认识建立在社会科学研究的基础上，才能避免将调解制度进行简单的意识形态化处理，包括从现代西方法治观念角度和古代儒家思想角度甚至包括所有从文化观念角度对调解制度的理解。调解制度之所以能在中国社会存活如此之久，能为历代不同甚至相反的政治职能、意识形态所利用，❶ 就在于其自身的技术合理性。在这个意义上，调解的真正的、全面的、根本的复兴，只能建立在技术角度研究上，不能建立在文化角度研究上。调解的"道德意识随因果联系意识的增加而减少"❷。

五、调解技术合理性的制度化建议

既然调解具有技术合理性，就应重新评估并调整调解在中国法院的制度地位，改变目前"大调解"不"大"的现状，并将其技术合理性转化为具体的制度化措施：

第一，要变目前调审合一的司法体制为合而不一（置于法院内但保持相对独立性）的司法体制。由于中国法院审判行政化导致的功能缺陷，中国法院审判对调解存在一定程度的功能依赖，因此，中国法院在实践上采取调审合一的司法体制。但由于人们对调解的意识形态——尤其是目前西方法治中心这种观念——化理解，导致中国法院调解在整个法院制度中处于依附于法院审判的状态，也会随着有关调解的意识形态的变化而处于不稳定的状态，包括目前的"大调解"也是如此。因此，应该从调解的技术

---

❶ 强世功主编《调解、法制与现代性：中国调解制度研究》，法制出版社，2001。
❷ 尼采：《曙光》，田立年译，漓江出版社，2000，第8页；转引自苏力《法律与文学：以中国传统戏剧为材料》，生活·读书·新知三联书店，2006，第262页。

合理性角度，来定位调解制度在中国法院相对独立的制度地位和制度价值，及其相对独立的组织载体即调解组织和微观载体即调解人员，实行调审合而不一的司法体制，以避免司法实践中出现既不利于调解民意功能发挥和调解制度自身发展，也会对中国法院审判产生一些负面影响的"以判压调""明判暗调"等情形。

第二，在实行调审合而不一（置于法院内但保持相对独立性）司法体制的前提下，为了充分发挥调解在司法民意沟通功能上的组织技术优势，中国法院应该在一审法院设立独立的调解庭及其调解人员。观念上，中国法院调解存在许多不符合现代司法形式及其法治理念的情形，但从技术角度看，调解的同等结构提供的组织沟通与审判相比，更接近于"理想的言谈情景"，是自由、平等和权利实现的较好形式，民意沟通功能强于审判。因此，应充分发挥调解在司法民意沟通功能上的组织技术优势，在一审法院设立独立的调解庭及其调解人员，用来解决我国初审法院的"事实性问题"（包括非理性的问题），以实现中国法院在解决规范性问题与事实性问题上的制度分工，从组织技术角度来解决中国法院司法民意沟通问题。

第三，制定专门的调解组织法和程序法。调解技术合理性的核心在于其组织结构及其保障的民意沟通的顺畅和有效，在于其营造的"理想的言谈情景"。在这个意义上，调解法首先是组织法和程序法，而不是实体法。但由于缺乏其制度规范，这种组织结构及其"理想的言谈情景"会存在不同程度的不确定性，会随"情"而变，因人、因地、因时而异，因此，为规范调解自身的组织结构及其"理想的言谈情景"，我国应该制定专门的调解组织法和程序法，为之提供专门而系统的法律保障，将调解的技术合理性转化为具体的制度规范。

第四，改目前对调解的实体法采取事前立法审查为事后司法审查的方式。尽管调解有其技术合理性，但这种技术合理性并不能直接解决调解实体法的合法性问题，只能将调解的实体法的合法性问题交由所有的参与者来解决，不同程度地存在着侧重于合法性而忽视合法律性的弊端，为此，各国法院都不同程度地存在着对调解实体法——调解协议——的法律审查制度。结合我国的特殊国情和事前立法审查在法律实践中有名无实的状态，应变目前对调解的实体法采取事前立法审查为事后司法审查的方式。这一方面可以将调解的实体法由目前的"个人物品"转化为"公共物品"，提高调解实体法的正外部性收益；另一方面也可以实现对调解实体法的有效的司法审查，形成调解实体法"遵循先例原则"，提高调解实体法的合法律性程度，而不是像现在那样只顾事实而不顾规范，实际上处于一种不受合法律性约束的放任自流的状态。

第五，调解的技术合理性，决定了我国应重新反思并设计中国法院司法化改革道路。由于之前的研究并没有将调解作为中国法院的重要组成部分从技术的角度来认识和研究，因此存在不同程度的对中国法院现状——如法院的行政化——的一些错误或不全面的认识。如果将中国法院调解的同等结构及其技术合理性考虑进去并作为其重要组成部分，中国法院行政化色彩至少不会像以前认为的那样浓，[1] 中国法院组织结构"名"与"实"的分离也不会像以前认为的那样严重。[2] 因此，我们应重新反思和设计我国法院司法化改革道路，譬如，中国法院司法化除了像西方那样走审判司法化道路外，还可以走调解制度化道路；这是一条以传统来改造传统的道路，因此也是一条更适合中国国情的司法改革之路。

---

[1] 贺卫方：《司法的理念与制度》，中国政法大学出版社，1998，第 103 – 138 页。
[2] 张洪涛：《司法之所以为司法的组织结构依据》，《现代法学》2010 年第 1 期。

第三章
审委会研究中的分解式法学范式及其反思

一、研究问题的缘起

从制度层面来看，改革完善审判委员会（简称审委会）一直是中国司法改革的主要内容之一。从最高人民法院1999—2003年的"一五"司法改革纲要到2019—2023年的"五五"司法改革纲要，都会涉及审委会改革完善的内容；不仅如此，最高人民法院还多次专门出台改革完善审委会的文件，从1993年《最高人民法院审判委员会工作规则》（以下简称《工作规则》，仅仅适用于最高人民法院，但地方各级法院可以结合各自实际制定出台适用于本院的审判委员会工作规则），到2010年最高人民法院《关于改革和完善人民法院审判委员会制度的实施意见》（以下简称《实施意见》，不仅适用于最高人民法院，而且适用于各级人民法院），再到2019年最高人民法院《关于健全完善人民法院审判委员会工作机制的意见》（以下简称《意见》）；甚至在党的十八届三中、四中全会报告等中央文件中，也会专门涉及改革完善审委会制度的问题。"然而相关改革迄今还在试点和总结各地经验，改革延续时间跨度之长，实属罕见。"❶ 更加令人迷惑不解的是，通过长达25年的司法改革试点之后，是否能有效解决审委会制度目前存在的问题，从而使之告一段落而定型化并形成一个全国统一而有效的制度，从其整个改革试点的过程及其效果来看，暂时还难以定论。

当我们从制度层面转入理论研究层面时，这种担心并非空穴来风。审委会制度一直是中国法学——尤其是改革开放以后——研究的焦点问题之一。从审委会的存废之争到审委会工作机制的设计、从审委会组织结构的行政化到司法化、从审委会的外部关系到内部关系、从审委会的组织结构到组织功能再到运行机制⋯⋯这些一直是学界长期争论、研究的问题，但至今为止，学界难以形成一致的定论，甚至存在两种截然相反的观点。如在审委会组织结构的实证研究上，有的学者认为审委会的组织结构存在着严重的行政化问题；❷ 有的学者发现"审判委员会委员兼具知识技术的专业性和政治上的官僚性，很难简单地对其人员构成状况予以消极评价"；❸ 有的学者则给予其积极评价，认为行政化在不断减少。❹ 在审委会与合议庭的关系的实证研究上，有的学者发

---

❶ 肖仕卫、李欣：《中国特色的审判委员会？——对审判委员会制度改革的前提性思考》，《西南民族大学学报（人文社科版）》2017年第8期。
❷ 徐向华等：《审判委员会制度改革路径实证研究》，《中国法学》2018年第2期；陈光中、龙宗智：《关于深化司法改革若干问题的思考》，《中国法学》2013年第4期。
❸ 左卫民：《审判委员会运行状况的实证研究》，《法学研究》2016年第3期。
❹ 张卫彬：《人民法院审判委员会制度的实践与再造》，《中国刑事法杂志》2017年第2期。

现"审委会讨论结果在整体上趋向于认同合议庭或审判法官的意见","合议庭归纳的争议焦点决定了审委会的讨论方向,而审委会的决定既是判决的底线和前提,更是合议庭据以抵抗外在干预的后盾";❶ 而有的学者发现"审委会讨论的很多刑事案件既不困难也不重要,但推翻法官原有意见的比例却很高,相反,提交审委会讨论的很多民事案件难度虽然很大,但审委会并不能提供专门帮助"。❷ 在组织决策和运行机制的实证研究上,有的学者发现"审委会的运行和决策过程带有很强的行政等级色彩,院长的权威占据重要地位",大多数案件由院长主导;❸ 而有的学者发现运行和决策过程带有很强的集体决策民主化色彩,院长不占据重要地位。❹ 在预防腐败的实证研究上,有学者发现审委会有预防腐败的功能;❺ 而有学者则发现审委会不仅不具有预防腐败的功能,相反有可能使腐败便利化、制度化。❻ 在司法责任的实证研究上,有学

---

❶ 左卫民:《审判委员会运行状况的实证研究》,《法学研究》2016年第3期;邵六益:《审委会与合议庭:司法判决中的隐匿对话》,《中外法学》2019年第3期。

❷ Xin He, "Black Hole of Responsibility: The Adjudication Committee's Role in a Chinese Court," *Law and Society Review* 46, No. 4 (2012).

❸ 王伦刚、刘思达:《基层法院审判委员会压力案件决策的实证研究》,《法学研究》2017年第1期; See Xin He, "Black hole of the Responsibility: The Adjudication Committee's Role in Chinese Court", Law and Society Review 46, No. 4 (2012).

❹ 李雨峰:《司法过程的政治约束——我国基层人民法院审判委员会制度运行研究》,《法学家》2015年第1期。

❺ 苏力:《基层法院审判委员会制度的考察及思考》,载《北大法律评论》第1卷第2辑,法律出版社,1998;李雨峰:《司法过程的政治约束——我国基层人民法院审判委员会制度运行研究》,《法学家》2015年第1期。

❻ Xin He, "Black Hole of Responsibility: The Adjudication Committee's Role in a Chinese Court," *Law and Society Review* 46, No. 4 (2012);陈瑞华:《正义的误区——评法院审判委员会制度》,载《北大法律评论》第1卷第2辑,法律出版社,1998;张洪涛:《审判委员会法律组织学解读——兼与苏力教授商榷》,《法学评论》2014年第5期。

者发现审委会成员责任心强；❶ 而有学者发现审委会是一个逃避司法的"黑洞"，"审委会已经蜕变为法官和审委会委员推脱责任的工具"。❷ 在抵御外来行政干预压力的实证研究上，有学者发现审委会有抵御外来行政干预压力的功能；❸ 但有学者发现审委会不仅不具有这个方面的功能，相反为外来行政干预压力提供了便利化的制度通道。❹ 在提高法官素质和审判质量的实证研究上，有学者发现审委会具有这个方面的功能；❺ 但有学者发现审委会不仅不具有这个方面的功能，相反可能会影响法官素质和审判质量。❻ 在统一法律适用的实证研究上，有学者发现审委会具有这个方面的功能；❼ 但有学者发现审委会不仅不具有这个方面的功能，相反还可能会带来法律的不确定性。❽ 审委会研究上的分歧，不仅存在于其组织结构、组织功能及其存废之争上，而且"新的分歧还集中到

---

❶ 李志增：《司法公正的障碍还是保障？——中国基层法院审判委员会制度研究》，《河南财经政法大学学报》2013 年第 6 期。
❷ Xin He, "Black Hole of Responsibility: The Adjudication Committee's Role in a Chinese Court," *Law and Society Review* 46，No. 4（2012）；张洪涛：《审判委员会法律组织学解读——兼与苏力教授商榷》，《法学评论》2014 年第 5 期。
❸ 李雨峰：《司法过程的政治约束——我国基层人民法院审判委员会制度运行研究》，《法学家》2015 年第 1 期；苏力：《基层法院审判委员会制度的考察及思考》，载《北大法律评论》第 1 卷第 2 辑，法律出版社，1998 年。
❹ Xin He, "Black Hole of Responsibility: The Adjudication Committee's Role in a Chinese Court," *Law and Society Review* 46，No. 4（2012）；张洪涛：《审判委员会法律组织学解读——兼与苏力教授商榷》，《法学评论》2014 年第 5 期。
❺ 苏力：《基层法院审判委员会制度的考察及思考》，载《北大法律评论》第 1 卷第 2 辑，法律出版社，1998；李雨峰：《司法过程的政治约束——我国基层人民法院审判委员会制度运行研究》，《法学家》2015 年第 1 期。
❻ 张洪涛：《审判委员会法律组织学解读——兼与苏力教授商榷》，《法学评论》2014 年第 5 期。
❼ 苏力：《基层法院审判委员会制度的考察及思考》，载《北大法律评论》第 1 卷第 2 辑，法律出版社，1998。
❽ 张洪涛：《审判委员会法律组织学解读——兼与苏力教授商榷》，《法学评论》2014 年第 5 期。

了有关审判委员会工作机制的设计上……还会随着改革方案所需综合考量的变量因素增加而变大"。❶ 面对这种差异化的、碎片化的研究格局，有学者基于改革完善的立场，不得不提出一种非常无可奈何的"审判委员会制度改革的类型化方案"："因各个法院内部利益诉求的矛盾冲突所导致的审判委员会制度运行的不确定性以及由此造成的法院审判权内部运行秩序混乱，才是审判委员会制度实践所展示的最大风险。审判委员会制度运行的问题并不是每个法院之间存在差异，而在于一个法院内存有明显的差异。要充分发挥审判委员会的制度功能，就必须要忽视这种整体上的差异性，转而通过建构类型性的、差异化制度和机制来消除审判权运行的不确定性，通过'差异化'的方式来使得制度运行得以规范化。"❷

本章无意于解决方案的研究，而意在追溯造成这种"差异化""碎片化"研究格局的深层法学研究范式原因。从客观的角度来看，也许"是由于这些研究的经验性材料主要都是基于某个省域范围甚至某个基层或者中级人民法院之内的，因而也就需要放置在全国的实践中来进行全局性考察"，❸ 使之不具有普适性，难以形成研究共识；也许是研究对象——审委会制度——本身在组织结构和功能上具有不确定性使然，❹ "'差异化'既是各级各地法院审判委员会工作机制的基本特征，也是审判委员会制度在实践运行中整体呈现出的现实状态"。❺ 本章试图进一步追溯其中的主

---

❶ 方乐：《审判委员会制度改革的类型化方案》，《法学》2018 年第 4 期。
❷ 方乐：《审判委员会制度改革的类型化方案》，《法学》2018 年第 4 期。
❸ 方乐：《审判委员会制度改革的类型化方案》，《法学》2018 年第 4 期。
❹ 关于这个问题的理论解释，详见张洪涛：《审判委员会法律组织学解读——兼与苏力教授商榷》，《法学评论》2014 年第 5 期；在一定意义上，迄今为止的现有实证研究成果不自觉地"暗合"了本章的研究结论。
❺ 方乐：《审判委员会制度改革的类型化方案》，《法学》2018 年第 4 期。

观原因，着重探讨审委会的研究工具——法学范式——问题：从客观的科学角度来看，我国审委会制度的真相应该只有一个，为何不同学者从事同一研究对象的实证研究得出的研究结论却不同甚至截然相反？在审委会研究上使用的分解式法学范式有哪些？这些来自西方的分解式法学范式（包括规范分析法学范式或者法教义学范式和社会分析法学范式或者社科法学范式）对审委会的研究及其实践有何影响？能否满足中国特色化合型法律制度——如审委会、调审合一、议行合一等——研究的范式需要？为此，现有分解式法学范式需要作何种转型？本章将分而论之。

二、审委会研究中的分解式法学范式（例）

分解式范式就是通过对研究对象的不断分解来完成对研究对象认识和研究的不断深化，最终实现对研究对象的真实、客观而全面的把握，并为改造客观世界——如研究对象——提供坚实的事实基础。这是因为，只有把研究对象分解后，才能看清楚研究对象的各个构成及其各自的特性；否则，当研究对象处于混合或者化合状态时，我们就无法看清楚研究对象的各个构成及其各自的特性。如当水分解为氢气和氧气，即 $H_2O = H_2 + O_2$，我们才能认识到氢气的助燃性和氢气的可燃性；而当水处于未分解状态时，我们只能看到水与氢气和氧气截然相反的阻燃性，绝对想象不到水的组成部分——氢气和氧气——具有的助燃性和可燃性。可见，分解式是我们认识和研究客观世界的基本方式和手段。

这种首先在自然科学中认识和研究客观世界的基本方式和手段，后来也被移用到社会科学领域。将分解式（法学）范式移用到我国法院审委会的研究上，就是指通过对审委会的不断分解来实现对审委会认识和研究的不断深化，最终力图实现对审委会的真实、客观而全面的把握，并为完善、发展、改造或者限制、取消审委会提供坚实的事实基础。如根据迄今为止我国法学界对审委会的研究内容和进程来看,可将审委会研究内容大致分解为两个组成部分:一是审委会规范性研究,侧重从规范的、正式制度的层面考察审委会的显性功能,研究、探讨审委会的存废、完善等相关问题;二是审委会事实性研究,侧重从事实的、非正式制度的层面考察审委会的隐性功能、正式制度实施效果,研究、探讨审委会的存废、完善等问题。上述审委会研究内容的分解、划分,只是一种"理想类型"式的理念化的分解和划分,实际上,在绝大多数有关审委会研究——尤其是技术操作层面的对策研究——中,都是既研究审委会的规范性,又研究审委会的事实性,既从规范的、正式制度的层面考察审委会的显性功能,又从事实的、非正式制度的层面考察审委会的隐性功能、正式制度实施效果,本章姑且称之为第三种审委会综合性(即规范性与事实性之综合)研究。

研究内容不同决定研究方法差异。根据对审委会研究内容不同采取的研究方法不同,又可以将我国迄今为止的审委会研究分解、划分为三种不同的法学范式:

第一,研究审委会规范性的规范分析法学范式。这种法学范式特别强调从正式法律规范角度探讨审委会的相关问题,因此又称为"法条主义法学范式"或者"概念法学范式"。"由于法条主义或者概念法学在当下的中国法学界中似乎有某种道德的或学术的贬义",因此又被某些学者称为"诠释法学范式"。❶ 这种法学范式与法教义学"以规范为对象,以解释为方法,以体系为目的"的法学范式主张——尤其是在研究对象和研究方法上——基本一致,❷ 因此受到当下西方法学范式——尤其是德日法教义学——的影响,目前

---

❶ 苏力:《也许正在发生——转型中国的法学》,法律出版社,2004,第11-12页。
❷ 曾新华:《审判委员会讨论决定权的法教义学阐释》,《法学杂志》2019年第11期。

学界又称之为"法教义学范式"。根据迄今为止法学界对审委会的研究状况,❶对审委会规范性分析大致体现在以下三个方面:

一是从我国法律规范角度对审委会的研究。如从《中华人民

---

❶ 这些研究主要有:江放:《怎样的案件才需提交审判委员会讨论》,《法学》1983年第2期;周士敏:《试谈提高审判委员会讨论案件的质量问题》,《政法论坛》1988年第2期;王祺国:《审判委员会讨论决定第一审案件之举不妥》,《现代法学》1988年第6期;王新如:《审判委员会定案应予改变》,《政治与法律》1989年第1期;王祺国、张狄秋:《论审判独立的双重属性》,《法律科学》1989年第3期;王颖:《审判中的群体决策》,《政治与法律》1990年第1期;孔宪翠:《人民法院独立审判有待建立法律保障机制》,《现代法学》1995年第5期;吕中亚:《关于完善审判委员会工作制度的思考》,《法学》1996年第5期;谭世贵:《论司法独立》,《政法论坛》1997年第1期;贺卫方:《中国司法管理制度的两个问题》,《中国社会科学》1997年第6期;贺卫方:《关于审判委员会的几点评论》,载《北大法律评论》第1卷第2辑,法律出版社,1998,第365-374页;鲁智勇:《关于审判委员会制度的思考》,载《北大法律评论》第1卷第2辑,法律出版社,1998,第413-426页;吴小英:《关于审判委员会制度的思考》,《广西社会科学》1998年第3期;韩克芳:《关于改革和完善审判委员会制度的思考》,《山东社会科学》2000年第3期;张松美:《关于审判委员会制度利弊的思考》,《当代法学》2001年第2期;王春芳:《审判委员会制度的透析与远景思考》,《河南省政法管理干部学院学报》2001年第4期;肖建国、肖建光:《审判委员会制度考》,《北京科技大学学报(社会科学版)》2002年第3期;赵红星、国灵华:《废除审判委员会制度——"公正与效率"的必然要求》,《河北法学》2004年第6期;褚红军、陈靖宇:《审判委员会制度若干问题研究——兼论审判委员会制度的改革和完善》,《法律适用》2005年第10期;高洪宾:《中国审判委员会制度改向何处——以本土化为视角的思考》,《法律适用》2006年第3期;雷新勇:《论审判委员会审理制——价值追求与技术局限》,《人民司法》2007年第11期;韦伟强:《审判委员会制度改革的思考及建议》,《黑龙江省政法管理干部学院学报》2007年第4期;徐柏梅:《关于审判委员会制度的思考》,《怀化学院学报》2009年第4期;张凯、周海洋:《关于检察长列席审判委员会制度的思考》,《山西省政法管理干部学院学报》2010年第2期;李先伟:《审判委员会司法权之理论基础与制度完善——兼评〈关于改革和完善人民法院审判委员会制度的实施意见〉》,《中州学刊》2011年第2期;王文建:《司法现代化与审判委员会制度改革》,《人民论坛》2013年第11期;杨扬:《从司法独立看我国审判委员会的存废》,《贵阳学院学报(社会科学版)》2013年第5期;孙召银、王忠旭:《司法改革中审判委员会改革的新思路和新动向》,《长春市委党校学报》2015年第4期;白迎春:《审判委员会制度的存废之谈》,《前沿》2015年第2期;

共和国人民法院组织法》（以下简称《人民法院组织法》）、三大诉讼法及其司法解释、最高人民法院制定的有关审委会的法律文件、司法改革纲要、党和政府有关审委会改革完善的政策文件等角度

（接上注）虎景玉、成延洲：《对审判委员会思政运作模式的分析》，《人民司法》2015年第7期；毛剑：《审判委员会功能的补强机制》，《人民司法》2015年第7期；张卫彬：《审判委员会改革的模式设计、基本路径和对策》，《现代法学》2015年第5期；夏孟宣、胡苗玲：《司改背景下审判委员会职能合理定位的路径选择》，《法律适用》2015年第11期；蒋华林：《审委员会制度：寻根理枝与革新路径》，《河北科技大学学报（社会科学版）》2016年第2期；蔡辉：《审判公开愿景下审委会审判职能实现的路径选择》，《沈阳工业大学学报（社会科学版）》2016年第1期；冯之东：《审判委员会制度与司法责任制》，《上海政法学院学报》2016年第2期；冯之东：《司法体制改革背景下的审判委员会制度》，《广西大学学报（哲学社会科学版）》2016年第2期；李利：《审判委员会改革：以司法独立和司法问责为视角》，《湖北社会科学》2016年第9期；肖仕卫、李欣：《中国特色的审判委员会？——对审判委员会制度改革的前提性思考》，《西南民族大学学报（人文社科版）》2017年第8期；张杰、赵静：《我国审判委员会司法责任法治化路径探析》，《广东开放大学》2017年第6期；邱金山、周伟：《审判委员会讨论案件审查过滤制度的重构》，《山东审判》2017年第2期；刘振会：《论审判委员会研究案件机制的诉讼化构建——以刑事诉讼为视角》，《法律适用》2017年第7期；葛天博：《责任"错位"：审判委员会运行的逻辑》，《黑龙江省政法管理干部学院学报》2017年第3期；李庆鹏、仝春景：《浅论我国审判委员会制度的问题及对策》，《湖北经济学院学报（人文社科版）》2017年第7期；洪小东：《审判委员会制度审思：职能定位与运行机制改革》，《中国石油大学学报（社会科学版）》2017年第5期；马若飞：《刑事审判中审判委员会的发展与完善》，《山西经济管理干部学院学报》2018年第1期；李雪平：《废除审判委员会刑事裁判权的必要性》，《天津法学》2018年第1期；刘练军：《法官法定原则：审判委员会改革的新路径》，《北方法学》2018年第6期；徐振华、王星光：《审判委员会审判经验总结的范式建构——以议案方式的改进为视角》，《山东法官培训学院学报》2019年第2期；李雪平：《审判中心视角下审判委员会的职能重构》，《湖北警官学院学报》2019年第3期；曾新华：《审判委员会讨论决定权的法教义学阐释》，《法学杂志》2019年第11期；刘刚炬：《专业审判委员会组织结构完善研究》，《法学杂志》2020年第1期；刘雅男：《法院外部人员参加审判委员会案件讨论程序问题探析》，《法律适用》2020年第13期；董坤：《检察长列席审委会会议：新时代法律监督权的巩固与发展》，《广西大学学报（哲学社会科学版）》2020年第1期；卢希起：《检察长列席审委会会议制度思考》，《法商研究》2020年第3期；孙光宁：《审委会制度的完善如何改进集体司法决策》，《深圳社会科学》2021年第2期。

对审委会规范性的研究。

二是从司法理念的角度对审委会的研究。如根据司法的基本原则，包括审判独立原则、司法公开原则、司法公正原则、司法责任原则、司法直接言词原则、司法回避原则等原则，对审委会进行的研究及其设计的制度改革与完善方案。

三是从国际角度对审委会所作的比较研究。如按照"国际标准"对我国审委会所作的研究，将我国审委会制度与其他国家类似制度进行的比较研究，以及在这些研究基础上设计的改革与完善方案。

第二，研究审委会事实性的社会实证分析法学范式。这种法学范式特别强调从社会实证的角度来探讨审委会的相关问题，"不满足于对法条、概念的解释，他们试图探讨支撑法条背后的社会历史根据，探讨制定法在中国社会中实际运作的状况以及构成这些状况的诸多社会条件……更多借鉴了其他社会科学或者人文学科的理论资源和研究方法，试图通过一些更为具体的问题的分析来把握法律"，因此又被当下中国某些学者称为"社科法学范式"。❶ 根据迄今为止法学界对审委会的研究状况，对审委会事实性的社会实证分析大致体现在以下两个方面：

一是从非正式制度角度对审委会的研究。如通过社会调查和对法官的访谈，从非正式制度的角度，❷ 对基层法院审委会存在行政化问题的实证研究；❸ 通过对一个基层法院审委会7年法律实践的实证考察，从非正式制度角度对其隐性功能的研究；❹ 基于某中级人民法院2011—2015年审委会记录材料，从非正式制度角度考

---

❶ 苏力：《也许正在发生——转型中国的法学》，法律出版社，2004，第12-13页。
❷ 苏力：《论法院的审判职能与行政管理》，《中外法学》1999年第5期。
❸ 苏力：《基层法院审判委员会制度的考察及思考》，载《北大法律评论》第1卷第2辑，法律出版社，1998。
❹ 洪浩、操旭辉：《基层法院审判委员会功能的实证研究》，《法学评论》2011年第5期。

察发现合议庭与审委会之间存在的"隐匿对话"及其互动机制：合议庭归纳的争议焦点决定了审委会的讨论方向，而审委会的决定既是判决的底线和前提，更是合议庭据以抵抗外在干预的后盾。❶

二是对审委会制度实施状况的实证研究，主要包括审委会组织结构的实证研究、审委会组织功能的实证研究、审委会组织行为即运行机制的实证研究等。如基于某基层法院审委会近600份会议记录和对法官的访谈，对审委会在处理外部压力型案件过程中的司法决策和行为逻辑即组织行为的研究；❷ 如在对某法院审委会制度运行状况的实证研究基础上，提出的强化其职能的改革方案研究报告；❸ 基于某个法院审委会的实证考察和研究，提出的从"讨论个案"到"裁断类案"的审委会功能变革方案；❹ 基于全国法院16份改革样本的实证考察，从群体决策视域下对审委会专业委员会表决机制的研究；❺ 基于A省B市中级人民法院审委会案件回流和分流的实证考察，提出的中国法院审委会功能的再造方案；❻ 基于通过社会调查获得的大量实证材料，对审委会讨论的群体决策的研究及其提出的改革方案；❼ 基于各层级、各地区代表性法院审委会的实证考察，对审判委员会运行状况更全面的实证

---

❶ 邵六益：《审委会与合议庭：司法判决中的隐匿对话》，《中外法学》2019年第3期。

❷ 王伦刚、刘思达：《基层法院审判委员会压力案件决策的实证研究》，《法学研究》2017年第1期。

❸ 北京市第一中级人民法院课题组：《关于推动审委会制度改革强化其职能作用的调研报告》，《人民司法》2014年第3期。

❹ 公丕潜：《基层法院审判委员会制度功能的主题变奏——从"讨论个案"到"裁断类案"》，《黑龙江省政法管理干部学院学报》2020年第3期。

❺ 徐文进：《群体决策视阈下审委会专业委员会表决机制的检视》，《攀登》2020年第6期。

❻ 张卫彬：《人民法院审判委员会的实践与再造》，《中国刑事法杂志》2017年第2期。

❼ 吴英姿：《审判委员会讨论的群体决策及其规制》，《南京大学法律评论》2006年春季号。

研究及其提出的改革方案;❶ 基于近几年（主要是2013年以后）覆盖全国"中国裁判文书网"和S省各级代表性法院审委会的实证考查，发现"差异化"不仅是中国各级各地法院审判委员会工作机制的基本特征，也是审判委员会制度在运行实践中整体呈现出的现实状态（包括法院之间和法院内部），并在此研究基础上提出的"差异化"的审判委员会制度改革类型化方案;❷ 基于S省各级代表性法院审委会的实证考察，对中国法院审委会功能的实证研究及其提出的功能转型改革方案;❸ 基于C省法院审委会宏观指导职能的实证考察和研究，提出了地方法院审委会宏观指导职能改革完善意见;❹ 基于近三年五个基层法院审委会审理案例的实证材料，考察研究了审委会对审判独立、司法责任和司法公开的影响;❺ 基于自己作为审委会成员的参与、观察和访谈获得的经验材料，通过考察、研究我国基层法院审委会的受案类型、运行过程、讨论案件考虑的各种因素、法官行为逻辑、审委会外部影响因素等问题，提出了审委会向咨询机构转变的改革方向;❻ 基于H省S市S区法院审委会运行的实证考察，探讨了审委会在审判权内部监督上的功能，并提出了其完善的建议;❼ 基于一个基层法院审委会刑事裁判制度的个案考察，探讨研究了法院审判委员会在讨论

---

❶ 左卫民：《审判委员会运行状况的实证研究》，《法学研究》2016年第3期。
❷ 方乐：《审判委员会制度改革的类型化方案》，《法学》2018年第4期。
❸ 方乐：《审委会改革的现实基础、动力机制和程序建构》，《法学》2016年第3期。
❹ 四川省高级人民法院课题组：《司法改革中地方法院审判委员会宏观指导职能的重置——基于C省审委会制度运行的实证分析》，《理论与改革》2015年第6期。
❺ 李志增：《司法公正的障碍还是保障？——中国基层法院审判委员会制度研究》，《河南财经政法大学学报》2013年第6期。
❻ 李雨峰：《司法过程的政治约束——我国基层人民法院审判委员会制度运行研究》，《法学家》2015年第1期。
❼ 宋国强：《完善审委会对审判权内部监督的路径探索——以H省S市S区法院审委会工作为实证》，《公民与法》2013年第7期。

决定刑事案件、行使刑事审判权方面的运行状况，并提出其改革与完善建议。❶

第三，研究审委会规范性和事实性的混合式法学范式。上述两种法学范式尽管存在研究对象和研究方法的差异，以及分解层面（规范层面的分解和社会层面的分解）的差异，但它们都是一种由审委会整体向审委会部分分解的分解式法学范式。因此，为了克服分解式法学范式给审委会研究和实践带来的不足，形成了一种试图由审委会部分到审委会整体还原的混合式法学范式。混合式法学范式是在上述分解式法学范式——包括规范分析法学范式和社会分析法学范式——研究基础上的折中或者综合，因此也可以称为"折中主义法学范式"或"综合法学范式"。❷ 典型的如有学者在研究审委会"'讨论案件并决议'的类审判职能"时，从规范分析角度，由于法律设计和司法解释未能一以贯之，该项职能在实践中渐趋泛化和错位；从社会分析角度，尽管审委会成员在专业性和多样性上已获明显改善，但无论是成员的任职还是讨论的方式，审委会职能履行中的行政化色彩仍积重难返；人员组成的高行政性与讨论议题的重影响性，使得审委会更倾向于保障

---

❶ 朱德宏：《一个基层法院审判委员会刑事裁判制度运行的调查报告》，《中国刑事法杂志》2014 年第 6 期。

❷ 受中国传统"中庸""和为贵"等折中主义思想影响，混合式法学范式/折中主义法学范式/综合法学范式在我国法学研究——如审委会研究——中较为普遍，在绝大多数审委会研究论文中，都会不同程度地交叉使用到规范分析和社会分析；本章对审委会研究论文的法学范式分类只是一种大致的理念化的划分。本章受篇幅限制，在此列举的都是较为典型的混合式法学范式论文；这类研究论文还可以参见：梁平：《管理－审判二元架构下法院内部机构设置与权力运行研究》，《法学论坛》2017 年第 3 期；鲁为、张璇、廖钰：《论"审判权统一行使"在基层法院的实现路径——以基层法院审判委员会的微观运行为视角》，《法律适用》2014 年第 1 期；王延延：《论法院案件集体讨论体制的变迁——从审判委员会到法官会议》，《北京理工大学学报（社会科学版）》2020 年第 3 期。

社会稳定,而大量讨论个案,不仅影响其宏观职能的发挥,易成为司法责任的黑洞,而且把控案件质量的实际作用并不能如愿;最后在规范分析和社会分析基础上,提出了改革审委会职能的建议:通过逐步取消审判职权,全面强化指导功能,实现审判权完整回归合议庭和独任庭,重塑审委会作为审判中的咨询者和规则制定中的决策者两大角色。❶ 如有学者在讨论审判委员会刑事裁判权时,首先从规范分析角度,认为审判委员会刑事裁判权存在理论上的弊端,其实体裁判权存在违背程序规则上的弊端;然后从社会分析角度,发现审判委员会刑事裁判权在实践上存在异化运行的不足;最后,在规范分析和社会分析的基础上,提出了废除审判委员会刑事裁判权的改革主张。❷ 如有学者以庭审中心主义为视角研究审判委员会"个案审理"时,首先从规范分析角度,探讨了审判委员会"个案审理"存在的弊端;然后从社会分析角度,考察了审判委员会"个案审理"的状况;最后,在规范分析和社会分析基础上,提出了审判委员会"个案审理"的庭审化技术改革方案。❸ 还有学者交叉适用规范分析方法和社会分析方法,分别从规范层面和社会层面对审判委员会的组织结构即人员构成、组织功能即受理案件的范围、运行机制即探讨案件的程序进行了比较研究;随后,在上述比较研究基础上,结合具体案例,探讨了审判委员会在组织结构、组织功能和运行机制上存在的缺陷;最后,提出了审判委员会改革方案。❹

---

❶ 徐向华课题组:《审判委员会制度改革路径实证研究》,《中国法学》2018年第2期。
❷ 李雪平:《废除审判委员会刑事裁判权的必要性》,《天津法学》2018年第1期。
❸ 张雷、冯润东:《审判委员会"个案审理"之检视与改造——以庭审中心主义为视角》,《湖南社会科学》2016年第3期。
❹ 陈瑞华:《正义的误区——评法院审判委员会制度》,载《北大法律评论》第1卷第2辑,法律出版社,1998。

三、分解式法学范式对审委会的正面影响

第一，在横向广度上，随着分解式法学范式的不断分解，审委会研究范围也随之得到了不断的扩展，审委会改革的范围也在随之不断地扩展。分解式法学范式就是通过对研究对象的不断分解来实现对研究对象认识和研究的不断深化，表现在审委会上就是通过对审委会的不断分解在理论上实现对审委会认识和研究的不断深化，并在实践上实现对审委会的改革和完善。

在理论研究上，早期对审委会的研究主要是规范分析法学范式，研究对象和范围主要集中在审委会的规范性问题上，"更多以外国的（主要是美国的）或所谓的'国际标准'的正式司法制度同中国法律明文规定的正式制度进行比较"；[1] 后来，随着苏力教授倡导的社会实证研究方法和社科法学范式或者社会分析法学范式的引入，学界开始关注审委会制度事实性问题的社会实证研究。这是分解式法学范式在审委会研究上的第一层次分解。分解式法学范式的第二层次分解是在审委会规范性和审委会事实性的各自内部，即审委会规范性的内部分解和审委会事实性的内部分解。前者大致包括审委会组织结构的规范性、审委会组织功能的规范性和审委会组织运行机制的规范性；后者大致包括审委会组织结构的事实性、审委会组织功能的事实性和审委会组织运行机制的事实性。如果还有需要，还可以进行第三层次的分解，如从正式制度——包括《人民法院组织法》、三大诉讼法及其司法解释——角度对审委会显性组织功能的分解和研究，包括审委会总结审判经验等宏观功能研究和讨论决定个案等微观职能研究；还如从社会实证角度对审委会组织功能的分解和研究，包括抵御腐败、抵御外部行政

---

[1] 苏力：《送法下乡——中国基层司法制度研究》，中国政法大学出版社，2000，第65页。

干预、统一法律适用、提高法官素质等组织功能的实证研究。如果还有需要，还可以进行第四、第五层次的分解，直至分解到不能分解为止。由上可见，分解式法学范式对审委会研究不断分解的过程，也是审委会研究范围不断扩展的过程：从原先的规范性研究扩展到后来的事实性研究；从原先的规范分析到后来的社会实证分析；从刚开始的正式制度研究到后来的非正式制度研究；从刚开始的显性组织结构研究到后来的隐性组织结构研究；从刚开始的显性功能研究到后来的隐性功能研究；从原先观念层面的审委会性质、存废之争到后来的技术操作层面的工作机制、运行机制的设计；从原先审委会内部的运行机制到审委会外部的运行机制；从审委会与合议庭之间的内部关系与衔接到审委会外部关系沟通与衔接。

在实践中，分解式法学范式的不断分解也会带来审委会改革范围的不断扩展。这种审委会改革范围的不断扩展典型地体现在最高人民法院关于审委会改革的三个专门性的司法文件的第一层次分解上（详见表 3.1）。如果说 1993 年 8 月 20 日最高人民法院审判委员会第 590 次会议通过的《工作规则》集中关注的是审委会组织职能（包括宏观职能和微观职能）和运作机制，那么，随着学术界由审委会的规范分析扩展到审委会的社会实证分析，尤其是苏力教授对中国法院行政管理问题和审委会在组织结构上的行政化问题的关注，❶ 在 2010 年最高人民法院发布的《实施意见》中，除了关注审委会组织职能（包括宏观职能和微观职能）和运作机制的改革和完善外，还特别关注了审委会组织结构上的行政化问题的克服——审委会的专业化问题，第 6 条第 1 款详细规定："各级人民法院应当加强审判委员会的专业化建设，提高审判委员会

---

❶ 苏力：《基层法院审判委员会制度的考察及思考》，载《北大法律评论》第 1 卷第 2 辑，法律出版社，1998。

委员的政治素质、道德素质和法律专业素质，增强司法能力，确保审判委员会组成人员成为人民法院素质最好、水平最高的法官。各级人民法院审判委员会除由院长、副院长、庭长担任审判委员会委员外，还应当配备若干名不担任领导职务，政治素质好、审判经验丰富、法学理论水平较高、具有法律专业高等学历的资深法官委员。"并在第6条第2款中规定："中共中央《关于进一步加强人民法院、人民检察院工作的决定》已经明确了审判委员会专职委员的配备规格和条件，各级人民法院应当配备若干名审判委员会专职委员。"而在2019年最高人民法院发布的《意见》中，随着学术界开始研究关注审委会制度外部和内部的保障监督问题，使得审委会改革和完善的范围由原先的组织构成、组织职能和运行机制扩展到目前组织构成、组织职能、运行机制和保障监督四个方面，在第五章共7条（从第28条到第34条）专门规定了审委会的保障监督问题。

这种分解式法学范式的不断分解带来了审委会改革范围的不断扩展，也体现在最高人民法院五年司法改革纲要上。如果《人民法院第一个五年改革纲要（1999－2003）》集中关注的是审委会的组织功能改革，注意规范审判委员会的工作职责——包括微观个案审理职责和宏观审判经验总结等职责，并在第22条规定："审判委员会作为法院内部最高审判组织，在强化合议庭职责，不断提高审理案件质量的基础上，逐步做到只讨论合议庭提请院长提交的少数重大、疑难、复杂案件的法律适用问题，总结审判经验，以充分发挥其对审判工作中带有根本性、全局性问题进行研究和作出权威性指导的作用"，那么，在《人民法院第二个五年改革纲要（2004－2008）》中，随着学术界由审委会的规范分析扩展到审委会的社会实证分析，特别关注审委会的组织构成及其专业化，尤其是苏力教授对中国法院行政管理问题和审委会在组织结构上的行政化问题的关注，因此在第23条专门规定了改革人民法院审判委员会自身组织构成尤其是专业化——去行政化——问题，并详细规定："最高人民法院审判委员会设刑事专业委员会和民事行政专业委员会；高级人民法院、中级人民法院可以根据需要在审判委员会中设刑事专业委员会和民事行政专业委员会。改革审判委员会的成员结构，确保高水平的资深法官能够进入审判委员会。改革审判委员会审理案件的程序和方式，将审判委员会的活动由会议制改为审理制；改革审判委员会的表决机制；健全审判委员会的办事机构。"而在《人民法院第四个五年改革纲要（2014-2018）》中，随着学术界研究审委会的范围扩展到组织构成、组织功能、运行机制和保障监督等各个方面，审委会的改革提出强调"整体推进"原则，集中于"改革审判委员会工作机制"，并在第32条具体规定："合理定位审判委员会职能，强化审判委员会总结审判经验、讨论决定审判工作重大事项的宏观指导职能。建立审判委员会讨论事项的先行过滤机制，规范审判委员会讨论案件的范围。除法律规定的情形和涉及国家外交、安全和社会稳定的重大复杂案件外，审判委员会主要讨论案件的法律适用问题。完善审判委员会议事规则，建立审判委员会会议材料、会议记录的签名确认制度。建立审判委员会决议事项的督办、回复和公示制度。建立审判委员会委员履职考评和内部公示机制。"而在《人民法院五年改革纲要（2019-2023）》中，随着学术界研究审委会的范围扩展到组织构成、组织功能、运行机制和保障监督等各个方面，审委会的改革也强调"加强统筹谋划和整体推进"原则，注意完善审判委员会各项制度之间的统筹协调，在第23条具体规定："强化审判委员会总结审判经验、统一法律适用、研究讨论审判工作重大事项的宏观指导职能，健全审判委员会讨论决定重大、疑难、复杂案件法律适用问题机制。建立拟提交审判委员会讨论案件的审核、筛选机制。深化审判委员会事务公开，建立委员履职情况和讨论事项在办公内网公开机制。完善审判委员会讨论案件的决定及其理由依法在裁判文书中公开机制。规范审判委员会组成，完善资深法官出任审判委员会委员机制。规范列席审判委员会的人员范围和工作程序。"

第二，在纵向深度上，随着分解式法学范式的不断分解，对审委会的认识和研究也在不断加深和精细化，进而对审委会的改革方案也在随之不断加深和精细化。

对审委会的认识和研究的不断加深和精细化，主要体现在以下三个方面：

一是分解式法学范式带来的审委会组织构成研究上的不断加深和细化。分解式法学范式通过对研究对象的不断分解来达到对研究对象的认识和研究的不断加深和细化，体现在对审委会组织构成的研究上，就是通过对审委会组织构成的不断分解来达到对审委会组织构成的认识和研究的不断加深和细化。如在微观层面，通过将审委会的组织构成分解为专业性的审委会委员和行政性的审委会委员，来研究审委会的行政化和专业化问题，实现对审委会组织构成——尤其是专业化和行政化问题——的认识和研究的不断加深和细化。再如在中观层面，通过将审委会分解为综合性审委会和专业性审委会（或者法官会议），然后将专业性审委会进一步分解为刑事审委会、民事审委会和行政审委会，来进一步研究审委会的行政化和专业化问题，最终使人们对审委会的行政化和专业化问题的研究和认识得以不断加深和细化。

二是分解式法学范式带来的审委会运行机制研究上的不断加深和细化。分解式法学范式体现在对审委会运行机制的研究上，就是通过将审委会整个运行过程不断分解、分化为各个阶段和各个环节并通过对各个节点的研究，来达到对审委会运行机制的认识和研究的不断加深和细化。如根据审委会整个运行过程的时间顺序，首先，可以将审委会运行过程大致分为三个阶段（环节）：审理（会议）前、审理（会议）中和审理（会议）后。然后，研究审委会运行过程中各个阶段（环节）或者某个阶段（环节）或者某些阶段（环节）的问题。最后研究审委会运行过程中各个阶段（环节）或者某个阶段（环节）或者某些阶段（环节）的节点问题。如在审理（会议）前环节的审委会委员遴选机制、列席人员问题、个案过滤机制、物质技术保障、制度保障等节点问题；在审理（会议）中环节的运行方式（会议制与审理制）、直接言词原则、集中原则、辩论原则、公开原则、回避、刑事个案的运行机制、民事个案的运行机制、压力型个案的运行机制、审委会审判权运行机制、集体决策机制、审理过程中的政治约束等节点问题；在审理（会议）后环节的审委会与合议庭的关系（分工与合作）等节点问题。

三是分解式法学范式带来的审委会组织功能研究上的不断加深和细化。分解式法学范式体现在对审委会组织功能的研究上，就是通过对审委会组织功能的不断分解、分化来达到对审委会组织功能的认识和研究的不断加深和细化。审委会组织功能的研究是审委会研究的核心内容，早期审委会的存废之争实质上就是审委会组织功能之争，就是审委会组织功能是利（正功能）大于弊（负功能）还是弊大于利的争论，实际上是一种审委会综合性组织功能研究。❶ 后来有学者根据审委会组织功能是否有法律明文规定为标准，将审委会组织功能研究分解、分化为显性功能研究和隐性功能研究，使人们明确地认识到审委会不仅存在法律有明文规定的司法审判、经验总结和审判管理等显性功能，还存在法律没有明确规定的职务待遇、检查监督、权力协调等隐性功能，而且隐性功能的存在

---

❶ 苏力：《基层法院审判委员会制度的考察及思考》，载《北大法律评论》第1卷第2辑，法律出版社，1998；贺卫方：《关于审判委员会的几点评论》，载《北大法律评论》第1卷第2辑，法律出版社，1998，第365－374页。

价值和作用空间往往大于显性功能。❶ 再后来又有许多学者将审委会显性功能进一步分解为宏观层面的司法经验总结等功能和微观层面的个案审理功能，分别从规范层面和社会实证层面考察了宏观层面的司法经验总结等功能和微观层面的个案审理功能的应然状态和实然状态，以及二者之间的关系，使人们对审委会组织功能的认识和研究得到了进一步的加深和细化。❷ 再后来又有一些学者将审委会宏观层面组织功能进一步分解、分化为司法经验总结、法律适用统一、遏制司法腐败、抵御外来干预、提高办案质量、提高法官素质等功能，着重考察、研究审委会宏观层面组织功能中某个功能或者某些功能或者全部功能；将微观层面个案审理功能进一步分解、分化为刑事、民事、行政、执行、国家赔偿，❸ 或者进一步分解、分化为敏感案件、重大疑难新型案件、再审案件（含再审启动）、可能判处缓刑、免予刑事处分或无罪的案件，❹ 或者进一步分解、分化为政治、社会压力型复杂案件和专业性疑难案件，❺ 着重考察、研究审委会微观层面组织功能中某个功能或者某些功能或者全部功能；正是这些对审委会宏观和微观层面组织功能的分解式研究的不断展开和具体化，使人们对审委会的这些具体的组织功能的认识和研究达到了非常技术化、精细化的程度。

随着分解式法学范式的不断分解，审委会改革实践方案也在随之不断加深和精细化，集中体现在三个有关审委会改革司法文件的第二、三层次分解上（详见表 3.1），具体表现在以下三个方面：

---

❶ 洪浩、操旭辉：《基层法院审判委员会功能的实证研究》，《法学评论》2011 年第 5 期。
❷ 左卫民：《审判委员会运行状况的实证研究》，《法学研究》2016 年第 3 期；徐向华课题组：《审判委员会制度改革路径实证研究》，《中国法学》2018 年第 2 期。
❸ 左卫民：《审判委员会运行状况的实证研究》，《法学研究》2016 年第 3 期。
❹ 洪浩、操旭辉：《基层法院审判委员会功能的实证研究》，《法学评论》2011 年第 5 期。
❺ 王伦刚、刘思达：《基层法院审判委员会压力案件决策的实证研究》，《法学研究》2017 年第 1 期；李雨峰：《司法过程的政治约束——我国基层人民法院审判委员会运行研究》，《法学家》2015 年第 1 期。

表 3.1 分解式法学范式给三个审委会司法文件带来的精细化程度比较表

	分解的广度		分解的深度	
	第一层次分解	第二层次分解		第三层次分解
《工作规则》	总则（1）			
	分则	组织结构（无）		
		组织功能（2）	总体职能（2）	
			微观职能（第2款）	列举性规定
		组织运行（3~13）	个案审理（3~9）	审理前准备程序（7~8）
				审理中议事程序（3~6、9）
			审理后执行（10~13）	
		保障监督（无）		
	附则（14）			
《实施意见》	总则（1~2）			
	分则	组织结构（6、18）		
		组织功能（3~5、7~11）	总体职能（3~5）	概括性规定（3）
				列举性规定（4~5）
			微观职能（7~11）	概括性规定（7）
				列举性规定：四级法院应当提交审判委员会讨论决定（8~10）
				列举性规定：合议庭可以提请院长决定提交审判委员会讨论（11）
		组织运行（12~16）	审理前（12）	启动程序和准备程序
			审理中议事程序（13~16）	实体问题（13~14、16）
				程序问题（15）
		保障监督（无）		
	附则（无）			

续表

	分解的广度	分解的深度	
	第一层次分解	第二层次分解	第三层次分解
《意见》分则	总则（1~4）		
	组织结构（5~6）	微观组织结构（5）	
		中观组织结构（6）	
	组织功能（7~9）	总体职能（7）	
		微观职能（8~9）	应当提交审判委员会讨论决定（8）
			可以提交审判委员会讨论决定（9）
	组织运行（10~27）	审理前（10~15）	审理前启动程序（10）
			审理前准备程序（11~15）
		审理中议事程序（16~21）	实体问题（16~19、21）
			程序问题（20）
		审理后执行程序（22~27）	
	保障监督（28~34）		
	附则（35~37）		

说明：本表中的数字都是序数词，单位：条，如"2~4"表示为第2~4条；1993年《最高人民法院审判委员会工作规则》简称《工作规则》；2010年《关于改革和完善人民法院审判委员会制度的实施意见》简称《实施意见》；2019年《关于健全完善人民法院审判委员会工作机制的意见》简称《意见》。

一是分解式法学范式带来的审委会组织构成改革方案上的不断加深和精细化。如果说1993年8月20日最高人民法院审判委员会第590次会议通过的《工作规则》，由于当时学术界根本没有意识到审委会组织构成的问题,❶ 因此几乎没有条文涉及审委会组织构成的问题,那么,在 2010 年最高人民法院发布的《实施意见》中,随着学术界开始关注微观层面审委会组织构成,尤其是苏力教授对中国法院行政管理问题和审委会在组织结构上的行政化问题的关注,❷ 共有二个条文涉及审委会微观和中观层面组织构成的问题,包括第 6 条涉及的审委会委员(包括专职委员)和第 18 条涉及的审判委员会日常办事机构及其专职工作人员;如果说在 2010 年最高人民法院发布的《实施意见》中,有关审委会组织构成的条文没有设专章进行集中规定,而是分散地规定在第 6 和 18 条中,主要集中在组织构成的微观层面,那么,在 2019 年最高人民法院发布的《意见》中,随着学术界有关审委会组织构成的研究由微观层面推进到中观层面,认识到审委会组织构成的意义,在第 2 章设专章规定"组织构成"问题,不仅在第 5 条规定了审委会组织构成的微观层面问题(即审委会委员),而且在第 6 条规定了审委会组织构成的中观层面问题:审委会分为全体会议和专业委员会(细分为刑事审判、民事审判、行政审判等专业委员会)。

二是分解式法学范式带来的审委会组织功能改革方案上的不断加深和精细化。首先,体现在审委会组织职能的第二层次分解上(详见表 3.1)。尽管三个审委会司法文件都将其分解为总体职能和微观个案审理职能,但其专业化和精细化程度不同:1993 年《工作规则》第 2 条规定较为粗糙,功能专业化程度不高,既有总

---

❶ 关于这个问题的探讨和研究,最早是在 1997 年贺卫方文和 1998 年苏力文中才开始涉及。
❷ 苏力:《基层法院审判委员会制度的考察及思考》,载《北大法律评论》第 1 卷第 2 辑,法律出版社,1998。

结审判经验、有关法律适用的司法解释等宏观审判职能和微观个案审判职能的规定，也有回避、助理审判员临时代行审判员职务等属于组织运行中的程序性和行政管理等非审判职能问题；2010年《实施意见》第3~5条规定较为细致，专业化程度较高，不仅在第3条进行概括性规定，集中在审判经验总结和个案审理两个方面，而且在第4~5条进行了列举性规定；2019年《意见》第7条规定更为细致，专业化程度更高，其职能更为集中，主要集中在宏观的审判经验总结、统一法律适用与微观的个案审理（包括本院已经发生法律效力的判决、裁定、调解书是否应当再审）中的法律适用，而将个案审理中的事实问题排除在审委会组织功能之外。

其次，更为典型地体现在审委会组织职能的第三层次分解上（详见表3.1）。1993年《工作规则》第2条第2款规定较为粗糙，只对微观个案审理案件进行了简单性列举。2010年《实施意见》侧重于形式上的分解和划分：在第4~5条对审委会整体组织职能进行了进一步的分解，在第4条规定了最高人民法院审委会职能，在第5条规定了地方各级人民法院审委会职能；在第8~11条对审委会微观个案审理职能进行了进一步的分解，在第8条规定了最高人民法院审委会的个案审理职能，在第9条规定了高级人民法院和中级人民法院审委会的个案审理职能，在第10条规定了基层人民法院审委会的个案审理职能，在第11条规定了各级人民法院合议庭的个案审理职能。2019年《意见》侧重于案件内容上的分解和划分，将审委会审理的个案分解、划分为应当提交审判委员会讨论决定的案件和可以提交审判委员会讨论决定的案件。

三是分解式法学范式带来的审委会运行机制改革方案上的不断加深和精细化。尽管审委会的职能分为宏观地总结审判经验、统一法律适用等职能和微观的个案审理职能，但在运行机制的规定上，有关微观的个案审理职能的运行机制往往是各审委会改革方案涉及的主要内容，三个司法文件在审委会个案审理的运行机制改革方案上的精细化程度不同。

首先，体现在审委会个案审理整个运行机制的第二层次分解上（见表3.1）。1993年《工作规则》显得较为粗糙，将整个运行过程只分解为个案审理（第3~9条）和执行（第10~13条）两个环节，既没有审理前启动程序，也没有将审理前准备程序作为一个独立的运行环节，而是将审理前准备程序第7~8条穿插规定在议事程序环节之中，合并为个案审理环节。2010年《实施意见》显得较为精细，将其整个运行过程分解为三个运行环节：审理前启动和准备程序（第12条）、审理中议事程序（第13-16条）和审理后执行程序（第18条）。而2019年《意见》则显得更为精细，将其整个运行过程分解为四个运行环节：审理前启动程序（第10条）、审理前的准备程序（第11~15条）、审理中议事程序（第16~21条）和审理后执行程序（第22~27条）。

其次，还体现在审委会个案审理整个运行机制的第三层次分解上（见表3.1），即审理前启动程序环节和准备程序环节、审理中议事程序环节和审理后执行程序环节各自内部的精细化程度的不同。❶

从审理前启动程序环节来看，1993年《工作规则》虽没有将此设定为一个独立的环节，但实质上有审理前启动准备程序的内

---

❶ 尽管1993年《最高人民法院审判委员会工作规则》将审理前准备程序第7-8条穿插规定在议事程序环节之中，只有个案审理和执行两个，但为了与其他两个有关审委会的司法文件进行比较，仍然将划分为审理前启动和准备程序环节、审理中议事程序环节和审理后执行程序环节。

容，即在第 7~8 条规定了个案审理前启动程序和会前准备材料的有关内容。2010 年《实施意见》在第 12 条对其个案审理前的启动程序和会前准备材料进行了规定，较为粗略。而 2019 年《意见》在第 10~15 条对其个案审理前的运行机制进行了详细规定：不仅在第 10 条规定了启动程序问题，而且在第 11~15 条规定了会前准备程序问题，包括专业（主审）法官会议研究讨论的意见、合议庭形成的书面报告、审判委员会工作部门先行审查及其提出的意见、审判委员会委员的回避情形，以及审判委员会委员提前审阅会议材料、必要时调阅相关案卷、文件及庭审音频视频资料。

从审理中议事程序环节来看，1993 年《工作规则》在第 3~6、9 条共 259 字规定了审理中的有关会议的时间、出席人员、有效出席人员数和会议原则等问题，规定较为粗略；2010 年《实施意见》在第 13~16 条共 497 个字不仅规定了会议出席人员、主持人员、会议基本原则等实体问题（包括第 13~14、16 条），而且规定了会议的程序问题（第 15 条），规定较为细致；2019 年《意见》在第 16~21 条共 521 个字不仅规定了有效会议出席人员数、主持人员、列席人员、会议形成决定的基本规则及其复议规则等实体问题（包括第 16~19、21 条），而且详细规定了会议的程序问题（第 20 条），规定更为细致。

从个案审理后的执行程序环节来看，1993 年《工作规则》在第 10~13 条共 252 个字规定了个案审理后的执行程序运行机制，包括执行、送达、备案记录、出席人员的保密纪律等；2010 年《实施意见》没有个案审理后的执行程序运行机制规定；2019 年《意见》在第 22~27 条共 414 个字对个案审理后的执行程序运行机制进行了详细的规定，具体包括合议庭、独任法官等的执行、会议纪要或者决定的送达、裁判文书的公开、法律文书的备案、审判委员会会议全程录音录像制度及其管理、执行的监督和落实。

四、分解式法学范式对审委会的负面影响

分解式法学范式在给审委会带来正面影响的同时，也会给审委会带来不可避免的负面影响，大致包括以下四个方面：

第一，分解式法学范式会带来审委会理论研究的碎片化，缺乏整体性的、体系化的研究成果。对审委会的研究而言，分解式法学范式就是通过对审委会的不断分解来实现对审委会研究的不断拓展和深入。如将审委会的研究首先分解为基本原则研究、组织结构研究、组织功能研究、组织运行研究、保障监督研究等方面的研究，来实现对审委会全面而深入的研究；其次，如果有必要，还可以对上述各个组成部分内部进行进一步的分解，如组织结构研究可以进一步分解为微观组织结构研究（如审委会成员的研究）和中观组织结构研究（如专业性审委会法官会议的研究），组织功能可以进一步分解为正式显性组织功能研究和非正式隐性组织功能研究，组织运行中微观个案审理可以进一步分解为审理前环节、审理中环节和审理后环节，来实现对各个组成部分全面而深入的研究；再次，如果还有必要，还可以进行第三、四层次的分解，如审理中环节中的检察院列席人员的研究，直到不能分解为止，来达到对审委会研究和认识的不断深入、深刻，带来积极影响的同时也必然会带来审委会理论研究的不断碎片化，缺乏整体性的、体系化的研究成果。

从目前笔者阅知的90多篇较高水平有关审委会研究论文来看，分解式法学范式会带来审委会理论研究的碎片化大致表现为以下两种情形：

一是单纯某个分解因素的分解式法学范式研究。这是一种较

为典型的分解式法学范式研究，这里的单纯某个分解因素因分解层次不同而不同。如在第一层次分解中，审委会可以分解为基本原则、组织结构、组织运行、组织功能和组织保障等部分，因此，单纯某个分解因素的分解式法学范式研究，就是对其中某个分解因素的研究，如审委会组织功能的研究、审委会组织结构的研究、审委会组织运行的研究、审委会基本原则的研究、审委会组织保障的研究等，都属于此类研究；在第二层次分解中，审委会组织结构可以进一步分解为微观的组织构成和中观的组织构成，审委会组织功能可以进一步分解为正式的显性组织功能和非正式的隐性组织功能，审委会个案审理的组织运行可以进一步分解为审理前环节的研究、审理中环节的研究和审理后环节的研究，因此，单纯某个分解因素的分解式法学范式研究，就是对其中某个进一步分解因素的研究，如审委会正式的显性组织功能的研究、审委会微观的组织结构的研究、审委会微观个案审理前组织运行的研究等，都属于此类研究。❶ 这种单纯某个分解因素的分解式法学范式研究，必然会带来审委会研究的不断精细化和"片面的深刻"，同时也会带来审委会研究的碎片化，缺乏对审委会整体性的、系统性的研究。从目前 90 多篇有关审委会的研究成果来看，没有一篇是从整体高度来探讨审委会各个分解因素之间关系问题、审委会各个分解因素中的核心问题或者关键问题。

二是多个分解因素的混合式法学范式研究。实际上，极端的单纯某个分解因素的分解式法学范式研究较少，大部分研究论文都是多个（包括两个或者两个以上）分解因素的混合式法学范式研究。如在第一层次分解上，在探讨审委会组织功能的同时，也

---

❶ 徐文进：《群体决策视阈下审委会专业委员会表决机制的检视》，《攀登》2020 年第 6 期。

会涉及审委会的组织结构,❶ 也会涉及审委会组织运行;有的甚至会涉及审委会的各个组成部分,包括审委会基本原则、组织结构、组织运行、组织功能、组织保障等各个方面。❷ 即便是涉及审委会各个分解因素的研究论文,也没有一篇探讨各个分解因素之间的关系问题,也没有一篇探讨在审委会各个分解因素中的核心问题,也没有一篇探讨在审委会各个分解因素改革中存在的关键问题;换言之,大多是将审委会各个分解因素作一种简单性的物理性的"混合",将审委会看作一种"混合物"进行混合式法学范式的研究,迄今为止没有一篇研究论文将审委会各个分解因素作一种化学性的"化合",将审委会作为一个有机的、不可分割的、整体的"化合物"来进行化合式法学范式研究。在这个意义上,多个分解因素的混合式法学范式研究,实质上还是一种分解式法学范式研究。

第二,分解式法学范式会带来审委会制度设计上的碎片化,缺乏整体性的、体系化的审委会制度改革方案。分解式法学范式会带来审委会制度设计上的碎片化,可以从最高人民法院三个审委会改革方案中体现出来。从 1993 年《工作规则》中的第一层次分解来看,审委会改革方案主要涉及组织功能和组织运行两个方面,缺乏作为改革方案主要内容的组织结构和组织保障等方面的

---

❶ 邵六益:《审委会与合议庭:司法判决中的隐匿对话》,《中外法学》2019 年第 3 期;李雨峰:《司法过程的政治约束——我国基层人民法院审判委员会制度运行研究》,《法学家》2015 年第 1 期;曾新华:《审判委员会讨论决定权的法教义学阐释》,《法学杂志》2019 年第 11 期。洪浩、操旭辉:《基层法院审判委员会功能的实证研究》,《法学评论》2011 年第 5 期。

❷ 左卫民:《审判委员会运行状况的实证研究》,《法学研究》2016 年第 3 期;徐向华课题组:《审判委员会制度改革路径实证研究》,《中国法学》2018 年第 2 期;公丕潜:《基层法院审判委员会制度功能的主题变奏——从"讨论个案"到"裁断类案"》,《黑龙江省政法管理干部学院学报》2020 年第 3 期;吴英姿:《审判委员会讨论的群体决策及其机制》,《南京大学法律评论》2006 年春季号。

改革内容，其改革方案既不全面也不精细，何谈整体性的、体系化的审委会制度改革方案？从第一层次分解来看，2010年《实施意见》的审委会改革方案尽管相较于1993年审委会改革方案有所进步，有实质内容涉及审委会组织结构的条款，但仍然没有将审委会组织结构作为一个独立的因素和主要内容加以设定，而是将其穿插在审委会组织功能中加以规定，同样也没有作为审委会改革方案的重要内容的组织保障的内容，在这个意义上，2010年《实施意见》的审委会改革方案与1993年《工作规则》审委会改革方案一样，存在着既不全面也不精细的不足，同样也存在着缺乏整体性、体系化的弊端。相较上述两个审委会改革方案，2019年《意见》有实质性的较大进步，涉及审委会改革的各个方面并进行了明确的单列，依次包括基本原则、组织构成、组织功能、组织运行、组织保障和附则等部分，是一个既全面又精细的审委会改革方案，但仍然看不出各个部分之间的关系是什么，尤其是组织构成、组织功能、组织运行和组织保障之间的关系如何，它们之间是否存在内在的逻辑联系；同样，也看不出在各个组成部分的改革中，其改革的核心问题或者关键问题是什么，它们之间的改革是否存在整体关联性、层次结构性、先后时序性。从笔者现有关于审委会研究成果——组织构成、组织运行、组织功能和组织保障之间存在一定逻辑关系（组织保障—组织结构—组织运行—组织功能），中国法院（包括审委会）改革的核心问题是法院组织结构——来看，❶ 2019年《意见》审委会改革方案存在着逻辑上的混乱。可见，2019年《意见》的审委会改革方案也存在着

---

❶ 张洪涛：《司法之所以为司法的组织结构依据——论中国法院改革的核心问题之所在》，《现代法学》2010年第1期；张洪涛：《审判委员会法律组织学解读——兼与苏力教授商榷》，《法学评论》2014年第5期。

碎片化的不足，也存在着缺乏整体性、系统性的弊端，与"五五司法改革纲要"提出的"提升改革的系统性、整体性、协同性……加强统筹谋划和整体推进，厘清各项改革举措之间的整体关联性、层次结构性、先后时序性，确保改革在政策取向上相互配合、在实施过程中相互促进、在实际成效上相得益彰，不断提升改革精准化、精细化水平"的要求存在相当大的差距。

第三，分解式法学范式会带来审委会理论研究的部门化，缺乏超越某个部门利益的具有人民（广义的含义）立场的研究成果。分解式法学范式在带给审委会研究的不断专业化的同时，也带给审委会研究的不断部门化。这种审委会研究的部门化非常典型地体现在审委会存废或者功能的研究上。审委会存废问题在某种意义上就是审委会功能的问题。从目前有关审委会存废或者功能研究的论文来看，❶ 具有以下两个特征：

一是从主观的研究角度来看，不论是法律人（法官）作为研究者还是法学人作为研究者，绝大多数都是从法官角度（包括审委会委员、临时到法院挂职的法学人角度）来考察审委会的存废或者功能问题，绝大多数研究的是"对法官的功能"，严重缺乏从参加案件审理的当事人角度来考察审委会存废或者功能问题，严

---

❶ 苏力：《基层法院审判委员会制度的考察及思考》，载《北大法律评论》第 1 卷第 2 辑，法律出版社，1998；左卫民：《审判委员会运行状况的实证研究》，《法学研究》2016 年第 3 期；邵六益：《审委会与合议庭：司法判决中的隐匿对话》，《中外法学》2019 年第 3 期；李雨峰：《司法过程的政治约束——我国基层人民法院审判委员会制度运行研究》，《法学家》2015 年第 1 期；公丕潜：《基层法院审判委员会制度功能的主题变奏——从"讨论个案"到"裁断类案"》，《黑龙江省政法管理干部学院学报》2020 年第 3 期；鲁智勇：《关于审判委员会制度的思考》，载《北大法律评论》第 1 卷第 2 辑，法律出版社，1998，第 413－426 页；Xin He, "Black Hole of Responsibility: The Adjudication Committee's Role in a Chinese Court," *Law and Society Review* 46, No. 4 (2012).

重缺乏探讨审委会对当事人的功能问题，[1] 借用"五五司法改革纲要"的话说，就是没有贯彻落实"始终坚持司法为民宗旨，站稳人民立场，贯彻群众路线，确保人民法院司法改革始终为了人民、依靠人民、造福人民"的坚持以人民为中心的基本原则，缺乏审委会研究的人民立场。从审委会制度供需关系来看，真正决定一个制度存废的关键是审委会制度的需求者或者消费者，如广大的诉讼当事人或者潜在的诉讼当事人及其代理人，而不是制度的供给者，如法院审委会成员；在这个意义上，对审委会存废或者功能的研究中，侧重于当事人及其代理者的角度的研究更关键，也更为重要，也更应该是我们衡量、决定审委会存废的重要因素，审委会对当事人的功能研究，更应该是我们研究审委会组织功能的重要内容。当然，我们在强调审委会研究的当事人角度和审委会对当事人功能研究内容的同时，也并不意味着完全忽视、否定审委会研究的法官角度和审委会对法官的功能研究内容，它也是审委会正常、有效运转的重要方面之一；实际上，衡量、决定审委会存废的应该是审委会的组织功能，包括对制度需求者当事人的功能和对制度供给者法官的功能，既不只是对法官的功能，也

---

[1] 作者为法官身份的有：高洪宾：《中国审判委员会制度改向何处——以本土化为视角的思考》，《法律适用》2006年第3期；李志增：《司法公正的障碍还是保障？——中国基层法院审判委员会制度研究》，《河南财经政法大学学报》2013年第6期；宋国强：《完善审委会对审判权内部监督的路径探索——以H省S市S区法院审委会工作为实证》，《公民与法》2013年第7期；鲁智勇：《关于审判委员会制度的思考》，载《北大法律评论》第1卷第2辑，法律出版社，1998，第413-426页。挂职法官身份的有：李雨峰：《司法过程的政治约束——我国基层人民法院审判委员会制度运行研究》，《法学家》2015年第1期。作者为法院身份的有：北京市第一中级人民法院课题组：《关于推动审委会制度改革强化其职能作用的调研报告》，《人民司法》2014年第3期；四川省高级人民法院课题组：《司法改革中地方法院审判委员会宏观指导职能的重置——基于C省审委会制度运行的实证分析》，《理论与改革》2015年第6期。

不只是对当事人的功能，尽管后者是衡量、决定审委会存废的重要考量因素。总之，从目前审委会存废或者功能研究的角度来看，通常只考量法官群体的利益需要，较少考量当事人群体的利益需求，存在着较为严重的部门化倾向，缺乏超越某个部门利益的具有人民（广义的含义）立场的研究成果。

二是从客观的研究材料来看，绝大多数审委会存废或者功能研究的实证材料，来自法官、法院提供的研究材料，来自法院提供的有关审委会个案审理的历史档案、统计数据、会议记录、备案保存材料等实证材料，来自研究者对法官——尤其是作为审委会成员的法官——的观察、访谈和调查等实证材料，很少甚至几乎没有来自当事人及其代理人提供的实证材料，很少甚至几乎没有对涉及审委会个案审理的当事人及其代理人的访谈、调查和统计等实证材料，以及人民群众在每一个司法案件中对公平正义的感受；一句话，在这些有关审委会存废或者功能的研究中，只有法院、法官对审委会的利益诉求和声音，而没有当事人及其代理人的利益诉求和声音，同样存在着较为严重的部门化倾向，缺乏超越某个部门利益的具有人民（广义的含义）立场的研究成果。[1]

当然，必须客观地承认这与审委会制度运行过程——尤其是个案审理前和审理中——中当事人及其代理人缺位有关，与目前审委会制度运行过程——尤其是个案审理中——中没有实现公开原则、集中原则、直接言词原则、辩护原则有关，与目前审委会制度运行过程——尤其是个案审理后——中没有有关当事人及其

---

[1] 吴英姿：《审判委员会讨论的群体决策及其规制》，《南京大学法律评论》2006年春季号；张卫彬：《人民法院审判委员会的实践与再造》，《中国刑事法杂志》2017年第2期；Xin He, "Black Hole of Responsibility: The Adjudication Committee's Role in a Chinese Court," *Law and Society Review* 46, No. 4（2012）.

代理人的材料记录、备案、保存有关，但这些都不能成为我们忽视甚至完全否定对审委会存废或者功能研究中有关当事人及其代理人的实证材料，以及通过实证材料承载的利益诉求和声音。实际上，审委会个案审理的诉讼当事人及其代理人才是审委会制度的直接利益当事人，才是决定审委会制度运行效果的主要发言者和检验者，才是决定审委会制度存废的主要考虑因素；即使他们在审委会个案审理前和审理中存在着缺位的情形，但最后审委会个案审理后的执行过程中，必然会通过当事人的行动才能得以落实到位，必然将当事人及其代理人的反应、评价作为审委会制度存废、效果好坏的最终检验标准，正如 2019 年《意见》中所明确规定的，必须"努力让人民群众在每一个司法案件中感受到公平正义"，作为审委会制度存废或者功能研究的基本原则，也正如"五五司法改革纲要"中明确规定的"把满足人民群众不断增长的司法需求作为人民法院工作基本导向……努力实现司法更加亲民、诉讼更加便民、改革更加惠民，构建以人民为中心的诉讼服务制度体系"，作为审委会存废、功能设定、改革完善的总体目标。

第四，分解式法学范式会带来审委会制度设计和改革上的部门化，缺乏超越某个部门利益的具有人民（广义的含义）立场的改革方案。分解式法学范式在带给审委会制度设计和改革的不断专业化的同时，也带给审委会制度设计和改革的不断部门化。这种审委会制度设计和改革的部门化也体现在目前最高人民法院有关审委会制度设计和改革的三个司法文件上，主要体现在以下几个方面：

一是从改革方案设计的主体来看，三个有关审委会制度改革方案设计的主体都是最高人民法院。最高人民法院作为审委会制度的利益相关方，而不是审委会制度改革方案的利益超脱者，提出的审委会制度的改革方案与最高人民法院及其属下的法官群体利益息息相关，因此，作为审委会改革方案的设计主体最高人民法院，必然会自觉或者不自觉地维护、反映本部门的利益，必然会自觉或者不自觉地反映本部门中法官群体的心声和利益诉求，其改革方案必然具有鲜明的部门化特征。

二是从改革方案设计的内容来看，三个有关审委会制度改革方案设计也具有部门化的倾向。

首先，从审委会组织结构改革的方案来看，1993年《工作规则》没有审委会组织结构的规定；2010年《实施意见》尽管在总则部分第2条宣称，"改革和完善审判委员会制度，应当坚持'三个至上'的人民法院工作指导思想……自觉接受人民代表大会监督……自觉维护人民合法权益"，但在审委会组织结构改革方案上，只在第6、18条对参加审委会的成员、审委会日常办事机构及其专职工作人员进行了实质性的规定，没有关于作为人民重要组成部分的当事人及其代理人的法律规定；2019年《意见》与2010《实施意见》一样，尽管在总则第4条宣称，"努力让人民群众在每一个司法案件中感受到公平正义"，但在审委会组织结构（构成）改革方案上，在第5、6条对审委会微观构成的成员、审委会中观的组织形式（包括全体会议和专业审委会）进行了规定，在第18、19条对审委会的列席人员（包括法官、检察长或者副检察长、人大代表、政协委员、专家学者等）进行了规定，也没有关于作为人民重要组成部分的当事人及其代理人的法律规定；总之，从这三个有关审委会改革的司法文件来看，都没有关于作为人民重要组成部分的当事人及其代理人的法律规定，主要是有关审委会成员法官的相关规定，在组织结构上具有鲜明的部门化特征，缺乏超越某个部门利益的具有人民（广义的含义）立场的改革方案。

其次，在审委会组织运行上，尽管这三个有关审委会改革的司法文件都有关于审委会组织运行的规定，但由于它们在组织结构上都没有关于作为人民重要组成部分的当事人及其代理人的规定，因此在审委会组织运行过程中，即使是在组织运行过程的审理后执行环节也应该涉及个案执行的关键载体——当事人，但审委会组织运行止步于"合议庭、独任法官或者相关部门（2019年《意见》第22条）"，没有进一步延伸到诉讼当事人，都没有关于作为人民重要组成部分的当事人及其代理人的规定，都是关于审委会成员、法官、专职工作人员、列席人员等的有关规定，使之也具有鲜明的部门化特征，缺乏超越某个部门利益的具有人民（广义的含义）立场的改革方案；即使2010年《实施意见》在总则部分宣称"三个至上（包括人民利益至上）"，2019年《意见》在总则部分宣称"努力让人民群众在每一个司法案件中感受到公平正义"，也不例外。

最后，在审委会组织功能上，尽管这三个有关审委会改革的司法文件都有关于审委会组织功能的规定，但由于它们在组织结构上都没有关于作为人民重要组成部分的当事人及其代理人的规定，因此在审委会组织功能设定中，都没有对关于作为人民重要组成部分的当事人及其代理人的功能规定，即"对当事人的功能"的规定，都是关于审委会成员、法官、专职工作人员、列席人员等的功能规定，即"对法官的功能"的规定，使之也具有鲜明的部门化特征，缺乏超越某个部门利益的具有人民（广义的含义）立场的改革方案；即使2010年《实施意见》在总则部分宣称"三个至上（包括人民利益至上）"、2019年《意见》在总则部分宣称"努力让人民群众在每一个司法案件中感受到公平正义"，也不例外。

三是这种审委会改革方案的部门化也有一种由实践领域的部门化向理论研究领域部门化延伸的倾向。审委会改革方案与法院系统的法官群体利益直接相关,而与法学研究者群体的利益没有直接关联,在这个意义上,法学研究者群体提出的审委会改革方案应该具有超越某个部门利益的具有人民(广义的含义)立场的改革方案,应该提出一种有异于法院部门又独立于法院部门的改革方案,如在审委会组织功能研究上,既研究审委会"对法官的功能",更要研究审委会"对当事人的功能",并进而"用话语带动实践",用理论研究成果引导审委会的改革方向和具体内容。但令人非常遗憾的是,也许是中国法学的"政法法学"传统,也许是中国法学的"诠释法学"太强大,也许是中国法学的"教义法学"色彩太浓厚,也许是中国法学的"社科法学"色彩太淡薄,也许是中国现代法学范式的传统还未真正形成,也许是中国法学太强调实践性、太实用主义,也许是中国法学受中国传统文化影响太深而不追求自身理论体系的自立和自洽,总之是中国法学的自主性太弱,不仅受西方现代法学范式所支配,而且也受中国现代法治实践的支配,使中国法学在审委会研究——尤其是审委会存废或者功能研究——上受到来自法律实践部门的强大影响,也带有非常严重的部门化特色,也使审委会改革方案的部门化呈现出一种由实践领域的部门化向理论研究领域的部门化延伸的倾向。审委会的存废或者功能之争,迄今为止一直是中国法学没有形成共识的地方,❶ 并形成了"保留论""取消论""改革完善论"等三种观点,甚至曾经在较早一段较长时间内"取消论"的声音高于"保留论"和"改革完善论",❷ 但由于相关法

---

❶ 李雪平:《废除审判委员会刑事裁判权的必要性》,《天津法学》2018 年第 1 期。
❷ 苏力:《基层法院审判委员会制度的考察及思考》,载《北大法律评论》第 1 卷第 2 辑,法律出版社,1998。

律部门的法律、法规和司法文件等对审委会持"保留论"或者"改革完善论"的立场,导致许多学者因此(即实践部门的文件)而非因自身理论研究而改变或者选择自己的观点,甚至改变自己在审委会研究上的方向——由存废之争转向运行机制之类的技术问题——以便与之相一致,❶ 并因此(法律部门承认和支持的事实)而有一种事实上而非自身理论上的优越感;❷ 甚至还有学者将法律实践部门的选择上升到法学界的"共识"高度,认为:"上述存废之争在最高人民法院《关于全面深化人民法院改革的意见——人民法院第四个五年改革纲要(2014-2108)》对审委会做出的强化宏观指导功能、缩减个案审理数量、转变个案审理范围的定位后基本达成共识。"❸

五、结语:分解式法学范式的转型

为了克服由于分解式法学范式带来的审委会在理论研究上的

---

❶ 如有学者认为:"自人民法院'四五改革纲要'颁行以来,有关审判委员会制度改革的讨论,就更多地从制度存废的价值理念之争转向了如何对制度的工作机制与工作方式进行技术化改造上。最高人民法院希望通过工作机制的改革来完善审判委员会制度,使其制度功能能够更好得到发挥。而一些新的经验性研究也为审判委员会制度改革方案摆脱价值理念或者意识形态之争进而专注于工作机制上的技术化改造提供了支持。"参见方乐:《审判委员会制度改革的类型化方案》,《法学》2018年第4期。还有学者认为:"新世纪之初,《人民法院第二个五年改革纲要(2004-2008)》清晰传递出最高法保留审委制度的基本判断,但令其从'行政化'向'司法化'转变。审委会存废之争日渐式微,更多学者在认可该制度的前提下聚焦如何令其更合理化。"参见徐向华课题组:《审判委员会制度改革路径实证研究》,《中国法学》2018年第2期。

❷ 苏力:《基层法院审判委员会制度的考察及思考》,载《北大法律评论》第1卷第2辑,法律出版社,1998。

❸ 王坤:《关于审判委员会制度的几点思考》,《佳木斯职业学院学报》2017年第7期。类似的观点,另见刘练军:《法官法定原则:审判委员会改革的新路径》,《北方法学》2018年第6期。

碎片化和部门化，进而为了克服由于审委会理论研究带来的审委会在法律实践上的制度设计和改革的碎片化和部门化，为了给审委会在理论研究上带来整体性的、体系化的研究成果，进而为了给审委会在法律实践上带来超越某个部门利益的、带全局性的、符合全体人民的审委会制度设计和改革方案，为了执行并完成《人民法院五年改革纲要（2019—2023）》给审委会改革提出的"加强统筹谋划和整体推进"原则，为了使我们的研究更加接近我国法院调审合一的客观实际，必须进行分解式法学范式的转型，必须将对中国法院调审合一开展的分解式研究进一步推进到对中国法院调审合一开展的化合式研究，必须进一步开展对中国法院调解与审判的化合状态的研究，必须有一种能够与分解式法学范式具有功能互补的化合式法学范式；否则，就不是对中国法院调审合一的实际状况的研究。当然，笔者并不完全否定学术界对中国法院调审合一的分解式法学范式研究的意义和价值，它至少为我们进一步开展化合式法学范式的研究提供了坚实的基础。在此，笔者只是强调对中国法院调审合一的研究仅仅停留在分解式法学范式的研究是远远不够的；在某种意义上，分解式法学范式研究都不是对中国法院调审合一的实际状况的研究，并不能满足我们对中国法院调审合一的研究需要，甚至可能遮盖、误导、扭曲我们对中国法院调审合一的正确认识和研究。

下 篇
化合式法学范式的研究

对调审合一法律组织学的化合式法学范式研究,包括以下两个"分编":第一分编,非随机的规范性的组织结构-功能分析,就是从正式法律组织(即相对稳定的规范性的社会群体)学角度,运用组织结构—功能分析方法,在对审判和调解进行了理念化的分解式法学范式研究的基础上,对审判与调解的化合形态即调审组织进行化合式法学范式的研究,以便使我们的认识和研究最大限度地接近于我国法院的实际,具体包括我国法院调审组织的法律组织学解读和我国法院审委会的法律组织学解读;第二分编,随机的非规范性的社会网络分析,就是从非正式法律组织(即随机形成的社会群体)学角度,运用社会网络分析方法,研究了我国法院实行调审合一的司法实践原因和立法原因,具体包括法律洞司法跨越的社会网络分析和我国民法典(学者建议稿)法律洞形成的社会网络分析。

第一分编
非随机的规范性的组织结构－功能分析

CHAPTER 04 >> 第四章

中国法院调审组织之法律组织学解读

一、引论：问题与视角

法律涉及权力和利益的分配。不论是立法还是司法，都会面临着来自社会的各种压力，但司法与立法不同，涉及具体人的具体利益甚至生命，"法官是应招来解决纠纷的，而这种解决几乎肯定会伤害一方而有利于另一方，他的职位生来就不稳定"。❶ 因此，司法是一种高对抗性行业，法官也是一种高风险职业，始终处于社会冲突的风口浪尖，可能殃及法律所追求的最终目标——确定性。为此，西方进行了持续的关注和研究，形成了较为成熟地解决此问题的宏观-中观-微观的制度体系，建立了一种既能制度化地"吸

---

❶ 波斯纳：《法理学问题》，苏力译，中国政法大学出版社，1994，第8页。

纳挑战机制",也能制度化地"拒斥挑战机制"。❶ 但由于客观条件的限制,如人的理性的有限性、作为法律载体语言的模糊性,法律的确定性或客观性尤其在疑难案件中法律难以实现,将来也可能无法实现。❷ 这种因客观原因而带来的疑难案件的司法确定性问题,并不是本章要探讨的问题;本章着重研讨前者,即因制度安排而带来的常规案件的司法确定性,笔者称之为"制度性司法确定性"。

与西方国家一样,常规案件制度性司法确定性本不应成为中国法院的问题,但因职业保障制度的缺失,❸ 常规案件及其制度性司法确定性也可能演变为"难办案件",其确定性也难以实现,如《送法下乡——中国基层司法制度研究》中涉及的送法下乡案、警察执法案、农民伤害赔偿案、通奸案、断绝母子关系案、赡养案等都属于此类情形;再如,我国刑事误判案件及其被发现的"纠错案件",典型的如聂某斌案,从法律角度看是明显的错案,但至今未"翻案",是典型的简单而难办的案件;❹ 还如,不应进入法院的常规案件大量进入了法院,而应进入法院的疑难案件却较少进入的"逆向选择",❺ 导致了我国法院目前"案多人少"的情形。❻ 除了常规案件制度性司法确定性难以保障是中国法院特有的问题外,审判委员会、调审合一、议(判决)行(执行)合一、行政化的请示汇报制度与民主

---

❶ 千叶正士:《法律多元》,强世功等译,中国政法大学出版社,1997,第50-53页。
❷ 波斯纳:《法理学问题》,苏力译,中国政法大学出版社,1994,第31-44页。
❸ 为了研究的便利,笔者将西方立法与司法的分工、司法内部的制度分工以及法官任期、薪资、晋升等有关针对司法职业风险而实施的降低风险的制度统称为"职业保障制度"。
❹ 陈永生:《我国刑事误判问题透视》,《中国法学》2007年第3期,第48页。
❺ 张维迎、柯荣住:《诉讼过程中的逆向选择及其解释》,《中国社会科学》2002年第2期,第32页;张维迎、艾佳慧:《上诉程序的信息机制》,《中国法学》2011年第3期,第103-105页。
❻ 苏力:《审判管理与社会管理——法院如何有效回应"案多人少"?》,《中国法学》2010年第6期,第178页。

化的合议制度共存、独立的制度安排与不独立的司法运作并存等，也是中国法院特有的现象。但本章并不研究其中的某一现象，而是以制度性司法确定性为主线，力图对上述现象之间的关联作整体把握和解释，勉力将中国法院作为一个理想型整体而暂时忽视内部各层级法院的差异性，以期揭示出中国法院在性质和组织形态及其嵌入其间的法官行为上与西方法院的不同，以及这种不同对中国法院可能的理论意义和实践意义。这种研究可以使我们高屋建瓴地看到"整片森林"而不是"纠缠"于"单个树木"，加深对中国法院的认识和把握，但其必然带来的不足是对"单个树木"缺乏足够的注意。

本章有别于其他研究的地方还在于：第一，将有关中国法院的研究置于立法－司法之间的关系背景下。这是因为：大陆法系与英美法系不同，司法是立法的延伸，受立法的影响较大；我国主要以移植大陆法系法律制度为主，也应具有这种特征。但目前学界将司法与立法割裂开来的研究思路，与之不相符。第二，对中国法院作整体的动态研究。目前学术界对中国法院的研究大多停留于静态的分解式的理念化研究，如对中国法院调解与审判、行政化与民主化的研究。❶本章力图在此基础上，侧重于动态的混合研究，使理论解释更切合中国法院的实际。第三，本章选取中观层面的研究进路。❷

---

❶ 这方面研究文献较多，如李浩：《民事审判中的调审分离》，《法学研究》1996年第4期，第57－68页；侯猛：《案件请示制度合理的一面》，《法学》2010年第8期，第126－136页；苏力：《送法下乡——中国基层司法制度研究》，中国政法大学出版社，2000，第115－125页。另外，苏力在书中第2章进行了混合研究，但从第3章来看，他当时没有将这种混合研究上升到自觉阶段；只是后来自觉意识到"司法制度的合成理论"，参见苏力：《司法制度的合成理论》，《清华法学》2007年第1期，第6－18页。

❷ 张洪涛：《司法之所以为司法的组织结构依据》，《现代法学》2010年第1期，第33页；《调解的技术合理性——一种中观的组织结构－功能论的解读》，《法律科学》2013年第2期，第24页。本章就是在上述两篇有关审判与调解的分解式研究基础上进行的混合研究；文后涉有关审判与调解的组织结构、组织功能等问题，参见上文，不再另行注释。

苏力在《送法下乡——中国基层司法制度研究》中采取的是宏观的社会结构进路,侧重于宏观-中观-微观各自横向的展开,"三观"之间纵向逻辑联系并不紧密,本章则采取中观的组织结构进路,侧重于通过中观联结宏观与微观的桥梁作用,力图客观地展示宏观的立法-中观的法院组织-微观的法院法官三者之间纵向的内在逻辑联系。❶ 第四,本章不仅要追问"为何要"的问题,更要追寻"为何能"的制度原因和可能性。苏力在《送法下乡——中国基层司法制度研究》中主要探讨简单而难办案件"为何要"的政治、经济等社会原因,本章侧重追寻"为何能"的制度原因及制度性影响:首先从宏观的功能比较视角探讨了中国法院压力形成的制度原因;其次,从中观层面讨论了法院为消解这种压力在组织形态上的制度性应对;再次,从微观层面研讨了嵌入其中的法官采取的三种消解压力的制度化方式;最后,探讨了消解压力方式的主要制度性影响及实现制度性司法确定性的制度性建议。

二、法律洞影响下法院压力何以形成:宏观的功能比较视角

西方在解决常规案件司法确定性即判决的合法性与合法律性的冲突与紧张上,❷ 形成了一套比较成熟的制度体系。首先,宏观上就是通过司法与立法等政治性部门的分离,让立法通过充分发扬民主和广泛吸纳民意,将合法性或"良法之治"尽量解决在立法阶段,让司法通过在具体司法判决尤其是常规案件判决中不断回归和确认规则的方式,将合法律性或"规则之治"主要解决在

---

❶ 关于宏观的社会结构进路与中观的组织结构进路的差异,笔者有专门论述,参见张洪涛:《审判委员会法律组织学解读——兼与苏力教授商榷》,《法学评论》2014年第5期。

❷ 不同学者有不同表述,如事实和规范、事实性和有效性、解决问题与确认规则之间;为了讨论方便,本章只选取这种表述。

司法阶段。"因此，现代以来，对于法官来说，亚里士多德的'良法之治'的法治概念已经更多地为'规则之治'的法治概念替代了。良法恶法的问题往往由或更多由政府的其他政治性部门（立法和行政）来承担，法官对这个问题则更多的是基于'不在其位，不谋其政'的比较制度功能主义的立场，采取了'六合之外，存而不论'（或少论）的自我克制态度。"❶ "司法的合理性基础是现行法律的合法性。这种合法性又进一步取决于一个立法过程的合理性，这个过程在宪法的权力分立条件下是司法机构所不能支配的。"❷

上述情形在地域较小和人口较少的大陆法系国家体现得较为突出，在英美法系尤其是地域较广和人口较多的美国，在未实现立法与司法相对分离（尤其是表现在普通法上）的情形下，通过司法阶段的制度分工，如司法阶段设置具有民主化、大众化的陪审团，❸ 将事实性、合法性等"良法之治"问题交由陪审团来解决，法官只需在遵循先例原则下发现和解释规则，解决规范性、合法律性等"规则之治"问题的横向制度分工，以及通过初审法院解决事实问题而上诉法院只解决法律问题的纵向制度分工，来消解常规案件判决合法性与合法律性的紧张和冲突，以便实现其司法确定性。美国保留陪审团"或许是为了使司法的角色看上去比其实际情况更为客观，这就是把疑难问题分派给普通人解决，从而减少了法官必须决定的其中有不确定性问题的案件数量。如果

---

❶ 苏力：《送法下乡——中国基层司法制度研究》，中国政法大学出版社，2000，第177页。

❷ 哈贝马斯：《在事实与规范之间》，童世骏译，生活·读书·新知三联书店，2003，第296页。

❸ 民主化不是简单的多数主义，而是指代表性和结构性。参见：托克维尔：《论美国的民主》（上卷），董果良译，商务印书馆，1988，第282-319页；波斯纳：《法律、实用主义与民主》，凌斌、李国庆译，中国政法大学出版社，2005，第201、231页。

事实问题很容易（即一切理性的陪审团都只能给出这种答案），法官就会……从陪审团那里夺走此案"。❶ 在英国，"那种认为陪审团决定事实问题，法官决定法律问题的流行观点是完全错误的。法律人尊重陪审制度，尤其是民事陪审制度，正是因为陪审制度是不创设任何对未来有拘束力的'先例'的前提下，决定某些具体的'法律'问题，换言之，是因为陪审团决定法律问题的'非理性'"。❷

不论是大陆法系的司法与立法之间，还是英美法系司法中陪审团和法官、初审法院和上诉法院之间，在解决合法性与合法律性的紧张和冲突上的制度分工，都必须落实到微观层面的法官身上，集中体现在法官职业保障制度上。在法官专业化、职业化方面，尽管大陆法系和英美法系存在程度上的差异，但它们都针对司法和法官职业的高风险、高投入、高要求等特点，形成了一系列区别于国家公务员的有关法官任期、薪水等降低职业风险的职业保障制度，最终实现了法官与公务员之间的职业分工，❸ 为消解合法性与合法律性的紧张和冲突，实现制度性司法确定性奠定了坚实的微观基础。

考察了西方的情形后，再来看中国的情况。中国移植了大陆法系的法律和制度，形式上也实现了司法与立法的相对分离，但由于客观上受中国人口众多、地域辽阔、政治经济文化发展极不平衡等基本国情的限制，以及主观上"低（零）成本立法政策"

---

❶ 波斯纳：《法理学问题》，苏力译，中国政法大学出版社，2002，第261页。
❷ Weber Max, *Economy and Law*, Vol. 2. (Berkely: University of California Press, 1978), pp. 762. 转引自赵晓力：《基层司法的反司法理论?》，《社会学研究》2005年第2期，第224页。
❸ 郭成伟、宋英辉主编《当代司法体制研究》，中国政法大学出版社，2002，第139-171页；波斯纳：《法官如何思考》，苏力译，北京大学出版社，2009，"代译序"，第8-9页。

的影响;❶ 由于中国历史上民权思想的先天不足和后天失调,立法有效运转的社会根基极其薄弱,议会政治并不发达,甚至自身还存在"立法独立"问题;❷ 由于技术上立法并不像司法那样涉及具体人的具体利益,缺乏利益驱动机制,立法程序在利益表达机制等方面存在这样或那样的问题,❸ "立法体制尚未符合立法科学化与民主化的要求",❹ 主要由政府及其部门承担利益的表达过程,社会成员参与的积极性不高,利益表达至少不充分;❺ 因此,西方立法中存在的非结构性法律与社会脱节的法律漏洞,在中国则表现为结构性法律与社会的脱节,形成中国立法看不见中国社会的法律洞现象,❻ 中国立法难以担当起像大陆法系立法那样解决合法性实现"良法之治"的任务,难以为司法判决提供足够的优质的合法性资源。

---

❶ 张洪涛:《民法典学者建议稿信息结构及其参与者的社会网络》,《环球法律评论》2014年第3期。
❷ 张洪涛:《立法独立之比较制度分析》,《东南大学学报》(社会科学版)2011年第1期,第63—65页。
❸ 孙朝、徐向华:《论我国立法程序的完善》,《中国法学》2003年第5期,第61—65页。
❹ 梁慧星:《中国民法典起草建议稿附理由·亲属编》,法律出版社,2006,"序言",第2页。
❺ 布小林:《立法的社会过程》,中国社会科学出版社,2007,第32—59页。
❻ 结构洞广泛存在于政治、经济和社会领域,是关系松弛或断裂的情形。笔者受社会学中结构洞的启发,将法律领域中的结构洞称为法律洞。法律洞是指中国当代立法中由于缺乏中国社会自身因素或信息的考量,大量充斥西方法制因素或信息,使中国法律网络在整体上呈现出一种结构性缺陷,好像法律网络上出现了洞穴,即法律结构洞,简称法律洞。法律洞与法律漏洞最主要的区别是其结构性,前者是结构性缺失,后者不是。如以司法中法律推理为例,法律推理:大前提+小前提=结论,但这里的小前提出现了缺失,而不是法律漏洞中出现的对小前提考虑不周或不当等问题。关于我国当代立法中法律洞的专门研究,详见本书第七章。关于结构洞的研究,参见罗纳德·伯特:《结构洞——竞争的社会结构》,任敏等译,格致出版社、上海人民出版社,2008,第18—51页;关于司法中的法律洞的研究,参见张洪涛:《法律洞的司法跨越——关系密切群体法律治理的社会网络分析》,《社会学研究》2011年第6期,第59—82页。

这种立法阶段的法律洞必然延伸到司法阶段成为法官必须跨越的司法洞,❶ 这种在立法阶段未获得民众认可的规则,❷ 必然下移到司法阶段成为法官必须面对的需重新获得民众认可的合法性问题。❸ 这对主要移植于外、并非内生于社会的中国立法而言,是其长期扎根于中国社会的关键,民众对这种合法性的关注和需求也更为强烈。这是其一。其二,对于一个没有实行审判与执行分离的世界惯例,而实行审判与执行合一体制的中国法院判决而言,判决的可接受性即合法性是其能否有效执行,司法确定性能否有效实现的关键。❹ 其三,随着中国社会及其分层的不断发展,特别随着互联网技术的普及化、大众化而带来的信息费用的大幅降低,案件解决的最低合法性范围因涉及群体范围而异:有时只需当事人认可、满意、接受就可以,如胡某飙车案;有时除了当事人认可外,还需更大范围社会群体的认同,如刘某案、李某奎案;❺ 有时还需政府和法律专家的认可和接受,如许某案。因此,法院提供合法性的任务更为艰巨,同时社会对合法性的需求更加强烈。其四,政府为了回应这种社会需要,对法院承担合法性功能的要求也更为强烈,在理念层面提出了"司法和谐""司法为民""司法便民"的口号,让人民满意成为法院是否公正司法的硬性指标,在制度层面

---

❶ 张洪涛:《法律洞的司法跨越——关系密切群体法律治理的社会网络分析》,《社会学研究》2011年第6期,第62页。
❷ 布小林:《立法的社会过程》,中国社会科学出版社,2007,第94-97页。
❸ 张静:《土地使用规则的不确定:一个解释框架》,《中国社会科学》2003年第1期,第114页。
❹ 这种"合法性",不是指像立法那样整体的"普遍的合法性",而是根据具体情形而确定的相对范围内的"具体合法性"。参见张洪涛:《调解的技术合理性——一种中观的组织结构-功能论的解读》,《法律科学》2013年第2期,第30页。
❺ 详细论述,参见王启梁:《法律世界观紊乱时代的司法、民意和政治——以李昌奎案为中心》,《法学家》2012年第3期,第12-13页。

提出了"大调解",实行"调解优先"的司法政策。

在这个意义上,中国法院有像英美法系法院那样需承担解决判决合法性的任务,甚至更为繁重,有更多结构性法律与社会脱节的法律洞而不是像西方那样非结构性法律漏洞需要填补,有更多"难办案件"需法院和法官作出政治性裁量,❶ 但中国法院和法官没有与此相适应的填补法律洞的制度手段和解决判决合法性的制度资源可用。其一,中国立法虽为法院配置了陪审团,但因调解的进入并与审判合一,中国法院无需将事实问题与法律问题、非理性与理性、合法性与合法律性通过法院内横向制度分工来处理,在承担合法律性任务的同时,也要解决判决合法性问题。其二,中国法院系统也没有实现像英美法系那样的初审法院解决事实问题,上诉法院只解决法律问题的纵向制度分工,而是采取一审与二审功能雷同,各级法院既关注合法性又关注合法律性的制度安排。其三,中国立法既没有针对法官职业高风险、高投入、高要求的职业特点为其提供像大陆法系那样的职业保障制度,更没有提供像英美法系法官那样的职业保障制度,而是实行与国家公务员一样的职业管理制度。其四,中国法院更没有像判例法那样功能类似的制度配置,不能形成判例法,理论上不能有造法空间,填补司法洞和完成繁重合法性任务的制度手段极其有限。

与此同时,中国法院还承担着非常繁重的合法律性任务。由于中国现代化的紧迫性、复杂性和艰巨性,在西方作为保守力量的法律,在中国则成为推动社会变革的力量,政府希望通过立法

---

❶ 波斯纳:《法官如何思考》,苏力译,北京大学出版社,2009,"代译序",第 5—7 页;苏力:《法条主义、民意与难办案件》,《中外法学》2009 年第 1 期,第 108—110 页;张洪涛:《法律洞的司法跨越——关系密切群体法律治理的社会网络分析》,《社会学研究》2011 年第 6 期,第 59—82 页。

机关制定各种有关社会改造的法律，形成庞大的立法体系，然后由法院、行政等机关来推动并加速中国的现代化建设，国家和社会对法院承担的合法律性功能寄予了厚望。❶ 一方面，希望通过加大、加强对法院的监管，如法院系统外部的人大个案监督，法院系统内部的错案追究制和科层化，等等，另一方面，希望通过改革不利于法院严格执法的制度，如以前挤压调解在法院的作用空间，以保证法院不折不扣地完成合法律性任务。

总之，中国法院及其法官在既无立法层面的制度化"隔离带"又无司法层面制度化"防火墙"等正式制度保护的前提下，被直接推到了社会冲突的风口浪尖：一方面面临着因法律洞而带来的合法律性与合法性之间的紧张，另一方面又面临着因法律洞而带来的合法性供需之间的不平衡；一方面承担着提供合法律性和合法性的繁重任务，另一方面立法提供给法院填补法律洞以解决合法性的制度手段极其有限。为此，中国法院及其法官既要"穿行于制定法与习惯之间"，也要"纠缠于事实与法律（规范）之间"，更要摇摆于"纠纷解决（合法性）与规则之治（合法律性）"之间，甚至还会成为"脱缰的野马"。❷ 中国法院及其法官为何能如此呢？在无任何正式制度保护的情形下又为何能制度化地消解这种巨大的现实压力呢？下面将分中观层面和微观层面而论之。

三、法院压力何以消解：调审组织的形成

在法院压力消解上，西方走的是法院功能专化的社会分工道路，中国则是"综合治理"道路，通过调审合一的司法体制形成

---

❶ 苏力：《送法下乡——中国基层司法制度研究》，中国政法大学出版社，2000，第 51–53 页。
❷ 陈瑞华：《脱缰的野马——从许霆案看法院的自由裁量权》，《中外法学》2009 年第 1 期，第 79 页。

一种特有的组织形态——笔者称为"调审组织"——使组织结构柔性化和组织功能泛化。❶ 调审组织由调解与审判混合而成,因此,人们往往只进行分解式研究。这种平行线式或分解式研究只是一种理念化研究策略的需要,但它并不是中国法院的现实,中国法院的现实是调审"合而同一"。为此,在完成了平行线式的理念化研究后,还需对两条平行线进行交叉的互动研究,研究"司法制度的合成理论",研究调解和审判混合而形成的特有组织即"调审组织"。

这种特有的组织形态首先体现在组织功能上。审判以依法为原则,不"从它所指向的(具体——引者注)对象那里取得合法性",❷ 其合法性建立在立法上,❸ 以确认规则、取得判决的自洽性和合法律性为主要组织功能,组织功能的量用纵轴 Y 轴表示,且可以为正值(如合法),处于横轴以上,也可以为负值(如非法),处于横轴以下;调解以自愿为原则,以当事人及其所涉人员的承认、认可、接受为基础,"从它所指向的(具体)对象那里取得合法性",以解决纠纷、取得纠纷解决的可接受性和合法性为主要组织功能,组织功能的量用横轴 X 轴表示,且在现实中合法性为负值即不被任何人认同的情形是不可能存在的,必须是正值,处于纵轴以右;那么,当调解与审判"合而同一"形成调审组织时,调审组织功能就呈现出一种"十字形"混合组织功能,徘徊于合法性与合法律性之间,❹ 是 X 轴上某一点与 Y 轴上某一点相交混合

---

❶ 社会组织功能专化与普化的探讨,参见刘祖云:《从传统到现代——当代中国社会转型研究》,湖北人民出版社,2000,第 278–282 页。

❷ 马修·德夫林:《哈贝马斯、现代性与法》(编),高鸿钧译,清华大学出版社,2008,第 53 页。

❸ 哈贝马斯:《在事实与规范之间》,童世骏译,三联书店,2003,第 296 页。

❹ 笔者之所以称之为"十字形",一是因为它可以现象地描述其组织功能与结构的弹性而不确定,二是因为它还可以描述嵌入结构中人的心理和行为特征,像处于"十字路口的人"一样茫然而不确定。

而成，存在区间在第Ⅰ象限和第Ⅳ象限（如图 4.1）。

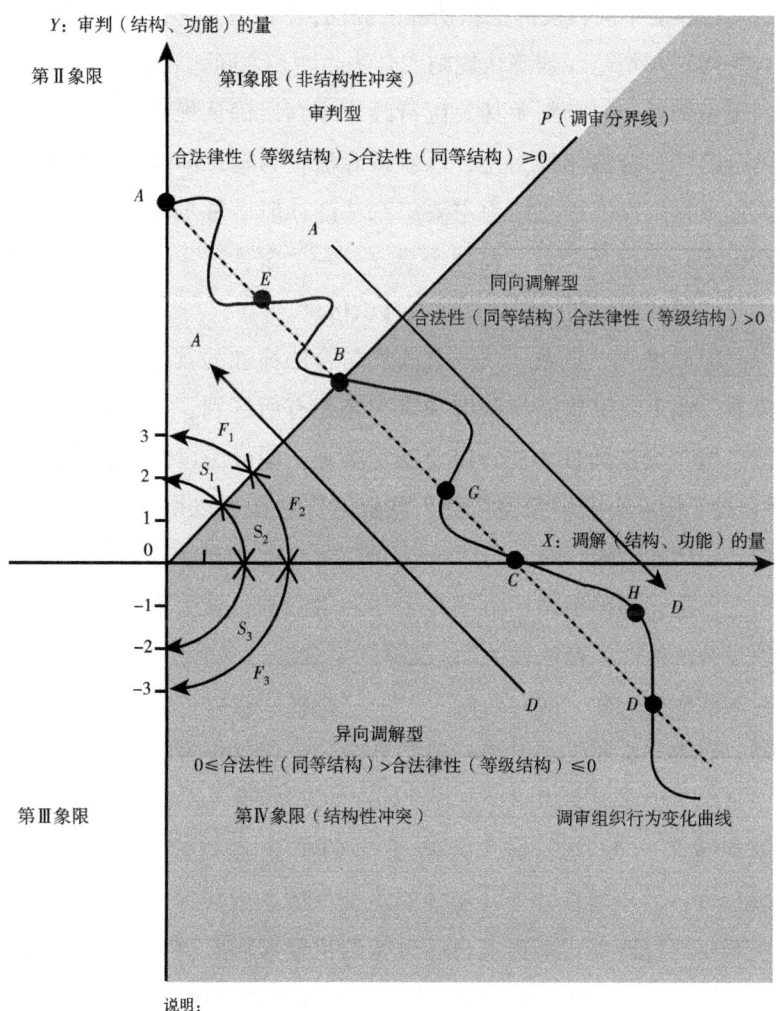

图 4.1 中国法院调审组织的形成及其影响

说明：
S：结构；F：功能
A→D 去司法化（确定性及其风险）
D→A 司法化（确定性及其风险）

实际上，任何法律组织甚至社会组织的组织功能并不是单一的，存在着不同程度的组织功能的混同，"在事实（或解决问题或合法性）与规范（或确认规则或合法律性）之间"，调解与审判之间也不例外。如审判尤其我国行政化审判以确认规则、取得判决的自洽性和合法律性为主，以获得合法性为辅；调解尤其是同向调解尽管以取得合法性为主要组织功能，但尽量与审判的合法律性组织功能保持一致。在这个意义——"定性"——上，调审组织与调解和审判的组织功能没有什么区别。

但如果从"定量"——合法性与合法律性的具体混同量——来看，调审组织功能与调解和审判还是有所区别。审判的组织功能以取得合法律性为主，以合法性为辅，即合法律性 > 合法性 ≥ 0，处于图 4.1 中审判型区间；调解组织功能以取得合法性为主，以合法律性为辅，即合法性 > 合法律性 > 0，处于图 4.1 中同向调解型区间，调审组织功能则是上述两者之和，处于第 I 象限，可以是合法律性 > 合法性 ≥ 0，也可以是合法性 > 合法律性 > 0。这时的调解是一种"同向调解"——"积极回答对审判式处理的期待、努力与这种要求保持一致的方向……仅仅作为补救审判能力不足的下位体现来适应对审判式处理的期待"❶——的情形。当调解突破了审判的底线，突破法律的禁止性规定即"异向调解"——"不惜在整个社会的纠纷处理体系中成为边际性的、无关紧要的处理方式来追求自己独特的位置和形象"❷——时，0 ≤ 合法性 > 合法律性 ≤ 0，其功能区间由第 I 象限延伸到第 IV 象限，

---

❶ 棚濑孝雄：《纠纷的解决与审判制度》，王亚新译，中国政法大学出版社，1994，第 52 页。
❷ 棚濑孝雄：《纠纷的解决与审判制度》，王亚新译，中国政法大学出版社，1994，第 52 页。

扩展到异向调解型区间。如果说审判组织功能幅度 $F_1 = 45°$，同向调解组织功能幅度 $F_2 = 45°$，异向调解组织功能幅度 $F_3 = 90°$，调审组织功能幅度则为 $F_1 + F_2 + F_3 = 180°$，是现行法律规定所允许的 $(F_1 + F_2)$ 2 倍，是审判的 (F_1) 4 倍（如图 4.1 所示）。因此，从审判、调解到调审组织的形成过程，就是法院组织功能的扩大化或普化过程。

这种特有的组织形态还体现在组织结构上。功能是由相应的结构来保障的，与"十字形"混合组织功能相应的是"十字形"混合组织结构。由于中国法院审判实然的组织结构是等级结构，法院调解是较为典型的同等结构，因此，当调解与审判"合而同一"形成调审组织时，调审组织的结构就呈现出"十字形"混合组织结构，由同等结构和等级结构混合而成。如果将审判的等级结构的量用纵轴 Y 轴表示，调解的同等结构的量用横轴 X 轴表示，"十字形"调审组织的组织结构则是两者的混合，由 Y 轴上某点与 X 轴上某点相交而成（如图 4.1）。这也是任何法律组织甚至社会组织的结构都具有的特征，如立法组织以同等结构为主，行政组织以等级结构为主，[1] 调解组织虽是典型的同等结构，也有等级结构因素，中国法院的审判尽管是等级结构，也有同等结构因素。在这个意义——"定性"——上，调审组织的组织结构与审判和调解没有区别。

但如果从"定量"——同等结构与等级结构的具体混同量——来看，调审组织与调解、审判还是有所区别。审判以等级结构为主，同等结构为辅，即等级结构 > 同等结构 $\geqslant 0$，处于图 4.1 中审判型区间，调解以同等结构为主，等级结构为辅，即同等结构 > 等级

---

[1] M. J. C. 维尔：《宪政与分权》，苏力译，生活·读书·新知三联书店，1997，第 321 – 335 页。

结构 >0，处于图一中同向调解型区间，调审组织则是两者之和，处于第Ⅰ象限，可以是等级结构 > 同等结构≥0，也可以是同等结构 > 等级结构 >0。当调解出现了与审判基本目标不一致，突破法律的禁止性规定即异向调解时，0≤同等结构 > 等级结构≤0，调审组织结构的摇摆幅度就更大，处于第Ⅰ象限和第Ⅳ象限。如果说审判的组织结构摇摆幅度 $S_1 = 45°$，同向调解的幅度 $S_2 = 45°$，异向调解的幅度 $S_3 = 90°$，调审组织的幅度则是 $S_1 + S_2 + S_3 = 180°$，是现行法律规定所允许的（$S_1 + S_2$）2 倍，是审判的（S_1）4 倍（如图 4.1 所示）。因此，从审判、调解到调审组织的形成过程，也是组织结构柔性化过程。

综上，正是由于调审组织结构的柔性化和功能的普化，有自己独特的"十字形"混合组织结构和组织功能，使之既不同于审判，也有异于调解，因此，调审组织是中国法院实行调审"合而同一"体制后出现的一种独特的组织形态。与单纯称为审判庭或调解庭相比，这种组织形态更适合于中国法院的实际，也更具解释力。在这个意义上，中国法院尽管模仿了西方法院的各种"名"，但其"实"还是中国的，如中国法院模仿西方取名为"法院""审判庭""判决书""法官"，但其"实"是"调审院""调审庭""调审书""调审官"，后者与前者相比，更能准确地反映中国法院的实际，更能做到名副其实。❶

正是调审组织结构的柔性化和功能的普化，使之能有效地应对来自外部的各种各样的不确定性风险和压力。当外部不确定性风险和压力是非结构性冲突且较小时，调审组织可以审判的方式（AB 曲线）加以有效应对，这时，合法律性（等级结构）> 合法

---

❶ 为了与现行学术研究保持一致，文后还是取其"名"，采通说。

性（同等结构）≥0，以确认规则为主，以解决问题为辅，从而可以实现法律所追求的司法确定性，外显为"审判型"，处于图 4.1 中审判型区间；当外部不确定性风险和压力是非结构性冲突且较大时，调审组织可以同向调解的方式（BC 曲线）加以有效应对，这时，合法性（同等结构）>合法律性（等级结构）>0，以解决问题为主，以确认规则为辅，放松了对司法确定性的追求，但不至于突破法律的禁止性规定或底线，外显为"同向调解型"，处于图 4.1 中同向调解型区间；当外部不确定性风险和压力是结构性冲突时，如《道法下乡》中警察执法案、通奸案等，调审组织可以采取异向调解的方式（CD 曲线）加以有效应对，这时，$0 \leq$ 合法性（同等结构）图 4.1 中第四象限合法律性（等级结构）≤0，单纯为了解决问题，突破法律的禁止性规定或底线，司法确定性为负值，外显为"异向调解型"，处于图 4.1 中异向调解型区间。

因此，从审判到同向调解再到异向调解的过程（即 $A \rightarrow D$），既是调审组织的形成过程，也是调解的量不断增加的过程，同时还是合法性的量不断增加的过程，其中，审判型最低，同向调解型居中，异向调解型最高，因此也是一个外部不确定性风险和压力不断降低和法院抗风险和压力的能力不断提高的过程；与此同时，还是一个审判的量不断减少、合法律性的量不断降低的过程，因此也是一个司法确定性不断减少的过程，其中审判型最高，同向调解型居中，异向调解型最低。因此，中国法院在形成调审组织以降低外部不确定性风险和压力时，是以牺牲司法确定性为代价，以司法的不确定性来应对外部的不确定性的方式而获得的，最终导致了中国法院的去司法化；换言之，去司法化成了中国法院规避、降低外部不确定性风险和压力的一种方式。

相反，从异向调解到同向调解再到审判的过程（即 $D \rightarrow A$），既是审判的量不断增加的过程,也是合法律性的量不断增加的过程,其中,异向调解型最低,同向调解型居中,审判型最高,因此也是一个司法确定性不断提高和司法化的过程;与此同时,还是一个调解的量和合法性的量不断减少的过程,其中,审判型最低,同向调解型居中,异向调解型最高,因此也是一个外部不确定性风险和压力不断增加与法院抗风险能力不断降低的过程。质言之,司法化是中国法院的一种高风险行为。这也许是中国法院至今难以司法化的真正原因。

可见,调审组织的形成,既是中国法院在缺乏职业保障制度的情形下为降低外部不确定性风险和压力作出的一种司法制度的自我调适,也是中国立法因法律洞的不可避免而导致合法性资源有限,希望在司法阶段重新获得纠纷解决的最低合法性资源所作出的一种司法制度的自我调整。这也许就是中国法院及其法官至今需要调解、离不开调解的真正原因。

四、法官压力何以消解:调解型横向分权式决策的"民主化"

"不确定性是风险的来源,大多数人都不喜欢风险,并且不确定性也是人们要求以各种形式的保险来减少风险的来源。"❶ 由于正式职业保障制度缺失,中国法院不确定性风险和压力最终会传递到法官身上,因此,法官要寻求各种形式的非正式职业保障制度来规避、降低这种职业风险。调审组织"十字形"组织结构-功能,决定了嵌入其间的中国法院法官消解不确定性风险和压力时,理论上可采取三种方式:❷ 面对横向不确定性风险和压力,可

---

❶ 波斯纳:《正义/司法的经济学》,苏力译,中国政法大学出版社,2002,第8页。
❷ 组织结构对人的行为的影响,参见张洪涛:《司法之所以为司法的组织结构依据》,《现代法学》2010年第1期,第36-39页。

借助调审组织的同等结构采取调解型横向分权式决策的"民主化"方式加以消解；面对纵向不确定性风险和压力，可利用调审组织的等级结构采取审判型纵向分权式决策的"行政化"方式加以化解；面对横向和纵向不确定性风险和压力，可沿着调审组织"十字形"组织结构采用调审型纵-横向分权式决策的去司法化方式加以应对（如图4.2所示）。

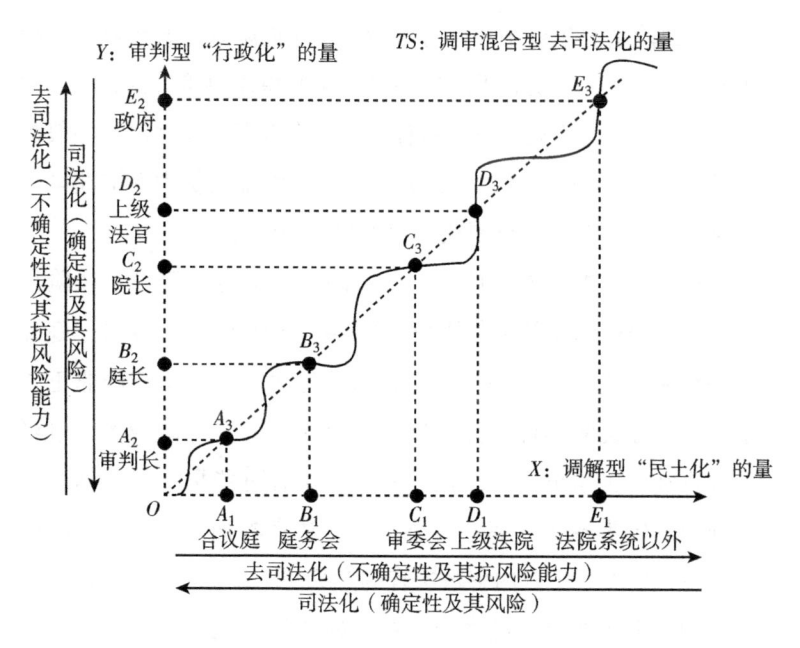

图4.2 中国法院法官消解压力方式

为了规避外部不确定性风险和压力，中国法院法官会利用调审组织的同等结构及其有关司法民主化的法律规定，采取民主化集体决策方式来分担风险。这是一种通过增加组织决策主体的调解型横向分权式的风险分担方式，体现在法院审判的各环节。

在案件进入法院审判的第一个环节合议庭（A_1），现行法律规定合议庭一般由三名法官组成，实行一人一票和少数服从多数的原则。❶ 尽管在实际办理过程中，合议庭一般由一名承办法官来负责案件的事实和法律问题，从案件的接收到最后判决书制作由其独立完成，但从降低职业风险的角度看，承办法官一般不愿独享决策权（裁判权，下同），更希望自己的意见能获得其他法官的认可和支持，更愿意将这种决策权分享。这样，由一人承担的风险至少转由三人承担；否则，如果合议庭出现了分歧，由于不知道谁对谁错，就意味着风险由合议庭中一部分人承担，从而降低了合议庭的风险承担能力。因此，合议庭采取这种民主化的集体决策方式，有其内部降低职业风险的需要。正是这种需要，决定了合议庭法官一般都会对承办法官尽可能地予以"协调性认可"，❷ 都会努力争取获得一致意见，以便在合议庭范围获得判决的"合法性"。

当外部压力更大或合议庭内部出现了意见分歧降低了风险承担能力时，合议庭及其法官就会将案件提交到庭务会（B_1）。庭务会是一种从未见于任何法律规定、却是各法院普遍运行的非正式制度。上庭务会的案件可能是庭长与合议庭意见分歧较大，也可能是合议庭无法拿出一个结论性意见，还有可能是案情并不复杂但处理起来较为棘手。庭务会要求全庭法官参加，进行平等的民主化讨论，以便了解庭内多数法官的意见。❸ 通过这种没有任何法律规定的非正式的调解型横向分权式的"民主化"方式，以进一步扩大决策主体的范围，争取得到全庭法官的同意和认可及全庭

---

❶ 为了使讨论更集中简洁，在此只讨论一般情形，不讨论独任审判和其他情形。

❷ 苏力：《送法下乡——中国基层司法制度研究》，中国政法大学出版社，2000，第80页。"协调性认可"的心理原因与"认知失谐"有关（参见埃克哈特·施里特：《习俗与经济》，秦海等译，长春出版社，2005，第6页），与"异议厌恶"有关（参见波斯纳：《法官如何思考》，苏力译，北京大学出版社，2009，第30－33页）。

❸ 关于庭务会的详细论述，参见苏力：《送法下乡——中国基层司法制度研究》，中国政法大学出版社，2000，第79页。

范围内的"合法性",将原来由全合议庭成员承担的风险转由全审判庭法官分担。满足中国法院法官降低职业风险的需要,是庭务会长期而有效存在的内在原因,至少主要不是外部行政权力介入的结果。❶

当业务庭所有人员还不足以分担职业风险时,业务庭就会将案件进一步提交到法院内部最高审判机关审判委员会(C_1),利用法律规定的一人一票和少数服从多数的民主化原则,采用调解型的进一步横向分权式决策的"民主化"方式,将决策主体范围扩大到全审判委员会成员,实际上是整个法院,希望判决能得到全审判委员会成员法官的同意和认可及全院范围内的"合法性",将这种风险转由审判委员会所有成员,实际上是整个法院分担,达到进一步降低、规避职业风险的目的。❷

当整个法院还不足以承担职业风险时,法官就会通过利用在上下级法院之间实际运行的案件请示汇报制度,❸ 将案件提交到上一级法院直至最高人民法院(D_1)讨论,将法官的案件决策权进一步地在整个法院系统内进行调解型横向分权式的分享,将决策主体范围由原来的法院内扩大到院外甚至整个法院系统,以使自

---

❶ 比较案件提交庭务会和审委会的情形,前者法律无任何规定,后者法律规定了一些案件要提交审委会。但根据学者的调查发现,合议庭将案件提交审委会,不只是法律的要求,"法官们也乐于这样做"(贺卫方:《司法的理念与制度》,中国政法大学出版社,1998,第119页)。由此,笔者推断合议庭将案件提交庭务会,更不是外部行政权力影响的结果,更可能是法官降低风险的内部需要。中国法院目前正在试点的被称为小审委会的审判长联席会议制度,也具有这种功能,但由于没有在法院普遍实行,在此不准备涉及。参见叶向阳:《试论审判长联席会议制度的运行机制与功能实现》,《法律适用》2008年第7期,第41-44页。
❷ 关于审委会的情形,笔者已另行撰文,参见张洪涛:《审判委员会法律组织学解读——兼与苏力教授商榷》,《法学评论》2014年第5期。
❸ 侯猛:《案件请示制度合理的一面——从最高人民法院角度展开的思考》,《法学》2010年第8期,第126-136页。

己的判决能够获得上级法院法官的承认和同意及其在法院系统内的"合法性",寻求整个法院系统的"再保险",将职业风险转由整个法院系统分担。如李某娟种子案,尽管法院用审委会来降低外部职业风险,但后因上一级人大常委会的压力超过了法院审委会的抗风险能力,使李某娟及签发案件的副庭长受到了处罚。为了提高法院的抗风险能力,不得不向级别高于省人大常委会的最高人民法院求援,最终在最高人民法院的介入下,职业风险才得以化解。而刘某案,尽管省高级人民法院事先进行了风险防范,向最高人民法院请示、汇报了此案,但终因没有预见到舆情力量及其带来的最高层干预的巨大风险,远超过事先的风险防范措施,最终使刘某案得以改判。

当整个法院系统还不足以承担其职业风险时,法院法官还会进一步采用调解型横向分权式决策的"民主化"方式,将案件提交给法院系统以外（E_1）的社会大众和法学专家等来探讨,法官的决策权在更大社会空间被横向分享,希望判决能获得他们的同意、接受和认可及其更大范围的法院系统以外的"合法性",最大限度地降低、规避其职业风险。当民意与学者意见一致时,这种风险还比较容易预测。在大多数情形下,两者往往并不一致,甚至存在激烈冲突,如刘某案、二奶遗赠案。❶ 即使在民意和学者意见内部,也存在分歧,如药某鑫案、许某案。在这些情形下,法官对这种职业风险就更加难以预测。

综上,$A_1—B_1—C_1—D_1—E_1$ 的过程,既是中国法院法官调解型横向分权式决策的"民主化"不断扩大化的过程,希望自己的司法判决获得更大范围的同意、接受和认可,因此也是判决的可

---

❶ 孟涛:《论当前中国法律理论与民意的冲突》,《现代法学》2010 年第 1 期,第 12 - 14 页。

接受性和合法性不断提高,外部不确定性职业风险不断降低和法官抗外部不确定性职业风险能力不断提高的过程;与此同时,也是决策权在横向上不断被分享、分割,司法的不确定性不断增大和合法律性不断降低的过程,因此也是一个去司法化的过程(如图4.2所示)。相反,$E_1—D_1—C_1—B_1—A_1$的过程,既是中国法院横向分权式决策的"民主化"程度不断降低的过程,也是司法判决的可接受性和合法性不断降低的过程,因此也是法官面临的横向不确定性风险和压力不断增大和法官抗外部不确定性职业风险能力不断降低的过程;与此同时,也是法官决策权被横向分享程度不断下降,司法确定性不断增加和合法律性不断提高的过程,因此也是一个司法化的过程(如图4.2所示)。

五、法官压力何以消解:审判型纵向分权式决策的"行政化"

为了规避不确定性风险,中国法官还会根据风险大小,沿着调审组织的等级结构,将自己所享有的审判决策权在法院不同层级分享。这样一种通过不断提高组织决策主体的等级,用审判型纵向分权式决策的"行政化"分担风险的方式,❶ 也存在于中国法院审判的各层级。

"行政化"的第一个层级集中体现在审判长(A_2)身上。这个层级"行政化"色彩最淡,与审判不可分离也不可或缺,是一种

---

❶ 布莱克认为:"分层与法律的量成正比","法律的权威性与法官的地位成正比"(参见布莱克:《法律运作行为》,唐越、苏力译,中国政法大学出版社,1994,第12-42页;《社会学视野中的司法》,郭星华等译,法律出版社,2002,第12-15页);换言之,法官的层级地位越高,抗风险能力越强。

得到法律承认的"行政化"。❶

"行政化"的第二个层级集中体现在庭长（B_2）身上。当外部不确定性风险超出了合议庭及其审判长职业风险承受范围时，合议庭及其法官就会将案件提交庭务会，向庭长请示汇报，希望得到庭长的批示。这样，一方面可使案件判决在庭长这个"行政化"层级得到同意、支持和认可，以此来提高其权威性和合法性，另一方面也使法官的决策权在庭长这个层级进行一次纵向分享，最终达到减轻合议庭法官承担职业风险的目的。

"行政化"的第三个层级集中体现在院长（C_2）身上。当业务庭庭长还不足以承担外部不确定性职业风险时，合议庭及其法官还会通过业务庭将案件提交院长这个"行政化"层级，向分管的副院长直至院长请示汇报，要求分管的副院长、院长批示。这样，一方面可使案件判决得到院长这个"行政化"层级的同意，进一步提高其权威性和合法性，另一方面也使法官的决策权在院长这个"行政化"层级进行再一次纵向分享，提高案件决策的层级，最终达到进一步减轻合议庭法官承担职业风险的目的。

"行政化"的第四个层级集中体现在上级法官（D_2）身上。当院长这个"行政化"层级还不足以承担外部不确定性职业风险时，合议庭及其法官还会通过业务庭庭长和法院院长进一步将案件提交上一级法院直至最高人民法院，向上一级法院直至最高人民法院法官请示汇报，请求其给予业务指导和批示。这样，一方面使案件的判决可在上级法官这个"行政化"层级得到同意，使案件判决的权威性和合理性能得到其支持，另一方面也是法官的决策

---

❶ 详细论述，参见苏力：《送法下乡——中国基层司法制度研究》，中国政法大学出版社，2000，第61—87页；张洪涛：《司法之所以为司法的组织结构依据》，《现代法学》2010年第1期，第40页。

权在上级法官这个"行政化"层级得到第三次纵向分享,进一步提高案件决策的层级,降低外部不确定性职业风险。如在许某案的第二次判决时,就经过了最高人民法院的批准,大大地降低了法院法官的职业风险,也导致了法官决策权在不同法院之间的分享。

"行政化"的第五个层级集中体现在法院系统以外的政府(E_2)身上。当上级法官这个"行政化"层级还不足以降低外部不确定性职业风险时,合议庭及其法官还会将案件提交到法院系统以外的本院同级政府和上级法院同级政府,向对口的部门(如政法委)请示汇报,请求给予业务指导和批示。这样,一方面使案件的判决在政府这个"行政化"层级得到同意,使案件判决的权威性和合法性能得到法院系统以外的政府系统的支持和肯定,另一方面,也使法官的决策权在法院系统以外的政府系统内得到第四次纵向分享,将法官承担的外部不确定性职业风险降低到最低限度。这种情形在目前刑事误判案件中较为普遍地存在;❶ 再如刘某案,也存在这种情形。❷

这种通过"纵向分权"方式降低职业风险的过程,自上而下地看就是决策"行政化"过程,是行政权力干预案件决策权的结果。但自下而上地看,则是合议庭及其法官主动规避职业风险的过程,有降低、规避职业风险的内在需求。第一,从现行法律规定来看,只有审委会、上级法院在特殊情形下,可以提审或调阅合议庭正在审理的案件。但从实证研究的情形看,这种情形在实际中较少出现,如最高人民法院提审案件的情形只在刘某案中使

---

❶ 陈永生:《我国刑事误判问题透视》,《中国法学》2007 年第 3 期,第 56 – 57 页。
❷ 苏力:《道路通向城市——转型中国的法治》,法律出版社,2004,第 289 – 308 页。

用一次；再如，高级人民法院对下一级人民法院提交的案件大量使用"发回重审"，而一般不主动启动"提审程序"。❶ 因此，在司法实践中，大量的情形是在法律无任何正式规定情形下，合议庭主动提出的，而且"乐此不疲"。❷ 第二，即使是上级干预，也没有必要采取这种组织化方式。这种组织化方式，只会增加行政干预的不确定性和难度。比较而言，个人化方式比组织化方式更便于也易于行政干预；换言之，行政干预一群人，而且是一群在法院中有一定影响力和地位的人，比干预少数三个或一个人，而且是在法院中地位较低的人，更容易，更便捷，也更保险。因此，行政干预的说法，无法自圆其说。第三，在法院实施错案追究制、人大个案监督等制度时，案件上审委会或上一级法院的比例呈现出显著增加的趋势；其中，既有法律规定的事实和法律适用上的疑难案件，更多的是法律上较为简单的案件，如行政案件、关系难办的案件等。这些案件的共同特点是不确定性及其风险较高，而不是涉及的法律复杂。❸ 第四，从一般人的角度看，"多一事不如少一事"，"风险厌恶"是人们的普遍心理特点，❹ 一般的人都没有内在驱动力去增加自己的工作负担，去冒一些无意义的风险。如果行政要干预合议庭审理案件，只会增加行政级别较高者的工作压力和工作负担，只会提高自己的风险系数，使自己处于风口浪尖。这与人的本性相违背。第五，在委托人－代理人关系中代理人的激励机制设计上，当代理人取得的收入较为固定时，代理人则是风险

---

❶ 苏力：《道路通向城市——转型中国的法治》，法律出版社，2004，第 297 - 303 页。
❷ 贺卫方：《司法的理念与制度》，中国政法大学出版社，1998，第 119 页。
❸ 详细论述，参见张洪涛：《审判委员会法律组织学解读——兼与苏力教授商榷》，《法学评论》2014 年第 5 期。
❹ 波斯纳：《法官如何思考》，苏力译，北京大学出版社，2009，"代译序"，第 13 页。

规避者。● 中国法院的法官作为委托人政府的代理人,取得的工资收入较为固定,一般都是职业风险规避者,不愿意额外承担外部不确定性职业风险。●

综上所述,A_2—B_2—C_2—D_2—E_2 的过程,既是中国法院法官审判型纵向分权式决策的"行政化"不断扩大化的过程,希望自己的司法判决获得更大范围和更高层级的同意,因此也是判决的权威性和合法性不断提高,外部不确定性职业风险不断降低和法官抗外部不确定性职业风险能力不断提高的过程;与此同时,也是决策权在纵向上不断被分享,司法确定性不断降低的过程,因此也是一个去司法化的过程(如图 4.2 所示)。相反,E_2—D_2—C_2—B_2—A_2 的过程,既是中国法院法官纵向审判型分权式决策的"行政化"不断降低的过程,也是司法判决的可接受性和合法性不断降低的过程,因此也是法官面临的纵向不确定性风险不断增大和法官抗外部不确定性职业风险能力不断降低的过程;与此同时,也是决策权在纵向上被分享的程度不断下降,司法确定性不断增加的过程,因此也是一个司法化的过程(如图 4.2 所示)。

六、法官压力何以消解:调审型纵-横向分权式决策的去司法化

学术界在研究中国法院"行政化"与"民主化"时,与研究调解与审判一样,也往往采取静态的分解式研究策略。但那不是中国法院的现实,中国法院的现实是,法官在消解外部压力时,

---

● 黄亚钧、姜纬:《微观经济学教程》,复旦大学出版社,1995,第 307 页。
● 一般化论述,参见波斯纳:《法官如何思考》,苏力译,北京大学出版社,2009,第 117 – 146 页。

并不是调解型横向分权式决策的"民主化"或审判型纵向分权式决策的"行政化"的单独运用，往往采取调审型纵－横向分权式决策的去司法化方式。为此，我们应进一步转入动态的混合研究，研究"行政化"与"民主化"的合成理论。

客观地讲，司法决策的"民主化"即 $A_1—B_1—C_1—D_1—E_1$，可以让更多的人参与司法决策，民意和信息能得到最大程度的释放，有利于提高其合法性，最大限度地保障司法公正，消除司法腐败，降低法官的职业风险，等等。❶ 但决策的民主化既是优点也是缺点。由于司法决策权分散，效率难以保障，决策主体分散带来的责任主体及其责任也不明确，易导致决策的随意性和易变性，司法确定性难以保障，等等。因此，司法决策的民主化不能泛泛而谈，并非越民主化就越好，越公正，而应是一定限度一定层面的民主化，甚至在一定情形下需一定程度的专制或寡头制即"行政化"来弥补其不足。根据世界各国惯例，司法民主化只是合议庭层面的"小民主化"（如图 4.2 中 A_1），不是整个法院层面甚至法院以外更大社会层面的"大民主化"（如图 4.2 中 $B_1—C_1—D_1—E_1$）；是间接民主化而不是直接民主化；是精英民主制而不是大众化的民主制；是民主的技术化而不是民主的道德化或意识形态化。❷

同样，司法"行政化"既有缺点也有优点。司法决策的行政化即 $A_2—B_2—C_2—D_2—E_2$，由于决策权相对集中，因此，既获得了效率，决策主体集中带来的责任主体及其责任也明确了。从司

---

❶ 在这个问题上，苏力对审判委员会的研究体现得较为突出，详细论述，参见苏力：《送法下乡——中国基层司法制度研究》，中国政法大学出版社，2000，第 115－123 页。

❷ 波斯纳：《法律、实用主义与民主》，凌斌、李国庆译，中国政法大学出版社，2005，第 156－290 页。

法兼顾效率的角度看，一定程度的"行政化"在理论上是必要的。法律实践中，行政化也是世界各国共有特征，只是程度不同。❶ 但在研究中国法院"行政化"时，有夸大化嫌疑，尤其是夸大其对我国法院审判独立等的负面影响。实际上，司法行政化也有其优势，如在立法质量较高、没有法律洞前提下，司法行政化还有利于合法律性和司法效率的提高，有助于责任的明确，也有益于司法廉洁和司法确定性的实现，等等。这也许就是错案追究制、人大个案监督、院长引咎辞职等行政化措施在我国法院司法改革中不断上演的真正原因。

但当司法"行政化"与立法阶段的法律洞尤其是司法阶段"民主化"结合以后，原来那种"行政化"因决策"民主化"带来的责任分散和效率低下而可能异化为一种规避责任风险的方式，既降低了"行政化"的效率，也使之从"行政化"的责任界线明确变为责任模糊，从保障司法确定性的方式变质为不断蚕食、损害、降低司法确定性的方式，异化为中国法院的去司法化甚至反司法化。在这个意义上，"民主化"是"行政化"的条件，是"行政化"不断提高的动力。有"民主化"模糊、消解"行政化"的责任和风险压力，使"行政化"的集中决策以"民主化"的集体决策形式出现，解决了决策行政化承担责任的后顾之忧，从而使决策与决策带来的相应责任脱离，真正享有决策权的人无须承担责任至少无须承担全部责任，或者因决策"民主化"而使责任高度分散，只承担其中很小一部分的责任。原先设计用来监督司法、防止司法腐败的司法"民主化"，反而使司法失去了监督，更容易

---

❶ 波斯纳：《法官如何思考》，苏力译，北京大学出版社，2009，"代译序"，第8页。

产生司法腐败。也许正是这个原因,世界各国和地区在司法阶段都实行精英民主制、间接民主制,甚至不惜以专制、寡头制来弥补其不足,如美国、新加坡、中国香港特别行政区的法院系统,尤其是美国联邦法院系统就是如此。❶ 正是这种非民主的寡头制司法体制,使得美国、新加坡、中国香港特别行政区的司法更廉洁,也更高效;相反,实行司法民主制国家的司法没有美国司法廉洁高效。❷

而决策"民主化"因"行政化"的介入,使原先因"民主化"而带来的公正也被"行政化"消解、扭曲、抽离,最后只落得"民主化"的空壳和形式。而且这种"民主化"在"行政化"的不断裹挟下得以不断扩展,每一次"行政化"过程同时也伴随着"民主化"过程:当案件因"行政化"纵向上升到庭长阶段时,"民主化"在庭务会横向展开;当案件因"行政化"纵向上升到院长阶段时,"民主化"在审判委员会横向展开;依次类推,直至最高人民法院甚至法院系统以外的政府系统。因此,司法决策"行政化"也使中国法院司法失去了司法决策"民主化"所应具有并被司法制度设计者所追求的"公正"和"正义"。

相反,如果没有"民主化"伴随,"行政化"就失去了动力;如果没有"行政化","民主化"就不会不断扩展;而"民主化"的不断扩展,又为新的"行政化"提供了新的动力;而新的"行政化"又为新的"民主化"的扩展提供了可能。这就是苏力所发现的"两者的相互强化和支持"❸:没有前者,后者难以实现,前

---

❶ 波斯纳:《法律、实用主义与民主》,凌斌、李国庆译,中国政法大学出版社,2005,第156-290页。
❷ 苏力:《法条主义、民意与难办案件》,《中外法学》2009年第1期,第107页。
❸ 苏力:《送法下乡——中国基层司法制度研究》,中国政法大学出版社,2000,第78页。

者是后者的前提；没有后者，前者也难以扩展，后者是前者的条件。

综上所述，中国法院法官"民主化"与"行政化"的融合过程，既是两者各自优点抵销过程，也是其各自缺点相结合过程，使中国法院在整体上可能呈现一种"公正与效率双低"的现象。❶ 随着"民主化"$A_1—B_1—C_1—D_1—E_1$ 与"行政化"$A_2—B_2—C_2—D_2—E_2$ 的过程，调审组织也相应地经历了 $A_3—B_3—C_3—D_3—E_3$ 的过程。因此，$A_3—B_3—C_3—D_3—E_3$ 的过程，既是中国法院法官调解型横向分权式决策的"民主化"和审判型纵向分权式决策的"行政化"不断扩大的过程，希望自己的司法判决能获得横向上更大范围和纵向上更高层级的同意、接受和认可，因此也是合法性和权威性不断提高，横向和纵向外部不确定性职业风险不断降低和法官抗外部不确定性职业风险能力不断提高过程；与此同时，也是决策权在横向更大范围和纵向更高层级上不断被分享，司法确定性不断降低的过程，因此也是一个去司法化的过程（如图4.2所示）。相反，$E_3—D_3—C_3—B_3—A_3$ 的过程，既是中国法院法官调解型横向分权式决策的"民主化"和审判型纵向分权式决策的"行政化"不断降低的过程，也是司法判决横向和纵向的可接受

---

❶ 在法院审判效率方面，根据现有的实证的统计资料和研究，截至2004年底，全国共有法官190 627人，法官与人口比为1∶6819，大大高于日本（1∶57 900）、英国（1∶55 000）和美国（1∶19 900）；但总体效率不高，2004年中国法官年均审案约26.5件，而美国法官年均审案在300至400件。（参见徐昕：《迈向社会和谐的纠纷解决》，中国检察出版社，2008，第50－51页。）在法院审判公正方面，从民事上诉率、民事再审率、诉讼信访案件、执行率的统计资料来看，都处于高位。1990—2005年的民事上诉率平均维持在20%左右，1990—2005年的民事再审率在10.9% ~25.6%徘徊；1992—2004年的涉讼信访案件年均在416.8万~1069万件徘徊，1994—2006年的执行率保守的估计大致在40% ~50%。（参见徐昕：《迈向社会和谐的纠纷解决》，中国检察出版社，2008，第32－36页。）

性和合法性不断降低的过程，因此也是法官横向和纵向不确定性风险和压力不断增大与抗外部不确定性职业风险能力不断降低的过程；与此同时，也是决策权横向和纵向上被不断分享，司法确定性不断增加的过程，因此也是一个司法化的过程（如图 4.2 所示）。

七、结语：消解压力方式的影响及其制度化解决的建议

"初民社会强调非正式的保险安排，这是同没有其他替代性保险机制相联系的。"❶ 同样，中国法院及其法官由于没有西方那样的正式职业保障制度，也形成了中观层面的调审组织，微观层面的调解型横向分权式决策的"民主化"和审判型纵向分权式决策的"行政化"以及调审型纵－横向分权式决策的去司法化等四种方式的消解外部不确定性风险和压力的非正式职业保障制度，满足了自己合理的制度需求。但这种降低外部不确定性风险和压力的非正式职业保障制度，实质是以不确定性应对不确定性，以牺牲司法确定性为代价而获得的。

其次，这种以不确定性来应对外部不确定性风险和压力的方式，会给司法带来更大的不确定性，在西方一般不会进入法院的常规案件，在中国也有可能进入法院，而那些非常规的疑难法律案件，由于风险系数较高而不愿进法院，出现一种"逆向选择"的现象，即使是那些无理的人也要"无理上访"、也要"缠讼"❷，形成中国法院中"大闹大解决，小闹小解决，不闹不解决"和"案多人少"的现象，弱化甚至异化了法院的解纷功能。

---

❶ 波斯纳：《正义/司法的经济学》，苏力译，中国政法大学出版社，2002，第 8 页。
❷ 陈柏峰：《无理上访与基层法治》，《中外法学》2011 年第 2 期，第 232 页；《缠讼、信访与新中国法律传统》，《中外法学》2004 年第 2 期，第 237 页。

另外，这种降低法院及其法官职业风险的非正式职业保障制度，在所有直接或间接参与决策的主体之间往往形成一种连带责任。在这种连带责任职业保障制度的保护下，司法判决受法律的约束得以软化，甚至可能成为"脱缰的野马"；在这种连带责任职业保障制度的影响下，尤其是当政府系统（包括公安、检察）都参与了决策权的分享而形成事实上的连带责任时，会使法院系统外部的公检法之间的权力制约监督失灵；在这种连带责任职业保障制度的作用下，尤其是当整个法院系统都参与了决策权的分享而形成事实上的连带责任时，会使法院系统内部的审级制度失调、上级法院纠错功能失灵；❶ 在这种连带责任职业保障制度的庇护下，司法腐败的风险大大降低，呈现出群体化、单位化、组织化的特征；❷ 在这种连带责任职业保障制度的保护下，法官的法律素质即使很差，也会被掩盖，不会对司法审判产生较大影响，使法官整体素质难以提高……

要想消除上述不利制度性影响，实现中国法院的司法化和制度性司法确定性，必须针对司法的高风险特征，建立三位一体的正式职业保障制度，降低甚至消除法院及其法官外部不确定性职业风险和压力，以取代目前这种得不偿失的以牺牲司法确定性为代价的非正式职业保障制度。

首先，在整体上，必须坚持用制度管权、管事、管人，让人民监督权力，让权力在阳光下运行，把权力关进制度"笼子"；构建决策科学、执行坚决、监督有力的权力运行体系，形成科学有效的权力制约和协调机制；加强反腐败体制机制创新和制度保障，努力实现干部清正、政府清廉、政治清明。

---

❶ 陈永生：《我国刑事误判问题透视》，《中国法学》2007 年第 3 期，第 56-58 页。
❷ 徐昕：《迈向社会和谐的纠纷解决》，中国检察出版社，2008，第 62-63 页。

其次，在立法上，应改变目前低（零）成本立法政策，加大对立法尤其是立法中的中国元素的投入，如通过发挥政府在法治创新市场中的宏观调控作用，改目前"学科导向型"创新体制（包括计划性资源配置方式、投资体制、组织运作模式和评价机制）为"需求导向型"创新体制（包括市场性资源配置方式、投资体制、组织运作模式和评价机制），设立有针对性的国家社科基金项目，引导中国法学对这个方面的研究和投入，尽量有效地填补、减少立法中的法律洞，尽最大力量真正实现司法与立法在解决合法律性与合法性上的制度分工，为中国法院及其法官提供立法层面的抵御外部不确定性风险的制度化"隔离带"。

再次，在司法上，由于客观原因，我国在立法中不可能完全彻底地消灭法律洞，只能减少法律洞，因此，我们必须深化司法体制改革，加快建设公正高效权威的社会主义司法制度，通过制度分工，确保依法独立公正行使审判权，健全司法权力运行机制，为中国法院及其法官提供司法层面制度化"防火墙"。其一，在横向制度分工上，在法院内部设立与西方陪审团功能类似的专门处理合法性的司法组织，如将调解从法院审判中独立出来，成立独立的调解庭，来处理与陪审团类似的问题。这样，既可以将泛民主化改造为精英民主制，为法院法官建立制度化的司法"防火墙"，并切断法院行政化的条件——"民主化"，又可以硬化法院的组织结构，收窄法院审判的职能范围，使法院专注于司法审判和确认规则，实现中国法院的司法化。其二，在纵向制度分工上，建立中国法院系统内部的初审法院与上诉审法院，实现两者在解决合法性与合法律性上的制度分工。

最后，在微观上，不论是宏观层面立法与司法的制度分工，还是中观层面的司法制度分工，最后都必须落实到微观层面人的行为上，因此，要实现中国法院法官与公务员的分类管理制度，为法院法官建立正式的有关任期、工资、晋升等方面的职业保障制度和人权司法保障制度，为中国法院法官提供抵御外部不确定性风险、实现中国法院司法化的制度化屏障和保护。

CHAPTER 05 >> 第五章

审判委员会法律组织学解读

一、引论：问题与视角

学界对审委会有两种观点：以贺卫方为代表的文化论或规范论，强调负面作用，主张废除之；❶ 以苏力为代表的社会结构与功能论（简称社会论，下同），认为利大于弊，应保留之。❷

后者尽管受到前者的普遍反对和批评，但由于

---

❶ 贺卫方：《中国司法管理制度的两个问题》，《中国社会科学》1997年第6期；贺卫方：《关于审委会的几点评论》，载《北大法律评论》第2期，法律出版社，1998；王祺国、张狄秋：《论审判独立的双重属性》，《法律科学》1989年第3期；吕亚中：《关于完善审委会工作制度的思考》，《法学》1996年第5期。

❷ 苏力：《基层法院审委会制度的考察及思考》，载《北大法律评论》第2期，法律出版社，1998；该文后收入苏力《送法下乡——中国基层司法制度研究》（中国政法大学出版社，2000）一书第三章。本章简称为"苏力文"；涉及该文内容时，不另行注释。另从宏观社会结构角度讨论中国法院问题的文章较多，如徐亚文、童海超：《当代中国地方法院竞争研究》，《法学评论》2012年第1期，在此不一一列举。

采用了实证研究方法,从社会结构和功能论角度,将审委会与中国社会结构(即熟人社会)、法官降低职业风险的合理制度需求联系起来,又受到法律和司法实践的支持,居于优势地位。但其研究角度也存在弊端,笔者尝试从组织结构-功能论(简称组织论,下同)角度探讨之。这种研究角度主要有以下三个方面好处:

第一,可避免社会论结构与功能的脱节,实现两者的结合。社会论的结构是社会结构,处于宏观层面,功能是审委会对法官的功能(以下简称"对法官的功能"),并不处于宏观层面,两者无法结合。组织论的结构与功能都处于中观层面,可将两者结合起来。

第二,可避免社会论宏观与微观的脱节,实现两者的结合。社会论关注宏观社会结构,缺乏组织论的中观环节,易导致宏观与微观的脱节。组织论通过利用中观沟通宏观与微观的桥梁作用,可实现两者的结合。❶

第三,可避免社会论观念制度与技术制度的脱节,实现两者的统一。法治不只是理想,更是一种组织技术,"最好是把法治理解为一种独特的机构体系而非一种抽象的理想"。❷ 在这个意义上,中国法治更可能是各法律组织及其内部组织结构与组织功能之间的分工与配合问题,组织论因此能实现观念制度向技术层面的推进,实现两者的统一。社会论即使科学,也无法操作化(熟人社会至少在短时间内不能改变并完全从社会中消除);与文化论一

---

❶ 本章研究没有这个特征,只是为了给读者一个完整的印象,才一并加以讨论。这个研究特征,参见张洪涛:《司法之所以为司法的组织结构依据》,《现代法学》2010年第1期;《法律洞的司法跨越——关系密切群体法律治理的社会网络分析》,《社会学研究》2011年第6期。

❷ 诺内特、塞尔兹尼克:《转变中的法律与社会》,张志铭译,中国政法大学出版社,2004,第59页。

样，只能停留在观念制度层面，无法在技术层面展开，不可避免地存在两者的脱节。

二、审委会"十字形"组织结构

针对学界研究审委会历史唯心主义——如规范论、文化论与道德主义——的不足，苏力提出了经验主义、功能主义、实用主义（三者有一致之处）的分析进路和历史唯物主义理论框架，将审委会归结于当前中国基层熟人社会，大而言之就是转型社会或中国的现代化没有全部完成；❶ 归纳起来——在笔者看来——就是社会结构与功能论。与文化论相比，社会论值得肯定，但将审委会归于中国基层熟人社会，似乎有简单化和牵强附会之嫌。

第一，熟人社会在任何社会及其任何时期都存在，❷ 而且很可能是古代社会的主要形式，❸ 为何只有中国当代社会才存在审委会？现代西方国家为何未出现类似制度？而且古代社会为何未出现这类制度？这是熟人社会理论无法解释的。

第二，假如按苏力的解释和逻辑，中国基层社会是熟人社会，因此产生了中国基层法院的审委会，但为何在中国城市尤其陌生人占绝大多数的特大型城市也存在审委会？为何在远离熟人社会的中国法院系统中的高级人民法院甚至最高人民法院也需要审委会，甚至可以说后者对审委会的需要比前者更强烈？这些问题也

---

❶ 从苏力整本书（《送法下乡——中国基层司法制度研究》，中国政法大学出版社，2000，尤其是第一章）看，这一点更明显。

❷ 埃里克森：《无需法律的秩序》，苏力译，中国政法大学出版社，2003，特别是第217－223页；贺卫方：《关于审委会的几点评论》，载《北大法律评论》第2期，法律出版社，1998。

❸ 布莱克：《法律的运作行为》，苏力译，中国政法大学出版社，1994，第43－72页。

是熟人社会理论无法解释的。

第三，这种理论由于与社会结构联系了起来，会使人产生一种下意识认同，节约了人们的思索成本，但可能会阻止人们深入研究，尤其是向技术层面推进的研究。这与苏力批评的意识形态化和道德化有异曲同工之妙。❶ 在这个意义上，熟人社会理论（甚至包括社会转型等理论）也是一种意识形态化、道德化理论，而且可能是一种更具隐蔽性——无其名但有其实——的意识形态化和道德化理论。

第四，这种熟人社会理论也不利于人们的有关行动。社会结构的改变不是一朝一夕的，人们在审委会面前无能为力；即使这种制度有着许多这样或那样的问题，也只能"认命"。苏力也意识到这点，因此告诫人们：尽管如此，我们还是要有耐心，也要有追求。可见，即使这种社会论是科学的，行动上也没有建构意义，无助于人们的行动。❷

总之，我们要将审委会产生的原因从宏观的社会结构层面推进到中观的组织结构层面，从观念层面推进到技术层面，从外部社会原因转向自身制度原因的追寻。在笔者看来，审委会产生的原因与司法自身的特点有紧密联系。与立法不同，司法涉及具体人及其具体利益甚至生命，因此，司法及其司法者是一种高风险、高对抗性的行业和职业。❸ 为此，西方通过宏观、中观和微观层面

---

❶ 苏力：《也许正在发生——转型中国的法学》，法律出版社，2004，第122–158页。
❷ 这种社会结构论解释，在法学界有一定的普遍性。参见艾佳慧：《调解"复兴"、司法功能与制度后果》，《法制与社会发展》2010年第5期；孟涛：《论当前中国法律理论与民意的冲突》，《现代法学》2010年第1期；史长青：《调解与法制：悖而不离的现象分析》，《法学评论》2008年第2期；郭玉军、孙敏洁：《美国诉讼和解与中国法院调解之比较研究》，《法学评论》2006年第2期。
❸ 波斯纳：《法理学问题》，苏力译，中国政法大学出版社，1994，第8页。

的制度分工，建立了三位一体的职业保险制度。❶ 但在我国，法院及其法官面临的职业风险并不亚于西方，❷ 却没有为其提供职业保险制度，因此，中国法院及其法官就需借现有正式制度之名，来达到形成非正式的职业保险制度之实。审委会就是如此，虽名为解决疑难法律问题，实为降低职业风险。审委会的这种功能，苏力文也有所提及，但未提到如此高度；而这正是本章所强调的。

为何审委会具有这种功能呢？这是由其组织结构决定的。第一，从正式法律规定看，审委会实行一人一票、少数服从多数原则，所有成员平等，是一种同等结构。❸ 但组成审委会的成员一般有行政级别，不能不对审判产生影响甚至决定性影响。❹ 第二，审委会作为嵌入中国法院的审判组织，不能不受中国法院实际存在的行政化的等级结构的制度背景影响。❺ 第三，最为重要的是，审委会成员只是在法院有一定行政级别的人员，将重大利益涉及者（当事人及其律师）排除在外（这个问题涉及审委会组织边界问题，详见本章的下一节），甚至在一定情形下参与庭审的承办法官

---

❶ 为了研究的方便，笔者将西方有关立法与司法的分工、司法内部的制度分工以及法官任期、薪资、晋升等有关针对司法职业风险而实施的降低风险的制度统称为"职业保险制度"。

❷ 苏力：《送法下乡——中国基层司法制度研究》，中国政法大学出版社，2000，第122页。

❸ 组织内的职位关系就是其组织结构，横向职位关系称为同等结构，纵向职位关系称为等级结构。参见刘祖云等：《组织社会学》，中国审计出版社和中国社会出版社，2002，第249页；张洪涛：《司法之所以为司法的组织结构依据》，《现代法学》2010年第1期。

❹ 贺卫方：《关于审委会的几点评论》，载《北大法律评论》第2期，法律出版社，1998；苏力：《送法下乡——中国基层司法制度研究》，中国政法大学出版社，2000，第61-87页。

❺ 苏力：《送法下乡——中国基层司法制度研究》，中国政法大学出版社，2000，第61-87页；张洪涛：《司法之所以为司法的组织结构依据》，《现代法学》2010年第1期。

也不能参与其投票决策，其组织决策在一定程度上脱离了当事人甚至包括合议庭的控制和监督范围，当事人在组织决策面前只能服从。因此，从当事人及其代理人与审委会成员之间的关系看，是一种服从与被服从的关系，即等级结构。

　　第四，如果从动态角度看，这两种因素——同等结构与等级结构——又是交叉重叠地存在于审委会；换言之，审委会的组织结构具有"二元性"："外显结构"是同等结构及其"民主化"集体决策方式，"潜层结构"则是等级结构及其"行政化"集中决策方式。❶ 这种组织结构还是一种极具弹性的双向——横向与纵向——混合的"十字形"组织结构，❷ 两者之间还有较强的张力和策略空间，因此也是一种"超稳定"的组织结构。在制度层面，如果等级结构体现为中国法院的审判，同等结构表现为中国法院的调解，❸ 那么，审委会这种"十字形"组织结构还表现为调与审的合一。在这个意义上，审委会还是中国法院实行调审合一司法体制的结果，将审委会改为调审会更名副其实。

　　正是这种极具弹性的双向混合的"十字形""超稳定"组织结构，使之能消解各种各样的外部不确定性风险；即使是与现行法律存在不一致甚至激烈冲突的结构性风险，也能有效地制度化消解。如苏力在文中提到的那个"刑事案件"，案情和法律责任较为清晰，但法院迫不得已地通过审委会对这个并不存在违法更别说犯罪的行为作了有罪判决。为何审委会能满足死者家属的非法要求，能制度化地作出这种不惜冒违背法律风险的司法判决呢？为

---

❶ 李金：《中国社会组织的二元性及其问题》，《改革》1991 年第 6 期。
❷ 笔者之所以称之为"十字形"，一可以形象描述其组织结构及其不确定性，二可以形象描述嵌入结构中人的心理和行为像处于"十字路口的人"一样茫然而不确定。
❸ 张洪涛：《司法之所以为司法的组织结构依据》，《现代法学》2010 年第 1 期；《调解的技术合理性——一种中观的组织结构 - 功能论的解读》，《法律科学》2013 年第 2 期。

何死者方能与法院讨价还价，可以达到非法程度，并得到法院制度化承认（判决书）呢？这是由审委会极具弹性的双向混合"十字形"组织结构决定的，如果来自横向的社会压力如民意较大，就以同等结构或调解面貌出现，死者家族就可与之讨价还价；如果来自纵向的压力如行政干预较大，就以等级结构或审判的面貌出现，制度化地满足政府"保持安定团结"的要求；如果两者兼有且目标和要求一致时，就以"十字形"纵－横双向的同等—等级组织结构和调－审合而同一体制来迎接这种挑战；即使其中有突破法律禁止性规定，也可制度化地予以应对和满足。相反，如果审委会不是实行"民主化"集体决策方式，将一个人或几个人承担的冒违背法律的风险分散由整个法院中有一定地位的法官来承担，谁敢作出违背法律的判决呢？谁又能冒违背法律的风险呢？即使是院长，也不例外。

三、审委会存废的标准："对法官的功能"抑或组织功能？

审委会之所以存在在于其实际功能，而不是法律条文规定的功能。因此，苏力针对规范角度的不足，提出了功能论的实证研究方法，将其实际功能作为存废的依据。这也是笔者在此选取的研究进路，是讨论审委会存废的大前提，尽管社会论与组织论进路存在差异。

其次，苏力针对主张取消审委会的两个理由，即不合国际惯例和影响审判独立，尤其是后者，运用从法官那儿获得的实证资料，着重从以下两个方面论述了审委会并不影响审判独立的理由。第一，在理论上，利用审判独立这个概念本身的相对性来反击规范论的观点——审委会影响审判独立因此要取消。审判独立并不是审判完全不受任何因素的影响，审判独立甚至以受某些因素（如当事人提供的法律、证据、律师的辩护权等）的影响为必要条件。因此不能笼统地望文生义地认为审判独立就是司法不受任何因素的影响,如果审委会影响了审判独立就应取消之,而应语境化地考察审委会如何影响审判独立,实际结果如何。

第二,在实践上,运用从法官那儿获得的大量实证材料,尤其是法官主动将案件提交审委会的大量事实,并有针对性地深入访谈了审委会成员和非审委会成员,回答了规范论者作为否定或取消审委会依据的一些问题,以论证规范论者所提出的理由不存在,审委会不仅未影响法官的审判独立,相反在一定情形下有助于法官的审判独立。

相对于规范论,苏力的论述应该说比较充分,但也存在一些问题。第一,在实证材料上,大量运用来自法官方面的材料,缺乏来自当事人,尤其既能反映法官方面又能反映当事人方面实际情形的经过审委会审理后的司法案件方面的客观材料。这一点也被苏力在文中提到,并作了一定的交代和说明。

第二,受资料限制,苏力还存在主观片面之处,过分强调了法官的角度。在这个意义上,苏力研究的审委会功能也是法官通过提供资料而间接宣称的功能,存在主观片面之处。

第三,苏力研究的最大不足就是将审委会的同等结构因素和等级结构因素分开来进行理念化的、孤立的、静态的研究,而且特别强调了前者——如文章的第四、五、六节——及其"民主化"决策方式,只是在第七节谈到了后者及其"行政化",因此得出了审委会利大于弊的结论。这虽是研究策略上的需要,但它不是审委会实际运作状况;其"实"是两种结构因素的化合或重叠,是调审合而同一。对此,苏力并未研究"司法制度的合成理论",❶

---

❶ 苏力:《司法制度的合成理论》,《清华法学》2007年第1期。

而是将理念化的、孤立的、静态的研究视作现实的研究。在这个意义上，与规范论一样，苏力的研究也不是一种现实的研究，尽管宣称是建立在实证资料基础上的对审委会的功能主义实证研究。如果将两者化合重叠起来，审委会"对法官的功能"就值得质疑。

第四，即使撇开这些不足不谈，是否能将规范论提出的取消审委会的理由驳倒以后就可以作为其保存下来的理由呢？正如某人不是坏人也不可以据此推断出他是好人一样，也不能从审委会未影响法官审判独立就据此推断出应保留之；即使审委会未影响甚至有助于审判独立，也不能作为其存在的依据。这是因为：审判独立只是手段，是实现审委会功能价值的制度手段，而不是审委会功能本身，因此，审委会即使影响了作为实现司法目的——公正与效率——的手段的审判独立，并不意味它必然影响审委会的功能，甚至它还会有助于审委会功能的实现；其二，如果将审委会是否影响法官的审判独立作为存废的依据，就违背了上述的功能标准，因此，作为审委会存废的标准只能是其功能，而且必须是其实际功能，不能是审委会是否影响了其手段即审判独立。苏力也意识到这一点，因此在批驳了规范论后，进一步阐述了审委会的功能，尤其是其"对法官的功能"。

接下来的问题就是审委会"对法官的功能"是否能作为其存废的标准？换言之，审委会存废的标准是组织功能还是"对法官的功能"？两者有何区别和联系？

第一，审委会作为一种组织，有自己的组织目标，与作为构成这个组织的主体法官的目标并不总是一致。这是因为：给组织带来利益最大化时，并不一定给组织中的人带来利益最大化，甚至会给组织中的人带来更大的风险，如上述"刑事案件"中的警察严格执法；而给组织中的人带来利益最大化时，可能会给组织带来巨大的损失,如贪污受贿。假如审委会的终极目标是司法公正,那么组织中的人为实现这个目标,必然会与权贵的利益发生冲突,这样就会给自己带来巨大的风险;❶ 相反,组织中的人为了降低自己承担的风险,符合自己利益最大化的目标,可能会以牺牲组织目标为代价。

第二,审委会的组织功能与"对法官的功能"并不总是一致,尽管两者有内在联系。如审委会对法官而言有降低职业风险的功能,具有一定的合理性,但它以分享合议庭的审判权、牺牲司法确定性为代价。因此,审委会对法官有用的功能,不一定是有助于审委会组织功能的实现,甚至以牺牲审委会的组织功能为代价。

第三,审委会是中国法院的具体制度,首先是司法组织,要以服从司法组织的功能——公正与效率——为前提。这就要求审委会的存废必须以司法组织功能为唯一的、最根本的功能依据,而不能以审委会"对法官的功能"为其存废的功能依据。

第四,还有一个审委会的组织边界问题。通说认为,组织边界应该限于组织中正式成员(如法官)。但目前还有一种学说认为,组织的边界不应该仅限于此,还应包括其他利益涉及者(如当事人)。❷ 在这个意义上,当事人也应是其组织成员,尽管他/她没有亲自参与审委会活动,但至少应通过合议庭的人员如案件汇报人参与审委会活动。而且从审委会的组织目标看来,审委会对当事人的功能比"对法官的功能"更为重要。这不仅是"司法为民""司法便民"等意识形态化的理由,更重要的它是审委会首先作为司法制度存在的社会根基。这一点对一个近代才从西方引进

---

❶ 波斯纳:《法理学问题》,苏力译,中国政法大学出版社,1994,第 8 页。
❷ 周雪光:《组织社会学十讲》,社会科学文献出版社,2003,第 9 页。

过来的本身缺乏社会根基的司法制度以及作为司法制度的审委会来说，无异于自己的"命根子"。

当然，笔者强调审委会对当事人的功能，并不意味着完全否定审委会"对法官的功能"及其合理性，也不意味着审委会的存废要以其对当事人的功能为依据。笔者只是要说明只以"对法官的功能"为其存废的依据是片面的，也是不合理的。笔者仍然强调审委会存废的标准只能是其组织功能，既不是其"对法官的功能"，也不是其对当事人的功能；正如氧气与氢气发生化学反应后生成了一种新物质水一样，也不是两种功能的简单相加，而是作为一种新的"物质"即组织的独立功能。如果将组织功能作为存废的标准，那么它就不仅要考量"对法官的功能"，更应该考量对当事人的功能；不仅要考察对作为组织构成主体的功能，更应该考察自身的组织功能。在这个意义上，审委会的组织功能标准比"对法官的功能"标准更全面、更客观，也更科学。

总之，决定一个组织存废的标准只能是其组织功能，而不是这个组织对构成这个组织中部分成员的功能；对审委会而言，其存废标准只能是其组织功能，而不是其对构成其部分成员尽管是最为重要的成员如法官的"对法官的功能"，而且必须是实际的组织功能，而不是其所宣称的组织功能。

四、审委会实际的组织功能

审委会的组织功能并不是能随意设计的，也不是法官或当事人所宣称的，而是由其组织结构决定的。如果只有主观良好的组织功能设计，而没有相应的技术层面组织结构保障，这种组织功能就不可能实现。因此，在完成了从反面论述审委会存废的标准不能是其"对法官的功能"后，还必须进一步地从组织结构的角度，对苏力所论述的审委会"对法官的功能"——加以辨析，正面阐述审委会实际的组织功能，以保障我们研究的审委会组织功能是其实际的组织功能。

首先，从审委会组织结构是否能抵御外来非法律因素——如行政干预、民意、司法腐败等——的影响看，苏力强调了审委会同等结构及其"集体决策方式"，因此得出了审委会具有一定的抵御外部行政干预的功能。但从审委会实际的组织结构看，审委会是一种极具弹性的"十字形"组织结构，不具有抵御外来行政干预的功能。在此，我们可以假设审委会采取的是一种比较明确的决策方式——如等级结构所决定的决策主体是院长——而不是现在"十字形"组织结构所决定的不确定的决策方式，那么，当有外部行政干预时，院长就会以法律为由来抵御这种行政干预。这是因为，院长一旦按照行政干预的意志来判案，就有违背法律而受法律处罚的可能。但由于"十字形"组织结构所决定的决策方式的不确定性，使这种行政干预可以以同等结构决定的"民主化"集体决策方式出现；在这种情形下，院长即使迎合了行政干预，并通过审委会的等级结构因素进入其决策中来，也无须他一个人来承担责任，而是由整个审委会成员实际上是整个法院来承担责任。这种情形也可以推及所有的审委会成员，甚至法院的所有法官。因此，审委会不仅不具有抵御行政干预的功能，相反便利了行政干预。

民意影响司法审判也是利用了审委会"十字形"组织结构这个制度化通道，如上述"刑事案件"。实际上，民意和行政干预司法审判往往是两者兼备，如刘某案；❶ 差异在于后者利用了其

---

❶ 苏力：《道路通向城市——转型中国的法治》，法律出版社，2004，第297－303页；孟涛：《论当前中国法律理论与民意的冲突》，《现代法学》2010年第1期。

等级结构，前者利用了其同等结构而制度化地进入审委会决策中来。

对审委会防止司法腐败的功能也可作类似分析。单纯从审委会"十字形"组织结构中同等结构所决定的集体决策方式的角度，苏力认为审委会具有防止司法腐败的功能。但如果将由审委会的同等结构而决定的集体决策方式与其等级结构而决定的集中决策方式进行混合，审委会就会形成一种"十字形"弹性结构，其决策主体和由决策主体而带来的责任主体非常地不明确，其决策幅度也较大，像一匹"脱缰的野马"。❶当司法腐败影响司法判决时，由于其决策和由决策带来的责任是均沾或连带的，因此，即使腐败了也可能不会承担其相应责任。

其次，从审委会组织结构所决定的决策方式看，苏力从审委会同等结构出发，认为审委会实行一人一票的集体决策方式，具有民主化功能。司法民主化是司法应追求的目标。但如果从审委会极具弹性的"十字形"组织结构看，审委会不可能具有司法民主化功能。当然，如果将司法民主限于法官范围，也可以这样认为。但司法民主更重要的应该是指司法判决应考虑当事人及其代理人提出的法律依据及其合法的法律诉求，更应是当事人参与博弈的结果。这种几乎完全脱离当事人及其代理人的通过审委会作出的司法判决，能算作是一种司法民主吗？最多也只是一种"法官的民主"。这种"民主"更不是我国民主集中制原则的体现。没有民主，何来集中？因此是一种缺乏民意基础的集中；即使是集中，也是一种有"预谋"——真实目的是规避风险责任——的集中。即使是一种"法官的民主"，如果将审委会等级结构因素考虑

---

❶ 陈瑞华：《脱缰的野马——从许霆案看法院的自由裁量权》，《中外法学》2009年第1期。

在内，这种民主也不是完全的"法官的民主"。[1]

再次，从审委会组织结构所决定的组织决策的最后结果看，苏力从强调审委会等级结构因素出发，认为审委会有统一本辖区内法律实施、实现法律规则统一的功能。但如果从审委会"十字形"组织结构看，审委会并不具有这种功能。从上述"刑事案件"可以看出：由于审委会是一种极具弹性的"十字形"组织结构，因此其司法判决的幅度非常大，甚至可以像本案那样作出违背法律规定的司法判决，使司法很难做到始终如一的司法判决，使同一法院就同一案件前后可能作出大相径庭的判决，像一匹"脱缰的野马"。[2] 可见，审委会不具有实现某辖区内法律规则的统一功能。

另外，从嵌入审委会组织结构的组织决策主体——审委会成员——及其激励机制的角度看，苏力从强调审委会"十字形"组织结构的同等结构因素出发，认为审委会具有提高法官自身素质的功能。但如果从审委会实际的"十字形"组织结构看，审委会不可能具有这种功能。由于审委会是一种不确定的极具弹性的"十字形"组织结构，因此，嵌入这种组织结构的人如法官的行为模式及其激励机制是不明确的。如审委会同等结构使法官有动力去提高自己的法律素质，而审委会等级结构使之没有动力去提高自己的法律素质，只注重行政职务的晋升。[3] 当审委会将两者混合而成"十字形"组织结构时，嵌入这种组织结构的法官就会像一个"站在十字路口"的人，找不到自己行动的方向，这种组织结

---

[1] 陈永生：《我国刑事误判问题透视》，《中国法学》2007 年第 3 期；元轶、黄伟凌：《论民意审判与辩护权的缺失》，《法治研究》2010 年第 12 期。

[2] 陈瑞华：《脱缰的野马——从许霆案看法院的自由裁量权》，《中外法学》2009 年第 1 期。

[3] 张洪涛：《司法之所以为司法的组织结构依据》，《现代法学》2010 年第 1 期。

构无法为法官提供一种明确的行为激励机制。另外,由于审委会的这种组织结构而导致的决策主体以及带来的责任主体不明确,因此,即使某个法官由于法律素质较差,也不会对其司法决策产生较大的影响;即使出现了决策错误,其承担责任的也不一定是自己。可见,审委会不仅不具有提高法官法律素质的功能,相反,它还有可能是法官不注重自己司法素质提高的制度原因。

什么是审委会实际的组织功能呢?实际的组织功能是解决重大疑难法律问题还是降低职业风险呢?重大疑难案件也是一种风险系数较高的案件,因此,表面看来,审委会具有解决重大疑难法律案件的组织功能。这也是学界一般认同的,但这只是一种表象。从审委会"十字形"组织结构看,由于构成审委会的成员不是以法官的业务能力而是以法官的行政级别为标准,因此,它不是一种以同等结构以及在此基础上建立的以法律业务能力为衡量标准的组织结构,也不具有提高法官业务能力的激励机制,也就不具有解决疑难法律案件的组织功能。相反,由于审委会是一种极具弹性的由等级因素与同等因素交叉而形成的"十字形"组织结构,嵌入这种结构的审委会成员决策方式是"民主化集体决策方式"和"行政化集中决策方式"的混合,嵌入在这种结构的决策权或审判权在"横向上"和"纵向上"也被制度化地分割,由决策而带来的责任也得到一定程度的制度化的分担,也就使得审委会具有降低法院及其法官的职业风险的功能。这种降低职业风险的制度需求是中国法院的法官迫切需要的,也是苏力在经过深入思考后所发现的。

这种降低职业风险的需要,也强烈地体现在院长身上。由于这种需要,院长在审委会决策中更愿意采取一种"民主化"集体决策方式,充分发扬民主。因为,权力越大,责任就越大,承担的风险就越大，风险系数就越高；在这时，越是民主，决策权就越分散，责任就越分散，风险系数就越低；特别是当风险来自上层时，这种需求更强烈。这就是苏力所发现的院长可借审委会抵挡一些来自顶头上司的压力问题。假若审委会实行首长负责制，其风险就转移到院长身上；这是院长愿意看到的吗？

可见，从审委会"十字形"组织结构看，审委会实际的组织功能是降低法院及其法官的职业风险。这种从理论上推出的结论也可以得到实证资料的验证。第一，从审委会受案范围看，根据苏力的实证研究，上审委会的案件除了重大疑难法律案件外，还包括事实和法律问题非常简单的常规案件（如上述"刑事案件"）。这些常规案件，用审委会解决疑难法律问题的功能无法解释；相反，如果用审委会降低职业风险的功能，既能解释疑难案件也可以解释常规案件上审委会的原因。可见，疑难案件之所以上审委会，是因为风险系数较高，而不是因为法律问题复杂。当然，由于两者有内在联系，因此从表面看，认为审委会具有解决疑难案件的功能，也不能说它完全没有道理。

第二，从实行错案追究制、人大个案监督、法院院长引咎辞职等一系列增加风险系数的制度导致上审委会案件量的变化看，也可以得到验证。如在强调错案追究制时，法官面临的职业风险系数就会随之上升，就会将在一般情形下本不应上审委会的案件提交给审委会，最后导致上审委会的案件量也随之增加。❶ 从这些变化中，可以看出审委会有降低职业风险的功能。

第三，从目前引起社会公众关注且经过审委会判决的案件看，也可以验证这点。近几年，中国社会发生了一系列有关法院审判

---

❶ 苏力：《送法下乡——中国基层司法制度研究》，中国政法大学出版社，2000，第126页。

尤其是刑事审判引起社会轰动的案件。这些案件根据现有学者研究成果，尤其是苏力通过实证调查得出的上审委会的刑事案件"标准"，陈永生对中国近几年引起社会轰动的刑事案件的归纳和总结，❶ 以及笔者搜集得来的材料和观察，可以推断它们都上过审委会。❷ 在这些重大刑事误判案件中，绝大部分都存在程度不同的证据不足甚至矛盾冲突的地方，法律问题非常明显，可以避免。但就是在这种情形下，法院及其法官之所以敢"冒天下之大不韪"，就是因为它们都经过了审委会——如果落实到具体某个法官或合议庭身上就会有巨大的风险——分散由整个审委会成员实际上由整个法院来承担，使得原来存在的巨大风险被稀释了。经历了这样一个职业风险的降低或分担后，即使是这些冤案或错案后来被发现了，具体到某个人尤其是审委会成员的风险，也是非常轻微的。从笔者所了解的材料看，还未发现有某个案件的责任追究到审委会层面，绝大多数只是将责任追究到合议庭层面，如李某娟种子案❸。

五、结语

由于司法自身的特点决定了司法是一种风险系数较高的行业，

---

❶ 陈永生：《我国刑事误判问题透视》，《中国法学》2007年第3期。
❷ 这些资料相对于审委会的组织功能，存在一定距离。如这些案件的一审、二审、再审的判决书通过自身力量无法找到；即使找到了，有的并没有在判决书中涉及审委会在判决中的作用问题；即使提到了，也是一笔带过。因此，关于审委会在审判中的作用如何，笔者无法得知，只能根据现有学者研究成果，以及笔者搜集得来的材料，来加以合理的推断。在此，恳求读者原谅，也希望掌握了第一手资料的学人批评甚至推翻本章的研究。另外，笔者之所以侧重于刑事方面，一是受资料的限制；二是据苏力的研究，审委会的功能主要体现在刑事案件方面。
❸ 曾金胜：《河南种子案——李慧娟事件再调查》，http：//www.fashuo365.com/html1/2005-12/3311.html。2014年1月5日访问。

因此，在我国目前没有为法院及其法官提供降低职业风险制度的情形下，中国法院及其法官为了降低职业风险，通过利用现有制度，在中国法院内部形成了一种非常有效地降低职业风险的制度如审委会。在这个意义上，审委会有其存在的合理性，这也正是审委会尽管在学界几乎受到一致的诟病，但仍能广泛存在于中国法院，并得到法官几乎一致的赞同的根本原因。而且随着中国法院外部制度环境，尤其是互联网的发展而带来的社会舆论和国家对中国法官监督的不断升级，与审委会类似的具有降低职业风险的制度如审判长联席会议制度，❶ 不仅不会因学界的诟病而减弱，相反会随着法院及其法官降低职业风险需求的不断增强而得到进一步的发展。

但这种以不确定性（包括组织结构的不确定性及其带来的组织功能的不确定性）来降低法院及其法官因外部不确定性而带来的风险的方式，值得商榷。法院不论是解决纠纷还是确认规则，最终目的是为人们的行为提供明确的预期。这既是法院履行其政治、社会功能和经济功能的前提；❷ 更是法律之所以为法律，司法之所以为司法的最基本特征。❸ 人们之所以需要法律，需要司法，就是因为法律具有一般性、客观性和确定性，司法是确认规则的地方，为人们的行为提供明确预期。中国法院由于缺乏像西方那样的降低法院及其法官的职业风险的职业保险制度，导致中国法院及其法官不得不以牺牲法律确定性为代价难以履行司法确认规则的功能。

---

❶ 叶向阳：《试论审判长联席会议制度的运行机制与功能实现》，《法律适用》2008年第7期。
❷ 苏力：《"海瑞定理"的经济学解读》，《中国社会科学》2006年第6期。
❸ 苏力：《变法，法治及本土资源》，《中外法学》1995年第5期。

但由于审委会有其存在的合理性，尤其是满足了中国法院及其法官降低其职业风险的合理需要，因此，它并不是我们想取代就可以轻易取代的制度。要想取代之，首先，必须建立一种新的降低法院及其法官职业风险的制度，使之由审委会承担的这种降低法院及其法官职业风险的功能发生转移，使中国法院及其法官无需通过审委会来降低这种职业风险。这是取代审委会的前提条件；否则，即使强行取代了，中国法院及其法官也会利用现有制度安排，并以其他形式如目前正在探索的审判长联席会议制度，来满足其降低其职业风险的需要。其次，要完善目前中国法院实行的调解与审判合而同一的司法体制，消除审委会存在的体制原因。由于中国法院审判至少没有完全实现司法化，[1] 导致中国法院目前还离不开对调解的依赖，在这个意义——中国法院整体层面——上，中国法院应实行调审合一的司法体制。[2] 但中国法院在其组成部分层面，调与审可适当分离，实行"合而不一"的司法体制，将调解从审判中分离出来，设立独立的调解庭，为取代审委会"十字形"组织结构提供体制基础。

---

[1] 张洪涛：《司法之所以为司法的组织结构依据》，《现代法学》2010 年第 1 期。
[2] 张洪涛：《调解的技术合理性——一种中观的组织结构-功能论的解读》，《法律科学》2013 年第 2 期。

第二分编
随机的非规范性的社会网络分析

CHAPTER 06 >> 第六章

调审合一的司法原因：法律洞司法跨越之社会网络分析

一、材料、问题与视角

本章研究的具体材料是发生在中国社会的一个司空见惯的并已有许多学者研究过的"依法收贷案"。❶ 笔者从本章研究需要的角度，依据个案审理过程、学者们后续补充调查以及研究成果"整合改编"如下：

---

❶ 有关此案及背景材料，以及分析和研究，参看以下文章：郑戈：《规范、秩序与传统》，载王铭铭、王斯福主编《乡土社会的秩序、公正与权威》，中国政法大学出版社，1997。强世功：《法律是如何实践的：一起乡村民事调解案的分析》；《"法律不入之地"的民事调解：一起"依法收贷"案的再分析》；苏力：《为什么"送法下乡"?》；赵晓力：《关系/事件、行动策略和法律叙事：对一起"依法收贷案"的分析》；均集于强世功编《调解、法制与现代性：中国调解制度研究》，中国法制出版社，2001。张洪涛：《国家法难行之源：国家主义抑或人本主义——从"依法收贷案"切入》，《政法论丛》2009年第5期。后面不另加注释。

本案发生在陕北北部的沙河镇。沙河镇坐落在黄河支流无定河畔上，河北岸是一望无际的沙漠，河南岸是由东向西贯穿陕北的一条公路干线，这条公路穿过沙河镇。该案被告老王 W 就住在河北岸离镇上大约 30 多华里地处沙漠腹地的村庄。他大约 10 年前向原告 B 镇信用社贷款 200 元，期限 3 个月，到期后原告多次催要无果。1996 年，在地区和县政府有关部门"依法收贷"的促动下，新上任的法定代表人白主任代表原告向沙河镇人民法庭提出诉讼请求。人民法庭高庭长 G 出于对政府工作的配合、支持和履行法律职责以及其他考虑，在 1996 年 11 月 18 日带着原告 B 和请来帮忙的营业所主任 A，以及派出所民警，并租用一辆小面包车，"以壮声势"；调查者三人碰巧得以随行。快到老王家时，高庭长出于"你村上跟上个人"的考虑，想请村支书 S 帮忙。他们的到来尤其是汽车惊动了村支书的注意，还没等他们走过去，村支书就主动迎了过来，并带着他们向老王家走去。他们进院子时，一只小狗挡在门前不停地叫，还没等主人出来，村支书就将狗拉着拴到一边。不料，老王已经外出放羊，村支书只好去找借贷人老王。原籍陕北的调查者之一心存疑问：村支书是否会通知被告躲起来。不一会儿，被告回来了，请诸位上炕就座，直接"炕上开庭"。

首先，营业所和信用社声称被告还有营业所一笔款没还，被告说还了，只是证据丢了，但有人证。法院不再过问此"案"，而是追问信用社那笔款为何不还。被告通过转换不同角色（如被告、主人、"私人"等）以认错、无钱、没空、社会舆论等道德的、客观的理由加以推脱、抵赖和求情。原告和营业所主任也通过转换不同角色（原告、客人、"公家人"等），从道德角度阐述"兴师动众"地"依法收贷"的"合法性"——"现在这个样子是你逼的"，特别强调这次与以前不同在于其"合法律性"——"依法收贷"。法庭庭长也通过转换不同角色（原告、客人、法官、朋友等），从道德和法律角度，运用人情、面子和法律，对被告的理由进行反驳和批评，一再声称这次是"依法收贷"，借贷人应交纳本金 200 元加上 10 年利息共 700 多元，再加上这次下乡的交通费和诉讼费各 200 元。村支书也运用类似方式说合，批评借贷人借钱不还，随后在未同庭长商量情况下，自作主张地要求借贷人及时还上本息，而诉讼费和交通费就免了，由他"顶这个人情"。对此，庭长并没反对，反倒说：这是调解的办法；否则，就依法审判，该罚就罚；现在这样是为借贷人着想。

这一"开庭"最后通过所有参与人采取一种模糊的策略——语言（法律的与非法律的）的模糊、角色和身份的转换、规则（国家法与习惯法）及其运作机制（显性的法律激励机制与隐性的声誉激励机制）的切换、论述进路（道德与法律）的变换、法律审理场景（炕上与法庭）的变化、法律审理方式（审判与调解）的交替——及其体现的主体间性或中庸精神或沟通理性（如将心比心、换位思考）而不是工具理性，基本得到了令所有人满意的解决：原告收到了多年未收到的欠款；被告还了款，但"打了折"，获得了"口惠"；法官尽管没有完全"依法收贷"，但完成了政府交代的政治任务，"赚到"了社会资本；村支书"露了脸"，也收获了非物质性利益和社会资本。

从审理过程看，本案尽管宏观上存在着国家权力在乡土社会松弱的情形，[1] 但国家权力介入的广度和深度相对于一般案件而言，并不"显得"松弱：作为政治任务有政府积极介入，得到了法院、公安、当事人（如原告法定代表人的新官上任三把火）等

---

[1] 苏力：《为什么"送法下乡"？》，《社会学研究》1998 年第 5 期。

国家机构的积极配合,甚至还包括"舆论介入"(如社会调查者),可以说"集中了优势兵力"。此案应是充分展示国家力量强大,严格适用法律,采取审判方式的地方,但"硬法软行",❶ 即法律规定非常明确、清晰而司法呈现出模糊的不确定的柔性状态。因此,本案对笔者研究的问题很具典型性和代表性。在此,笔者追问的就是:这些在立法阶段没有融进国家制定法的中国因素(包括习惯法、人情、面子等因素)为何在司法阶段却进入了法律中?以何种方式进入的?立法者制定的没有中国因素的明确的法律即"硬法"为何要模糊即"软行"?"硬法"为何能"软行"?这些微观的角色的转换、宏观的规则及其运作机制的变换与中观的法律审理方式的切换之间是否有内在的必然联系?申言之,法官为何要村支书的协助?国家制定法及其运作机制为何借助于习惯法及其运作机制?便捷的审判为何转换成复杂的调解?三者之间是否有内在的必然联系?

本章试图运用社会网络分析方法,从结构洞理论角度,❷ 对这

---

❶ 张洪涛:《从"以礼入法"看中国古代习惯法的制度命运》,《法商研究》2010年第6期。

❷ 结构洞广泛存在于政治、经济和社会领域,是指关系松弛(即弱关系)或者断裂的情形。如当 X 既与 Y 熟悉又与 Z 有关系,而 Y 与 Z 没有联系,那么,Y 与 Z 之间的弱关系或关系间断,就形成了一个可被 X 利用的结构洞;X 就可以利用这个结构洞获取结构洞带来的信息利益,如 Y 要获得 Z 的信息必须通过 X,X 就可以利用这点而谋利;同样,X 也可以利用这个结构洞获取结构洞带来的控制利益,既可以控制 Y,也可以控制 Z。由于 X 周边没有结构洞,而 Y 与 Z 身边有结构洞,因此,X 有较高的结构自主性,而 Y 与 Z 的结构自主性较低。结构洞可以通过关系强度即凝聚力和结构等位来测量。在凝聚力标准下,如果两个关系人是强关系的话,他们就是重复的关系人,就是凝聚力冗余,意味着结构洞较少;反之,则结构洞较多。在结构等位标准下,如果两个人(或者组织)拥有一样的关系人,他们在结构上就处于同等位置;不管结构等位的人们之间的关系如何,他们因为导向同样的信息资源而产生冗余。详细论述参见[美]罗纳德·伯特:《结构洞——竞争的社会结构》,任敏,等译,格致出版社、上海人民出版社,2008,尤其是第一章。

些问题提出一些在笔者看来更深入、更具说服力和更有意义的新的解释，以求教于学界同人。这种解释与以前的解释尤其是关系/事件角度不同，借用伯特关于结构洞理论与弱关系理论的区别的归纳的话就是："第一，该现象中因果关系的动因不是关系的强度而是有一定跨度的结构洞。关系强弱是相关关系，而不是因果关系。结构洞理论直接抓住了因果关系的动因，因此为理论提供了更坚实的基础，为经验研究提供了更清楚的指导。第二，弱关系理论削弱了结构洞的控制利益。结构洞的控制利益有时比它带来的信息利益更重要。将这两种利益都整合起来的理论能更清楚地说明所研究对象的一般性。"[1] 第三，它还是一种能将宏观与微观统合起来的中观视角或"中间层次"，[2] 有效避免了宏观视角"过度社会化观点"的不足，将法律运行单纯看作国家权力和社会环境作用的结果，作一种国家主义或客观主义的解释;[3] 同时又能有效克服微观视角"低度社会化观点"的弊端，将法律运行只看作理性经济人的利益博弈过程，作单纯个人主义的解释。[4] "这种解释意在绕开玩家特质和行为结果之间的虚假相关，来揭示导致这种结果暗含的社会结构因素……使结构洞理论成为沟通微观-宏观分析层次的有力的概念工具。"[5]

---

[1] 罗纳德·伯特:《结构洞——竞争的社会结构》，任敏等译，格致出版社、上海人民出版社，2008，第28页。
[2] 周雪光:《组织社会学十讲》，社会科学文献出版社，2003，第155页。
[3] 苏力:《为什么"送法下乡"?》，《社会学研究》1998年第5期；张洪涛:《法律运行观之比较研究》，载《中国法学文档》第5辑，知识产权出版社，2007。
[4] 张洪涛:《法律运行观之比较研究》，载《中国法学文档》（第5辑），知识产权出版社，2007。
[5] 罗纳德·伯特:《结构洞——竞争的社会结构》，任敏等译，格致出版社、上海人民出版社，2008，第200页。"玩家"（player）是指竞争中的个人和组织。这种称呼更符合作者在竞争环境中的真实感受。"玩家"中性的表述是"行动者"（actor）。

当然，本章的研究并不局限于对本案的解释，其现实关怀是为我国目前关系密切群体的法律治理提供一些有意义的启发和借鉴，其理论追求在于为我国法学研究提供一种新的理论视野和研究方法，为今后更加坚实的经验研究尤其是定量研究提供明确的努力方向。

二、法律洞在司法领域的延伸：司法洞

本案是一个非常典型的法律洞在司法领域延伸的个案。法律洞是指中国当代立法中由于缺乏中国社会自身因素或信息的考量，大量充斥西方法制因素或信息，使中国法律网络在整体上呈现出一种结构性缺陷，好像法律网络上出现了洞穴，即法律结构洞，简称法律洞。❶ 当法律运行到司法阶段时，这种在立法阶段存在的法律洞就会演变成"司法洞"，即法律适用对象如本案村民与法官之间出现了联结微弱或关系间断的情形。

上述个案中有哪些可能因素阻止村民去接近法官（法律），使村民与法官（法律）的联结较弱或出现了关系间断的现象呢？

第一个最基本的可能因素是村民社会生活的环境和内容。作为本案发生地的沙河镇，由于贫瘠的土地、恶劣的气候和落后的交通造成了经济上的贫困和文化上的落后；由于处于政治、经济和文化的边缘，也就成了一块"法律不入之地"。近代以来随着国家政权的进入，法律触角已伸入这里，20 世纪 80 年代中期设立了派出法庭，但审理的主要案件无非集中在婚姻、债务、相邻关系

---

❶ 结构洞是指关系松弱或断裂的情形。笔者受社会学中结构洞的启发，将法律领域中的结构洞简称法律洞。关于我国当代立法中法律洞的专门研究，详见第七章。法律洞与法律漏洞最主要的区别是其结构性，前者是结构性缺失，后者不是。如以司法中法律推理为例，法律推理：大前提+小前提=结论，但这里的小前提出现了缺失，而不是法律漏洞中出现的对小前提考虑不周或不当等问题。

纠纷和打架斗殴导致的人身损害赔偿等方面，可以说由处于政治、经济和文化中心的立法者制定的国家法的大部分内容与它的关系非常微弱，甚至出现了间断。

作为本案被告的村民老王，则更加处于边缘的边缘，成了"法律不入之地"的"法律不入之人"。他居住在地处沙漠腹地的村庄，住在沙坡上四孔孤零零的旧窑洞里，门前是点缀着灌木的沙坡，院子里也堆积着沙土，主要是种地、放羊，偶尔也赶赶集市、贩猪贩羊，是个实实在在靠刨地为生的人，"老根是不常动的"。这种"不流动是从人和空间的关系上说的，从人与人在空间的排列关系上说就是孤立和隔膜。孤立和隔膜并不是以个人为单位的，而是以住在一处的集团为单位的"。❶ 这种集团的生活网络大致是一个半径为30公里的区域。❷ 在这个有限的交往范围内，人与人之间的面对面的互动非常密切，也是多维度的，形成的是熟人社会；❸ 用结构洞理论的话说就是人们之间的接触频率和情感亲密度较高，结成的是强关系群体。作为生活在这种强关系群体中的老王，由于经济贫困，不会有明确的"物权"概念，正如老王的话中之意所说的公款不能短下，私款能够短下，即使到别人田地摘几个瓜吃吃也不能算偷窃的事情。❹ 几乎不会有区分动产和不动产的概念和必要，也没有遗产需要继承及其法律需要；由于关系紧密，这里产生隐私权的意识的可能性较小，村支书因此可以在不经村民同意就"私闯"民宅；由于关系紧密，"跑得了和尚

---

❶ 费孝通：《乡土中国 生育制度》，北京大学出版社，1998，第8页。
❷ 杜赞奇：《文化、权力与国家——1900-1942年的华北农村》，王福明译，江苏人民出版社，1996，第10-27页。
❸ 苏力：《道路通向城市——转型中国的法治》，法律出版社，2004，第6-14页。
❹ 严景耀：《中国的犯罪问题与社会变迁的关系》，吴桢译，北京大学出版社，1986，第70-71页。

跑不了庙",这里也不会有担保法的需求,也不会产生调查者所担心的"躲债"问题,也不需要产品质量法和消费者权益保护法;在这里,"我们大家是熟人,打个招呼就是了,还用得着多说吗?"文字几乎成了多余的东西,不会产生对文字的需求,文字难以下乡;在这里,"法律是无从发生的","这不是见外了吗?"不会产生对合同尤其是书面合同的需求,对证据法的需求,"心想款还了,要那个作什么";由于社会不流动或流动稀少,规则间的时空冲突也不可能发生,不存在对法律规范间冲突问题解决的需求,不可能产生冲突法。❶ 总之,"只有触及法律的时候,他们(老百姓)才在法律的脉络里面出现,但在他们的日常生活中,他们实际上是居于法律之外的"。❷

第二个可能的因素是村民固有的秩序,即习惯法及其运作机制。法律除了包括立法外,还包括社会内生出来的法律,因此,没有立法的法律并不意味着没有秩序。习惯法粗糙、不规范、不明确,有些甚至还是"未阐明的规则""原生态的规则""事实性规范或描述性的规则",也没有专门机构和人员来制定和实施,但并不意味着无效。这种规则与村民日常生活高度相关,为村民们所共同"习"出来,是平日反复"陶冶"出来的,为村民们所熟悉,"是从时间里、多方面、经常的接触中所发生的亲密的感觉。这感觉是无数次的小摩擦里陶冶出来的结果……会得到从心所欲

---

❶ 关于乡土社会中的这种情形,详见:费孝通:《乡土中国 生育制度》,北京大学出版社,1998;苏力:《道路通向城市——转型中国的法治》,法律出版社,2004;梁治平:《乡土社会中的秩序和法律》,载王铭铭、王斯福主编《乡土社会的秩序、公正与权威》,中国政法大学出版社,1997。
❷ 王铭铭、王斯福主编《乡土社会的秩序、公正与权威》,中国政法大学出版社,1997,第481页。

而不逾矩的自由"。❶ 这种内部规则可以说肉体化了村民身上不可分割的组成部分,社会化程度较高,不是谁想把它从身上剔除出去就能剔除出去的,也不是谁不想遵循就能不遵循的。❷ 遵循这种自生自发的内部规则——借用哈耶克的观点——实现的是自己的目的而不是像"立法的法律"那样实现的是立法者的目的,是一种"自由的法律";用费孝通的话说就是"从俗即是从心。换句话说,社会和个人在这里通了家"。❸ 遵循这种内部规则还会给人一种"学而时习之,不亦说乎"的愉悦和"采菊东篱下,悠然见南山"的悠闲自在;村民即使是个"老粗",也不会有接触法律的那种"理解不了"的生疏感,也不会有一提及"依法收贷"就有那种"呀,(此处应为感叹号!——引者注)好你们了"的紧张感,也不会有一听到"依法收贷"就有那种"好神神了"的神秘感,以及由此而生的那种惶恐无奈状。正是这种规则的存在,非常有效地回应和满足了村民们对规则生活和解决纠纷的正常需求,形成了"无需法律的秩序"和"习惯法共同体"。❹ "这种共同体不但以信息的共享为其特征,而且其成员基本上拥有同一种知识,受制于同一种生活逻辑……对他们来说,国家法律所代表的不但是另一种知识,而且,至少在许多场合,是一种异己的和难以理解的知识"。❺ 因此,对他们而言,"立法的法律"是一种"外部规则"。

---

❶ 费孝通:《乡土中国 生育制度》,北京大学出版社,1998,第10页。
❷ 张洪涛:《国家法难行之源:国家主义抑或人本主义——从"依法收贷案"切入》,《政法论丛》2009年第5期。
❸ 费孝通:《乡土中国 生育制度》,北京大学出版社,1998,第10页。
❹ 张洪涛:《社会学视野中的法律与习惯》,载《民间法》第2卷,山东人民出版社,2003。
❺ 王铭铭、王斯福主编《乡土社会的秩序、公正与权威》,中国政法大学出版社,1997版,第431页。

乡土社会的规则也有一套运行有效的激励机制。"人们生活在一个他们与之有强关系的人的组成的群体中。信息在这些群体中高速传播。每个人知道的，其他人多半都知道"。❶ 因此，在这种群体内就不存在匿名社会所存在的信息不对称，以及由此而带来的"逆向选择""道德风险"等一系列信誉、信任问题。即使出现了有损信誉、信任的问题，由于人们交往是多重而长期的博弈，甚至"终老是乡"，由于实施社会惩罚的便捷而有效，人们不敢"也丢不起这个人"，有动力去维护关乎自己一生幸福的个人信誉及与之有关的面子，正如村民所言："我也60多岁的人了，不准备丢这个人"，这样就容易形成一种除了基于个人的信任外的基于信誉的信任。这种"从熟悉得到的信任……其实最可靠没有了"。❷ 由于这种信任，人们愿意进行一种基于互惠原则上的合作，乐于放一种跨越时空的"人情债"；由于这种信任，书面合同成为多余，即使必要，其条款也可大大简化；由于这种信任，还可以大大节约解决纠纷的成本，降低风险成本，有效保证可执行性。

乡土社会这套隐性正激励机制之所以有效，还得益于一套有效的隐性负激励机制即社会惩罚机制。"法律可以简单地理解为由第三方（法院）执行的交易规则"❸，其惩罚来自以法院为代表的国家暴力机关，成本高且效果有限，而乡土社会的规则可以"被称为第一方执行的合约"❹，其惩罚来自当事人和社会组织，成本低且有效。由于信息传播较快，获取信息的成本较低，那些不守信的行为易立即成为公共信息，形成强大的舆论力量，因此，在

---

❶ 罗纳德·伯特：《结构洞——竞争的社会结构》，任敏等译，格致出版社、上海人民出版社，2008，第27页。
❷ 费孝通：《乡土中国 生育制度》，北京大学出版社，1998，第10页。
❸ 张维迎：《信息、信任与法律》，生活·读书·新知三联书店，2003，第32页。
❹ 张维迎：《信息、信任与法律》，生活·读书·新知三联书店，2003，第31页。

这里，最严厉的惩罚不一定是身体和物质的，而是心灵和非物质的，如"议论人与疏远人"、❶"戳别人的脊梁骨"、"丢人"、使你失去"面子"等。这些弥散而有效的社会惩罚措施实施起来也非常便捷，甚至许多制裁如对不守合约的人白眼、嘲笑、排斥等之类的"自我制裁"和"个人自助"可由当事人直接实施，❷无须由第三方如法院来保证。

与上述因素紧密联系的第三个可能的因素是村民源于自己长期生活经验积累而形成的对现代法律的传统化"误解"甚至"曲解"。由于习惯法及其观念强大，当国家制定法与之冲突时，法官并不坚守或论证正确的法律观念，批判甚至否定传统的错误观念，而是采取实用主义做法，"将错就错"，以实现自己解决法律问题的目的。如本案村民存在着"公产"与"私产"在法律上区别对待的观念，还存在着中国传统的法律观念——"法即刑"，这些显然与现代法律是对人们权利与利益的平等保护的理念背道而驰。对此，法官不但没有批评和纠正，而是"将计就计"，以实现自己的目的。这样，客观上强化了人们脑海中残存的错误观念，阻碍了人们去接近并利用现代法律，使人们离现代法律渐行渐远，加深了村民与现代法律本来就存在的隔膜。

第四个可能的因素是与习惯法运作成本与效果相比，现代法律运作成本较高而效果较差。比较而言，由于受信息传播的限制和信息分布不对称的影响，易产生"逆向选择"和"道德风险"等问题，因此，"法律是由第三方（政府、法院）执行的激励机制

---

❶ 埃里克森：《无需法律的秩序——邻人如何解决纠纷》，苏力译，中国政法大学出版社，2003，第174页。

❷ 埃里克森：《无需法律的秩序——邻人如何解决纠纷》，苏力译，中国政法大学出版社，2003，第149-165页。

的有效性，依赖于行为的可观测性和可验证性"。[1] 这两个条件意味着法律的信息成本较高，以及随之而来的法律执行成本、诉讼成本、监督成本和风险成本甚至时间成本和心理成本都较高。法律这种"显性激励机制"作用有限，需隐性激励机制补充。但在中国社会目前存在着"信任危机"，声誉对人们行为作用有限，隐性激励机制难以正常发生作用，最终使法律运行成本在显性激励机制和隐性激励机制同时失灵的情形下更高，有时甚至会出现"法律白条"。

在我国目前立法主要移植了适用于陌生人社会和工商社会，为中国市场经济服务的西方法律的情形下，上述这些可能的中国因素显然不是立法者要着重考量并吸纳进立法中的因素；相反，更有可能是立法者试图通过立法加以否定、改变甚至消除的中国因素。[2] 在这个意义上，上述司法阶段中村民与法官（法律）之间存在的隔膜、联结较弱和关系间断的情形，形成的国家提供的法律无法满足乡村社会的需要，而村民需要的法律无法得到制度化满足的"无法可依"局面，即司法洞，是立法缺乏中国因素而造成的法律洞在司法领域的延伸。

三、法律洞司法跨越的策略选择：退出、扩展还是嵌入

由上可以看出，由于国家制定法中没有有效融进中国因素如习惯法及其运作机制，国家制定法（图 6.1 中 L_1、L_2）与习惯法

---

[1] 张维迎：《信息、信任与法律》，三联书店，2003，第 196 页。
[2] 苏力：《当代中国法律中的习惯——一个制定法的透视》，《法学评论》2001 年第 3 期。在此需说明的是，笔者并不是要将这些中国因素直接规定为具体的法律规则，更重要的是说我们在立法时要根据中国因素对移植西方的法律规则进行必要的修正、修改、变通，改变法律进入中国社会的方式，尽量减少法律与中国固有规则的不必要的正面冲突。

(图 6.1 中 C_3、C_4) 出现了联结微弱或关系间断的情形，造成了法官 G 周边出现了法律洞（如图 6.1 的"第五个玩家"），而在关系的另一端法律适用对象老王 W_1 与其他村民如 W_2、W_3、W_4 形成了一个以村支书 S 为中心的关系密切群体 C_1，没有结构洞，因此，法官的结构自主性很低，处于非常不利的获取信息利益和控制利益的网络位置，如图 6.1。❶ 为了改变这种非常不利的网络位置，提升法官的结构自主性，减弱法官由结构洞的这种分布格局带来的约束，在理论上，法官可以选取以下三种策略：

第一，退出策略，即压缩自己的网络边界，放弃对村民及其关系密切群体的信息利益和控制利益，以避免这种来自关系密切群体的不愉快的约束。但这种放弃并不只是对村民老王的信息利益和控制利益的放弃，极有可能意味着对整个关系密切群体信息利益和控制利益的永久放弃，以后再想进入这个关系密切群体就比较困难了，或者需要投入更多的时间和精力。其次，退出策略意味着法院对政府 L_G 的承诺就会落空。由于政府属于政治权力和社会的中心，与各群体（如图 6.1 的 L_A、L_B、C_1、C_2 等群体）有广泛而紧密的联系，且政府内部组织化程度较高，关系紧密，没有结构洞（如图 $6.1L_G$ 群体）。因此，政府对法院的约束最强，政府对法院提出的要求最难拒绝，法院一般会尽量满足政府提出的要求，与政府建立良好关系，尤其是当法官（法律）周边存在结构洞时更是如此（如图 6.1 中第五个玩家），正如一位法官所言："我们稀水法庭和稀水乡政府一贯保持优良传统，现在我们这个党委书记刚换，新来了一个书记，一如既往和我们的关系照样融洽，

---

❶ 关于结构自主性一般理论的探讨，详见文末；也可参见罗纳德·伯特：《结构洞——竞争的社会结构》，任敏等译，格致出版社、上海人民出版社，2008，尤其是第 9—51 页。

这是我们多年保持下来的好的作风"；否则，"以后工作就彻底没法开展了"。[1] 再次，退出策略还意味着法官对履行自己法律责任如对此案的审理责任的放弃。这既不是法律所能允许的，也不是本案的原告所能答应的；尤其是当原告及其所处群体是关系密切群体（如图 6.1 的 L_B 群体）时，对法官的约束就更强。最后，退出策略还会侵蚀法官在其他关系中的可靠性，使法官的其他关系人无法确定法官还会结束掉哪些可能束缚他的关系，认为法官（法律）是个机会主义者，影响法官（法律）的权威和声誉。如法官一旦采取退出策略，就意味着无法兑现对其他群体如原告所处群体 L_B 的法律承诺，影响法官（法律）在群体 L_B 中的权威和声誉，侵蚀法官（法律）在以后的法律纠纷解决中的可靠性，使法

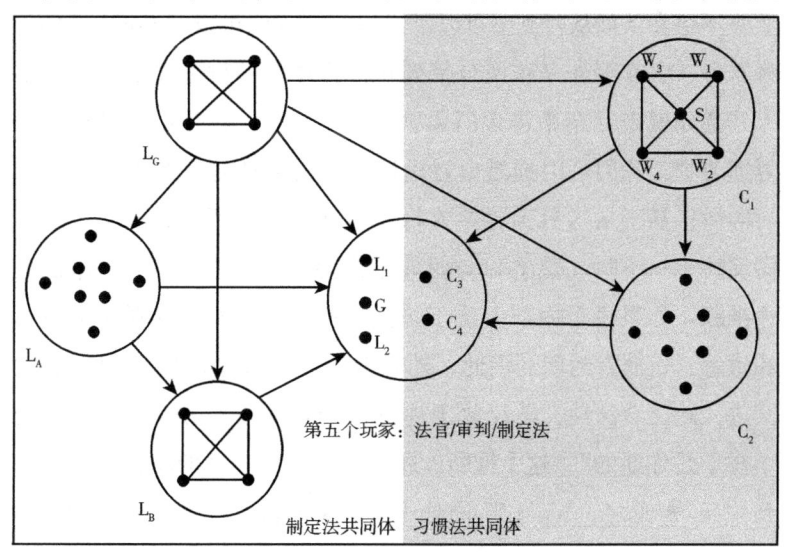

图 6.1　嵌入策略前法官（法律）的结构自主性

---

[1] 强世功编《调解、法制与现代性：中国调解制度研究》，中国法制出版社，2001，第 467 页。

官（法律）无法为人们的利益和行为提供明确的预期。这种负面影响还会通过群体 L_B 在社会中蔓延扩展开来，侵蚀、动摇其社会根基。总之，退出策略对本案法官不是一个好的策略选择，也不是一个现实的策略选择。

第二，扩展策略，即扩展关系网络边界，在关系人村民老王 W_1 周围选择另外一个关系人如村民 W_2，通过加强与村民 W_2 的联系发展出一种新的关系，使新关系与老关系竞争，从而达到通过新关系控制老关系的目的；其实质就是在关系的另一端即村民及其群体中通过发展结构洞的办法，来提高法官的结构自主性，最终达到控制村民的目的。这种策略实施的前提是村民老王 W_1 与其他村民 W_2 并没有联系，存在着结构洞。在本案中，这个条件实际上并不存在。如从村支书可以不经村民同意就可以"私闯"民宅，将原告、法官等外来者擅自带到村民家中，而村民并不是像陌生人社会如城市社会中将大门紧锁，疏于防范，只是用一只狗看门等细节中，我们可以推断出村民所生活的群体是一个关系高度密切群体；甚至从这只狗对熟人村支书和陌生人原告、法官等的不同反映——不叫（熟悉）与叫（不熟悉）——中，也可以印证上述推断。如果说对内部人疏于防范，那么，对外来者则非常谨慎和敏感，也非常封闭；因此，外来者法官、原告等不能随便进入，其进入缺乏合法性，需反复阐述进入的责任在对方——"现在这个样子是你逼的"。这个推断，还可以从一些学者的相关研究中得到佐证。[1] 总之，W_1 与 W_2 同处于一个关系密切群体 C_1，他们之间

---

[1] 费孝通：《乡土中国　生育制度》，北京大学出版社，1998；苏力：《道路通向城市——转型中国的法治》，法律出版社，2004；梁治平：《乡土社会中的秩序和法律》，载王铭铭、王斯福主编《乡土社会的秩序、公正与权威》，中国政法大学出版社，1997。

没有结构洞，如图 6.1 所示。因此，在这样的一个关系密切群体中发展另一种新关系的扩展策略，"你可能令新老关系彼此过于熟悉……他们很容易联合起来令你满足他们的共同需求"，❶ 使你的这种扩展策略以失败而告终。

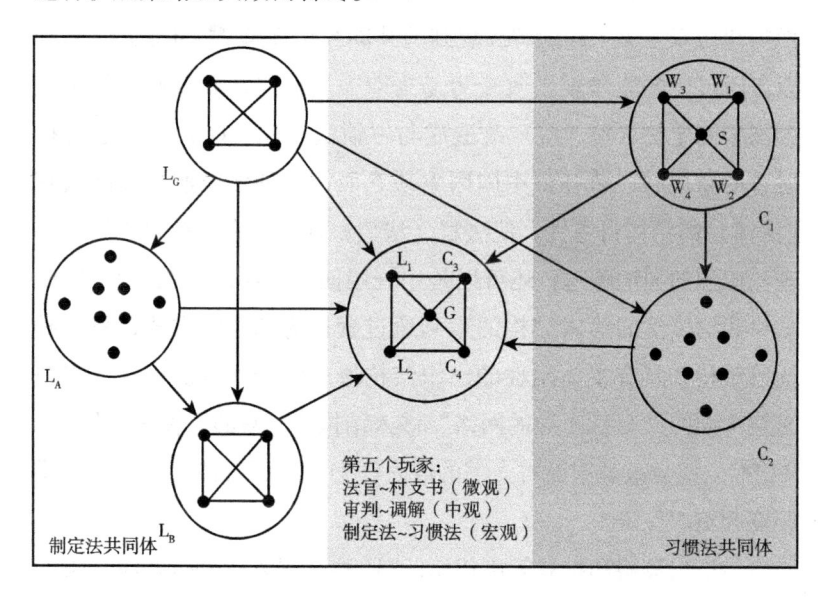

图 6.2　嵌入策略后法官（法律）的结构自主性

第三，嵌入策略，即仍然保持引发制约的关系网络，但是将令人不快的制约嵌入一个你更能控制的新关系中，其实质是将纠纷置于一种更广泛的关系网络中，通过变换"第五个玩家"，使第三方在一种新关系的约束下活动（如图 6.2）。这里的"第五个玩家"，既可以是微观层面的纠纷（谈判）双方的特殊关系，❷ 如将

---

❶ 罗纳德·伯特：《结构洞——竞争的社会结构》，任敏等译，格致出版社、上海人民出版社，2008，第 237 页。
❷ Mark Granovetter, "Economic Action and Social Structure: The Problem of Embeddedness," *American Journal of Sociology*, 1985: 481-510.

法官-村民之间的双边的联结较弱或间断的关系，通过嵌入村支书将这种双边关系变为法官-村支书-村民之间的三边关系，使法官与村民之间存在的关系间断得以弥合，结构洞得以缝合，提升法官的结构自主性，实现法律洞的司法跨越；也可以是宏观层面的纠纷双方关于纠纷解决规则的共同社会理解，❶ 将原先不易为双方所接受的法律规则改变为易为双方所接受的新规则，将单纯的国家制定法（L_1、L_2）改造成与习惯法（C_3、C_4）实现了有机融合的新规则，填补由中国因素缺乏而造成的法律洞，提高法官（法律）的结构自主性，使法官（法律）成为一个结构自主者，实现法律洞的司法跨越；还可以是中观层面的社会组织的组织结构，如将我国实然的等级结构的审判通过置换为调解的方式，将一种同等结构和具有主体间性的组织结构嵌入纠纷的解决中来，将缺乏结构洞的"目标引导的网络"嵌入结构洞丰富的"偶得的网络"中，❷ 以便为微观层面村支书的嵌入和宏观层面习惯法的嵌入提供制度和组织保障。

与退出策略和扩展策略相比，"这种（嵌入——引者注）策略的优点，也就是它被广泛采用的原因在于，它不需要对现行的关系结构进行改变，不需要改变超过玩家自主控制能力的那些约束"，❸ 来达到减轻其约束并提高其结构自主性的目的。受法官周边存在法律洞而关系另一端村民身边无结构洞的制约，嵌入策略是本案法官主要采取的策略，文章将分而论之。

---

❶ 康芒斯：《资本主义的法律基础》，戴昕译，华夏出版社，2009。
❷ 马汀·奇达夫、蔡文彬：《社会网络与组织》，王凤彬等译，中国人民大学出版社，2007，第99-127页。
❸ 罗纳德·伯特：《结构洞——竞争的社会结构》，任敏等译，格致出版社、上海人民出版社，2008，第237页。

四、法官微观层面的策略性嵌入：法官与村支书的交替

法官实施嵌入策略在微观层面就是将村支书引入纠纷的解决中来，将原先法官无法控制的法官与被告村民之间的双边的诉讼关系，嵌入到一种法官具有一定可控性的由法官—村支书—村民构成的多边关系之中，填补法官与村民之间由于中国当代立法中缺乏对中国因素尤其是像村民所处关系密切群体中的地方性因素的考虑而造成的法律洞，提高法官的结构自主性，最终使法官成为一个结构自治者。

为什么法官要将村支书嵌入其中而不是由自己独立完成呢？

第一，法官受自身时间和精力以及机会成本的局限，要集中时间和精力维持和发展与非重复关系人的联系。"如果只增加网络规模而没有考虑到增加网络的多样性，网络就会在几个重要方面被弱化。增加网络规模，关键是要增加非重复性关系人的数量。当若干关系人都介绍给你同样的人，提供给你同样的信息，他们就会成为重复的关系人。"❶ 在一个关系密切群体中，人们之间容易形成强关系，信息在这些群体中高速传播，他们之间容易形成重复的关系人。因此，法官 G 无须也不可能与关系密切群体内的所有村民建立联系，但必须选择一些重要的或社会声誉较好的关系人如村支书 S 发展成为他整个社会关系网络的非重复关系人，以便解决国家制定法与习惯法或者说自己与村民之间因法律洞的存在而带来的进入这个关系密切群体的困难，最终使自己的信息利益和控制利益受损的问题。

第二，法官受自身时间和精力以及机会成本的局限，要集中

---

❶ 罗纳德·伯特：《结构洞——竞争的社会结构》，任敏等译，格致出版社、上海人民出版社，2008，第 18 页。

时间和精力维持和发展与初级关系人的联系。"维持整个网络并非需要与所有的联系人维持关系，而在于确立初级关系人。"[1] 如本案中沙河镇法庭的法官 G，面对全镇那些关系紧密群体自然村，要想在全镇所有村子中有自己的初级关系人以便使自己的信息利益和控制利益得到保证，受时间、精力和机会成本的限制，不可能越过初级关系人如村支书与王家村的所有村民包括老王发展关系，更不可能越过初级关系人如全镇所有的村支书与全镇所有的村民建立直接的关系成为他整个社会关系网络中的初级关系人，只能"集中维持与这些关键的初级关系人的联系，将原本与各个群体中的非关键人之间的直接关系弱化为通过关键的初级关系人的非直接联系"，[2] 只能将村民作为他整个关系网络中的次级关系人。另外，法官除了要与各农村社区初级关系人建立好关系，还要与政府及其各部门以及金融单位等单位初级关系人搞好"外交"关系，以便"在其他条件一定的情况下，拥有一个巨大而多样化的网络能够最大限度地保证在有用信息传递的地方总有自己的联系人"，[3] 正如本案法官所言："人际关系比较熟一点的，办案子好办"。

　　前者称为效率原则，关注的是通过初级关系人获得的平均人口数量，每个初级关系人产出的初级结构洞；后者称为有效原则，关注的是通过所有初级关系人获得的所有人口数，整个网络总产出的初级结构洞；最终目的是利用较少的初级关系人来达到控制更多次级关系人，以最小的时间和精力投入获取最大化的信息利

---

[1] 罗纳德·伯特：《结构洞——竞争的社会结构》，任敏等译，格致出版社、上海人民出版社，2008，第 22 页。
[2] 罗纳德·伯特：《结构洞——竞争的社会结构》，任敏等译，格致出版社、上海人民出版社，2008，第 21-22 页。
[3] 罗纳德·伯特：《结构洞——竞争的社会结构》，任敏等译，格致出版社、上海人民出版社，2008，第 17 页。

益和控制利益。

第三，以法官的身份进入村民所在的关系密切群体尽管在法律上具有正当性，但这种自上而下的"合法律性"，并不天然地具有自下而上的"合法性"，最终还需得到社会群体尤其是像本案中那样的关系密切群体的承认。这就是为什么原告、法官等外来者需要反复阐述其责任在对方——"现在这个样子是你逼的"——的原因，实质上就是法官缺乏"合法性"而不是"合法律性"的表现。因此，法官不能"擅闯"这个"禁区"，他面对的不是一个个体村民老王而是一个对法官（法律）有本能地拒斥的习惯共同体，面对的不是一个村民老王的反抗力量而是来自整个关系密切群体的集体反抗力量。❶ "缺乏合法性（由于是外来者或非传统身份的原因）的行动者，可能不得不转而从跨越结构洞的'资助人'那里获得社会资本，而不是试图自己作为架桥的中间人来传递信息和资源"。❷ 因此，法官必须借助于村支书这个"中间人"及其社会资本。

当然，法官也可以利用其"合法律性"身份，越过村支书而直接进入这个关系密切群体；但那样做存在较高风险，"那些被认为是外来者的行动者或者来自非传统群体的行动者如果试图跨越结构洞，可能会因此而受到惩罚"，❸ 会受到来自这个群体的反抗，甚至是来自村支书的有组织的或明或暗的不作为的或作为的反抗；即使是这次借助于非常手段侥幸实现了暂时的司法跨越，但法官

---

❶ 张洪涛：《社会学视野中的法律与习惯》，载《民间法》第 2 卷，山东人民出版社，2003。
❷ R. S. Burt, "The Network Structure of Social Capital," *Research in Organizational Behavior*, 2000: 345 – 423。
❸ R. S. Burt, "The Network Structure of Social Capital," *Research in Organizational Behavior*, 2000: 345 – 423。

下次会面临更加顽强、更加周密、更具组织化的反抗和刁难,甚至会造成法官对这个关系密切群体的信息利益和控制利益的永久放弃。

第四,针对上述法官存在的时间、精力和身份局限,村支书则是一个非常适合的人选。首先,村支书长期生活在这个关系密切群体中,是这个关系密切群体中的一员,不存在时间与精力上的限制,也不存在身份的局限。其次,村支书还是这个关系密切群体中具有一定声望和社会地位的一员,有较高的点入度中心性,是整个关系密切群体中社会关系网络的中心(如图 6.2 所示)和"信息的集散地",是法官获取这个关系密切群体的有关信息的最好"库房"。❶ 当法官与村民出现沟通障碍时,得以由村支书及时疏通,村支书成了"翻译者";当法官与村民存在信息不对称而陷入"囚徒困境"时,有村支书及时的信息传递,村支书成了"信息桥"。

再次,"一个提供信息利益的结构洞也衍生出控制利益"。❷ 村支书既是整个关系密切群体的信息中心,又是其控制中心,同时又是国家权力进入乡村社会的最末端的行政管理者,是整个国家行政管理网络中的一个结点,是法官可以借助于政府这个中介而达到的目标及其目标群体,❸ 因此,法官借助于村支书不仅可以获取信息利益,更重要的是还可以获取控制利益。正是村支书的嵌

---

❶ 苏力:《为什么"送法下乡"?》,强世功:《法律不入之地的民事调解——一起"依法收贷案"的再分析》,载强世功编《调解、法制与现代性:中国调解制度研究》,中国法制出版社,2001。

❷ 罗纳德·伯特:《结构洞——竞争的社会结构》,任敏等译,格致出版社、上海人民出版社,2008,第 47 页。

❸ 强世功:《法律不入之地的民事调解——一起"依法收贷案"的再分析》,载强世功编《调解、法制与现代性:中国调解制度研究》,中国法制出版社,2001。

入，使得原先法官与村民之间的显得僵硬刚性易断裂的双边的控制与被控制的关系，变成了法官—村支书—村民之间的有一定弹性的不易破裂的多边的控制与被控制的关系：当法官与村民的关系有"脱轨"倾向时，得以有村支书的修复，村支书成了"控制臂"；当法官与村民的关系出现断裂时，有村支书及时地"粘合"，村支书成了"双面胶"。

  法官能通过村支书的嵌入来填补法官与村民之间的法律洞，获取信息利益和控制利益，村支书也可以利用这个法律洞来实现对法官的控制和约束。"当关系人身边的结构洞为玩家提供了信息利益和控制利益，关系人也可以培育玩家周围的结构洞以便为自己谋取利益。"❶ 由于国家制定法与习惯法或者说法官与村民之间存在法律洞，法官附近应该说存在更多的结构洞，如图 6.1 的第五个玩家，因此，村支书存在更多的第三方策略空间可利用；相反，村支书与村民由于处于同一关系密切群体，就此而言，村支书身边没有结构洞存在，如图 6.1 的 C_1 群体，法官无第三方策略空间可利用。换言之，对处于关系一端的村支书而言，自己身边没有结构洞，而处于关系另一端的关系人法官却富有结构洞，因此，村支书就具有了更高程度的结构自治，处于获取信息利益和控制利益的最佳位置；相反，法官结构自主性较低甚至没有，处于获取信息利益和控制利益的不利位置。正因为如此，村支书能在不与法官商量的情形下，自作主张地为被告免掉诉讼费和交通费，由他"顶这个人情"；而法官对此不但没有拒绝，而是予以认同："这是调解的办法"。可见，正是法官和村支书周围汇集的结构洞分布的不同，决定了法官在解决纠纷中必为村支书所取代，至少是形

---

❶ 罗纳德·伯特：《结构洞——竞争的社会结构》，任敏等译，格致出版社、上海人民出版社，2008，第 44 页。

成"官绅共治"的局面。这就是结构洞的力量。

因此，村支书的嵌入不仅可以为法官提供信息利益和控制利益，而且也为村民提供了"庇护伞"，使村民可以利用村支书来反制法官，缩短与法官的关系距离，获取信息利益和控制利益，有了抵赖和求情的空间，而不至于使自己一败涂地；也因此，村支书的嵌入还可以扩大法官与原告的关系距离，使之不会像嵌入之前那样完全站在原告的那一方（图6.1中白色区域），尽量保持中立的态度，形成一片灰色的中间地带，如图6.2所示；最重要的是，村支书的嵌入为习惯法及其运作机制的嵌入和调解的嵌入提供了微观的活的通道和载体，用村支书转述某人的话说就是："你村上跟上个人，你们的人，说服啦，教育啦，给他帮个忙。"

五、法官宏观层面的策略性嵌入：制定法与习惯法的融合

从理论上说，提高法律结构自治，除了实现国家制定法与习惯法的有机融合，减少甚至消除法律自身存在的法律洞外，还可以通过在关系的另一端即法律治理目标群体如村民所处的关系密切群体内制造结构洞，以提高法律的结构自治。后者实际上就是我国目前学界惯常所说的，对像村民所处的那种关系密切群体的改造，或随着现代化发展而使之陌生化，如将图6.1，6.2的 C_1 群体改造成 C_2 群体，将 L_B 群体发展成 L_A 群体。笔者在此尚且不谈从关系密切群体向陌生人群体的转变需多长时间的问题；❶ 实际上，这种转变是否可欲本身就是一个值得怀疑的问题。像中国乡土社会中存在的这种关系密切群体，不只是存在于中国"落后"的农

---

❶ 苏力论述过这个问题，有兴趣的读者可参见苏力：《道路通向城市——转型中国的法治》，法律出版社，2004，第37页。

村社会，也较为广泛地存在于中国现代化的都市社会；❶ 不只是存在于中国的都市社会，也存在于西方发达国家的都市社会；❷ 不只是存在于中国传统社会，也存在于资本主义市场经济最为发达国家的经济较为发达地区；❸ 不只是存在于中国乡村一个较小的空间范围，也存在于西方发达国家的一个较大的空间范围；❹ 这种关系密切群体中形成的习惯法不只是存在于较小范围的熟人社会，也可以在现代较大范围的陌生人社会中出现；❺ 特别是随着现代社会的多元化、去中心化、多中心化和碎片化的不断发展，形成关系密切群体的社会条件不但没有减少，相反有不断增多的可能。❻

我们在强调关系密切群体在世界范围内的普遍性与共同之处时，还应注意中国社会在这个方面的特殊性。由于我国地域辽阔，人口民族众多并带来的人口居住的相对集中和人口密度的提高，以及中国社会传统上家族社会、关系本位社会、伦理本位社会的长期存在和中国人对人际关系的重视，❼ 加之后来的城乡二元结构、"乡土中国"、"单位中国"、"三农中国"等因素的影响，使中国社会更容易形成更多的基于血缘、地缘和业缘关系上的关系密切群体。这种关系密切群体不只是存在于中国的乡土社会，也

---

❶ 苏力：《道路通向城市——转型中国的法治》，法律出版社，2004，第37页。
❷ 埃里克森：《无需法律的秩序——邻人如何解决纠纷》，苏力译，中国政法大学出版社，2003，第171－179页。
❸ 埃里克森：《无需法律的秩序——邻人如何解决纠纷》，苏力译，中国政法大学出版社，2003，第17－148页。
❹ 埃里克森：《无需法律的秩序——邻人如何解决纠纷》，苏力译，中国政法大学出版社，2003，第318－328页。
❺ 埃里克·A. 波斯纳：《法律与社会规范》，沈明译，中国政法大学出版社，2004，第15－51页。
❻ 哈贝马斯：《在事实与规范之间》，童世骏译，生活·读书·新知三联书店，2003。
❼ 梁漱溟：《中国文化要义》，学林出版社，1987；金耀基：《金耀基自选集》，上海世纪出版集团、上海教育出版社，2002，第93－174页。

广泛存在于中国都市社会的政治、经济、社会等领域。❶ 因此，对关系密切群体法律治理的问题，在中国社会应该更为突出，更为普遍，也更为紧迫；它不只是中国目前社会要面临的问题，也是中国未来社会要面临的问题；换言之，它不是一个目前许多中国学者意图消除掉的问题，而是任何社会以及任何社会的任何阶段也要面临的问题。

因此，将关系密切群体发展成陌生人社会以达到制造结构洞来提高法律结构自治的做法是不现实的，也是行不通的。现在唯一可行的有效办法就是通过将中国因素如习惯法及其运作机制嵌入纠纷的解决中来，实现国家制定法与习惯法的有效融合，以填补立法中没有有效融入中国因素而出现的法律洞，提高法律的结构自主性，改变法律在与关系密切群体之间形成的社会关系网络中所处的不利的网络地位。"当效用是最高考虑因素时，对解决一个群体之内发生的日常纠纷感兴趣的法律制定者不可能改进该群体的习惯规则。在这种情况下，一个法律体系的比较恰当的做法是依从一个群体的非正式做法。"❷ 因此，在这里，作为纠纷解决依据的规则是模糊的："依法收贷"可以限缩解释为严格依据国家制定法，也可以扩大解释为包括习惯法在内，甚至还可以理解为——借用村支书的话——"王法"；既有"国法"，更有"人情"与"天理"。在这里，规则运作机制也是不确定的：既有法律规定的显性激励机制，更有与信誉有关的面子等隐性的激励机制；既有法律论证的进路，更有道德论述的进路；既有"依法收贷"

---

❶ 如在中国各地城市中存在着许多"温州村""安徽村""河南村"等这样的关系密切群体；其中，最为典型的例子如：张翼：《国有企业的家族化》，社会科学文献出版社，2002。

❷ 埃里克森：《无需法律的秩序——邻人如何解决纠纷》，苏力译，中国政法大学出版社，2003，第350页。

的法律权威的"显摆",又有法律的无奈(赖?)——"不行就抵东西,今天过来交不齐就不走"。在这里,即使是作为法律追求明确、清晰等目标的法律信息,也可以作模糊化甚至歪曲的处理:在专业人士看来,与案件毫不相干的银行法和破产法也可以派上用场;作为法律同等保护的财产,为了激活村民的认同,也可以区分为"公款"和"私款"并加以区别对待;赔偿的金额和罚款也可以"我给主任(信用社主任)作工作,费用(甚至包括国家的——引者注)可以少一点";"准确的、模糊的或者歪曲的信息被第三方操纵着在关系人之间流动"。[1]

正是通过习惯法及其运作机制(如图 6.1 的黑色区域)的嵌入,使原先显得僵硬刚性的国家制定法(如图 6.1 的白色区域)变成了有一定弹性和张力的由国家制定法与习惯法融合而成的新规则(如图 6.2 灰色区域),实现了国家法(图 6.2 L_1、L_2)与习惯法(图 6.2 的 C_3、C_4)的有机融合,消除了法律自身存在的法律洞,如图 6.2 的第五个玩家。由于这种新规则吸纳或考量了关系密切群体的习惯法及其运作机制,使被告村民愿意也易于去接近它,理解它,认可它,接受它,而不会像本案那样对国家制定法存在着深深的隔阂、不安、紧张和排斥,改善法官与被告村民之间关系,以致消除法官与村民之间存在的法律洞,也相应地可以减少因法律洞而带来的法官对村支书的依赖和审判对调解的依赖。同时,由于新规则嵌入了习惯法及其运作机制,使法官与原告之间的关系由于受村民的牵制,就不会出现像本案那种法官完全站在原告一边的不正常情形,加大法官与原告之间的关系距离,弱化法官与原告之间存在的强关系,使法官显得更中立,为新规则

---

[1] 罗纳德·伯特:《结构洞——竞争的社会结构》,任敏等译,格致出版社、上海人民出版社,2008,第 34 页。

为双方所理解、认同与接受打下坚实基础，从而提高了规则自身的结构自主性，如图 6.2 所示。"嵌入性能够将一种关系中的可以—必须—能够—不能这些默认规则，转变成令人更容易接受的其他规则"。❶ 用法官 G 朴素的话说就是："农村不依法律观念，依人情，人熟了以后，办事（人家就）相信你"。

习惯法及其运作机制的嵌入还会为法官带来意想不到的控制利益。是依国家制定法收贷，还是依习惯法收贷；是依"国法"，还是依"人情""天理"；是运用法律规定的显性激励机制，还是适用隐性的声誉激励机制如面子机制；是赔偿多，还是赔偿少；是审判，还是调解；是炕上开庭，还是法庭上见……这一切由于习惯法及其运作机制的嵌入而显得极其的不确定，没有哪个能表现得好像有绝对的权威。但正是这种不确定性，使之产生了一种内在的张力，"最重要的张力不是竞争者之间的敌意，而只是不确定性"。❷ "没有张力，就没有第三方。"❸ 正是这种张力，也提供了能够为法官所利用的第三方策略，最终为法官带来控制利益。这种控制利益表现在村民身上，就是要还清欠款，但也要留有余地，可以给予"折扣"和"优惠"，不能让他有"全败"的感觉；体现在原告身上，就是尽管可以收回欠款，但不能得理不饶人，不能让他有"全胜"的感觉；呈现在村支书身上，就是我可以给予你面子，但也要有分寸，优惠不能全由你说了算数，费用不能像村支书所说的全免，最后的决定权尽管实质上是"官绅共享"，

---

❶ 罗纳德·伯特：《结构洞——竞争的社会结构》，任敏等译，格致出版社、上海人民出版社，2008，第 240 页。

❷ 罗纳德·伯特：《结构洞——竞争的社会结构》，任敏等译，格致出版社、上海人民出版社，2008，第 47 页。

❸ 罗纳德·伯特：《结构洞——竞争的社会结构》，任敏等译，格致出版社、上海人民出版社，2008，第 33 页。

但在形式上还是由"官"最后拍板定夺。可见,法官之所以将习惯法及其运作机制嵌入纠纷的解决中来,除了填补法律洞以提高结构自主性外,还可以将令人不快的制约嵌入法官更能控制的新关系中来。这就是法官宏观上采取嵌入策略的实质。

六、法官中观层面的策略性嵌入:审判与调解的轮换

法官之所以能实现微观层面村支书的嵌入和宏观层面习惯法及其运作机制的嵌入,还需中观层面能将微观和宏观联结起来的社会组织及其结构的嵌入,以便从中观组织层面上保障上述微观和宏观两种策略性嵌入得以顺利实现。换言之,就是法官为了制度化地实现村支书和中国因素的策略性嵌入,以便达到法律洞的司法跨越,必将审判置换为调解。这是因为:不论是西方已实现司法化的审判的组织结构,还是中国目前没有完全实现司法化的审判的组织结构,都无法制度化地实现村支书和习惯法的嵌入,而中国调解制度的组织结构可以做到这一点。

中国目前没有完全实现司法化的审判,不仅是规范结构,而且是等级结构,嵌入这种结构中的所有人(包括法律人和有可能进入的非法律人)是服从与被服从的关系,其组织沟通主要是自上而下的纵向沟通,其组织互动是顺从型互动,其组织决策和目标由处于等级结构顶端的最高领导者如立法者决定,它有一个权威性的命令链来保障其组织目标的贯彻与实施,[1] 因此是一种非常典型的"目标引导的网络"。[2] 这种网络有较为清晰的时间边界,严格遵循诉讼时效规定的时间界限;有较为清晰的内容边界,辩

---

[1] 张洪涛:《司法之所以为司法的组织结构依据》,《现代法学》2010 年第 1 期。
[2] 关于目标引得的网络及其特征的详细研究,参见马汀·奇达夫、蔡文彬:《社会网络与组织》,王凤彬等译,中国人民大学出版社,2007,第 99 - 127 页。

论的内容和支撑辩论的证据等必须遵循法律的规定，围绕法官确定的法律争点进行；也有较为确定的社会边界，审理案件的地点、参与诉讼的人员等方面必须合法，任何不合法的选项（如炕上开庭、村支书等），都不能作为法官和当事人的选项。在这种网络中，人与人之间的联结较为紧密，不可能形成次网络，结构洞最少，因此无法融入相对法律而言的异质性因素，无法为法官将一种特殊的关系如村支书和一种易于为纠纷双方所接受的由国家制定法与习惯法融合而成的新规则的嵌入提供策略性的制度空间，不具有跨越其法律洞的功能。

西方已实现司法化的审判，尽管是同等结构和主体性结构，其嵌入这种结构中的所有人主要是平级关系，其组织沟通主要是横向沟通，其组织互动也主要是协作型互动，可能会出现冗长的辩论、观点的分裂，所有的观点都可以得到代表，所有的论点都可以散发，所有的利益都可以被给予其恰当的分量，法官也具有一定的自由裁量权，❶ 偶尔也会填补一些法律漏洞，有少量的结构洞存在；但它不过是"在法律运用的角度之下再次打开了各类论据（它们已经进入立法过程中，并且为现行法律的合法性主张创造合理基础）的包裹"❷，也是规范结构，不可能做到像本案那样将不合法的规则如习惯法和不合法的人员如村支书嵌入审判中，并对司法结果产生决定性影响，与我国审判一样，有清晰的时间边界、社会边界和内容边界，主要是一种目标引导的网络。在这种主体性结构中，倡导并得以实现的是人的利益的最大化及其体

---

❶ 张洪涛：《司法之所以为司法的组织结构依据》，《现代法学》2010 年第 1 期；张洪涛：《中国法院压力之消解》，《法学家》2014 年第 1 期。

❷ 哈贝马斯：《在事实与规范之间》，童世骏译，生活·读书·新知三联书店，2003，第 348 页。

现的工具理性而不是主体间性或沟通理性，因此，即使是像本案那样村支书和习惯法及其运作机制嵌入了，也不可能像本案那样形成"官绅共治"与国家制定法和习惯法"共治"而形成一种新规则的局面，也就不能有效填补法律洞，不具有跨越法律洞的功能。

而中国调解制度不仅是同等结构和主体性结构如自愿原则，更是空缺结构如较大的灵活性和主体间性结构如换位思考中、庸思想。❶ 第一，这里没有明确的时间边界，法律规定的时效失灵了，"依法"只是一种修辞，❷ 一个过去了十年的"依法收贷案"的时效问题无人提起，甚至还包括法官。第二，这里的社会边界也不确定。"任何可言说者均可参加论辩"，❸ 即使是一些"局外人"如村支书、营业所主任等，也可以参与其中，甚至还有可能成为左右案件的关键性人物，而法律规定需要参加的人员如书记员却可以缺席，组织群体的边界可以根据需要可大可小，正如《中华人民共和国人民调解法》第 20 条规定："人民调解员根据调解纠纷的需要，在征得当事人的同意后，可以邀请当事人的亲属、邻里、同事等参与调解，也可以邀请具有专门知识、特定经验的人员或者有关社会组织的人员参与调解。"这些不确定的人员所处的社会空间位置也是不确定的：既像是处于审判之中，更像是置于调解之中；既像是处于法官主持的法院调解，更像是置于村支书主持的行政调解；❹ 既像是在庄重肃穆的法庭上开庭，

---

❶ 张洪涛：《中国法院压力之消解》，《法学家》2014 年第 1 期。
❷ 苏力：《关于能动司法与大调解》，《中国法学》2010 年第 1 期。
❸ 伊芙琳·T. 菲特丽丝：《法律论证原理》，张其山等译，商务印书馆，2005，第 61 页。
❹ 法院调解与行政调解甚至和解，都是规范论者的一种理论抽象，现实生活中，这种区别意义不大。因此，本章作为一种事实性或描述性的研究，没有也无须明确区别之，尽管本章主要研究的是法院调解。

更像是在炭火般温暖的"炕上开庭"。第三，这里的内容边界也不确定。"任何人均可质疑任何主张，任何人均可在论辩中提出任何主张，任何人均可表达其态度、愿望和需求"。❶ 即使是在法律看来一些不符合法律甚至违背法律但对问题的解决至关重要的一些态度、愿望和需求，也可以带入调解之中受到所有成员甚至包括法官的关注、考虑甚至"认可"，如一件通奸案中被告对原告的无法律依据甚至违法的"法律制裁"，也得到了法官以拘留形式的"认可";❷ 既可以谈论国家大事，还可以"拉家常"；既可以将一些与案件毫不相干的法律如银行法、破产法等加以望文生义地随意"粘贴"，而对那些与案件密切相关的实体法和程序法不闻不问；即使是有一定法律约束力的调解协议也不确定，甚至可以以"制作"的形式由法官加以填充以应对"上面"的检查。总之，法律像是一把"活动锁，可上可下"，更像是一张"被揉皱的纸"。

可见，这里形成的是一张典型的"偶得的网络"，❸ 营造的是一种"超越法律"的"理想的言谈情景"，体现的是一种主体间性精神或中庸精神或沟通理性，而不是将个人利益和权利推到极致的工具理性。在规则主义者看来，这种不确定性应受到诟病；在公平的价值追求者看来，这种不确定性"也不是那么十分公平，往往亏一方当事人着了"，也应受到猛烈抨击；但实用主义法官 G 认为："调解的效果比判决好，好兑现，以后的相处关系也融洽了。判的话，矛盾一时解决不了，也不好兑现"；正是这种不确定

---

❶ 伊芙琳・T. 菲特丽丝：《法律论证原理》，张其山等译，商务印书馆，2005，第 62 页。

❷ 苏力：《当代中国法律中的习惯——从司法个案透视》，《中国社会科学》2000 年 3 期。

❸ 关于偶得的网络及其特征的详细研究，参见马汀・奇达夫、蔡文彬：《社会网络与组织》，王凤彬等译，中国人民大学出版社，2007，第 99－127 页。

性，为纠纷解决提供了张力，为法官的策略性嵌入提供了策略空间，为一种特殊关系和一种规则的嵌入提供了制度化通道；正是这种主体间性结构及其体现的主体间性精神或中庸精神或沟通理性，为村支书和习惯法的嵌入，为原告方与被告方达成一种易于为双方所接受的新规则的嵌入提供了可能；正是这种典型的开放性的"偶得的网络"，人员之间的关系较为松散，遵循自愿原则，人员的进出非常自由，随着人员和规则的不断进出而不断地填补掉法律（法官）周边的法律洞，提高其结构自主性，为法律洞的司法跨越提供了可能。

"正如结构洞在个体间导致不平等一样，它也导致了组织间的不平等。"❶ 正是我国未完全实现司法化的审判组织、西方已实现司法化的审判组织和中国调解组织的组织结构及其结构洞分布的不同，决定了本案中的审判必然要为调解所置换。

七、结语：从个案研究迈向一般理论

法官为了克服关系密切群体的法律治理受次级结构洞的缺乏而带来的约束，只能通过嵌入策略将村支书、习惯法和调解引入关系密切群体的法律治理中来，以填补法律（法官）周边的法律洞，提高法律（法官）结构自主性，实现法律洞的司法跨越。然而，法律不只适用于关系密切群体，而要适用于所有社会群体，因此，我们除了像上文那样着重讨论法律洞及其填补和司法跨越外，关系密切群体本身也可以作为自变量加以开放式探讨，以使我们的个案研究能够迈向一种更具普遍意义的一般性理论。与本章研究的典型群体对应的另一类典型群体——关系松散群体或者

---

❶ 罗纳德·伯特：《结构洞——竞争的社会结构》，任敏等译，格致出版社、上海人民出版社，2008，第199页。

叫陌生人群体，也就成了在此探讨的主要对象。因为，当我们研究清楚了这两类典型群体后，我们就可以解释所有社会群体，同时法律就可以顺畅适用于所有社会群体。

在陌生人群体中，由于人们之间的联结较弱或者关系出现了间断，因此，作为法律治理对象的陌生人群体中就有更多的次级结构洞如图 6.1 与 6.2 的 L_A、C_2 群体。在法律（法官）周边法律洞相同的情况下，包括图 6.1 和图 6.2 的第五个玩家，法律（法官）的结构自主性比在关系密切群体中的结构自主性要高，法律（法官）就有可能不需要通过嵌入策略引入村支书、习惯法和调解等来提高结构自主性，减轻甚至消除对因缺乏次级结构洞而带来的约束，减少甚至完全摆脱对村支书、习惯法和调解的依赖，独立地实施法律。即使是在法律洞存在的情况下，如图 6.1 的第五个玩家，也可以通过扩展策略利用法律适用对象周边存在的结构洞（如图 6.1 的 L_A、C_2 群体）来提高结构自主性，独立地实施法律，而不一定非要采取嵌入策略不可。如我国目前的国家制定法，尽管存在法律洞，但在陌生人社会或工商社会中，还是可以得到大体的实施。

当然，如果法律与中国因素如习惯法实现了紧密融合，法律（法官）周边没有法律洞，如图 6.2 的第五个玩家，而在陌生人群体存在结构洞，如图 6.2 的 L_A、C_2 群体，这时，法律（法官）就处于关系网络中获取信息利益和控制利益的最佳位置："他们自己这一端没有结构洞，而在另一端有丰富的结构洞，那么他们就是结构自治者。"❶ 这就是法律（法官）的"美梦"。作为这种情形的典型例子就是西方的自治型法；这也许是西方之所以走上法治

---

❶ 罗纳德·伯特：《结构洞——竞争的社会结构》，任敏等译，格致出版社、上海人民出版社，2008，第 48 页。

之路的奥秘之所在。

相反，如果在法律（法官）这一端有大量的法律洞，如图6.1的第五个玩家，而在关系的另一端即法律治理对象没有结构洞，如图6.1的C_1、L_B、L_G群体，那么法律（法官）就处于关系网络中获取信息利益和控制利益的最坏位置，法律（法官）的结构自主性最差，如本案就是如此。这就是法律（法官）的"噩梦"。作为这种情形的典型例子就是古代中国的情形；这也许是中国未走上法治之路的深层次的社会原因和法律原因。

上述各种情形归结到一点就是：法律的顺畅运行决定于法律（法官）的结构自主性，需解决好法律运行的外部问题与内部问题，或者说受两个因素或变量——法律（法官）治理对象周边的结构洞与法律（法官）周边的法律洞——的影响：法律（法官）关系人周边结构洞越多，如图6.1与$6.2C_2$，法律（法官）的结构自主性越高；法律（法官）关系人周边结构洞越少（如图6.1与$6.2C_1$），法律（法官）的结构自主性越低；法律（法官）周边越缺乏结构洞，如图6.2第五个玩家，法律（法官）的结构自主性越高；法律（法官）周边结构洞越多，如图6.1第五个玩家，法律（法官）的结构自主性越低。总之，法律（法官）的结构自主性与关系人周边结构洞（即次级结构洞）正相关，与法律（法官）周边结构洞（即法律洞或初级结构洞）负相关。

对于法律运行的外部问题，不论是关系密切群体还是陌生人群体，实际上在所有社会两者都存在，只是两者比例不同而已。如在古代社会，关系密切群体多于陌生人群体；而在近现代社会，陌生人群体在相对增多，关系密切群体有可能在相对减少，但绝不可能完全消失；相反，在未来的社会中，随着社会去中心化、多元化、多中心化的发展，关系密切群体还有可能增多。因此，我们制定的法律绝不能只针对陌生人群体，而不顾及或不考虑传统或现代的关系密切群体对法律的正当需求。这一点对中国目前的法治建设尤为值得注意。即使是在陌生人群体中，也有社会规范的产出和形成，❶也有法律与社会规范的融合以减少法律洞的问题。因此，在笔者看来，实现法律与社会规范的融合以填补甚至消除法律洞的工作更为重要，尤其在中国目前法治国家建设中更是如此。这也许是法律与习惯、道德、经济规律等社会规范融合始终处于西方学者尤其是法学学者研究和关心的核心问题的原因。

上述法律结构洞的思想在法学界并不是什么新的东西，应该说有更为久远的传统。我们可以从梅因的从身份到契约，杜尔凯姆的"社会分工论"，狄骥的社会连带主义法学，布莱克的社会分工、社会分层、社会文化、社会组织性与法律关系，费孝通的社会结构对法律下乡的影响，梁漱溟的中国社会关系本位、伦理本位对民主法治的影响，瞿同祖的中国家族社会与阶级社会对法律的影响等中外有关社会对法律的影响的思想中，找到其次级结构洞研究的痕迹。我们也可以从亚里士多德的法治论，孟德斯鸠的"论法的精神"，埃利希的法律与社会规范，福勒的"法律的道德性"，韦伯的法律与习惯、惯例属于同一连续体，哈耶克的规则与秩序的二元论，伯尔曼的法律既是从整个社会的结构和习惯自下而上发展而来又是从社会中的统治者们的政策和价值中自上而下移动而来，波斯纳的"法律的经济分析"，埃里克森的"无需法律的秩序"，小波斯纳（波斯纳之子）的"法律与社会规范"，制度经济学的正式约束要与非正式约束兼容，分析法学有关法律规范体系的理论，中国古代儒家提出的"以礼入法"与"徒法不能以

---

❶ 埃里克·A. 波斯纳：《法律与社会规范》，沈明译，中国政法大学出版社，2004，第 15–51 页。

自行"等有关法律与社会规范的思想中,追踪到有关法律洞研究的踪迹。我们还可以从昂格尔认为中西法治之不同在于其国家制定法是否与习惯法实现了有机融合,进一步地在于其社会是否存在集团多元主义、超验性宗教和自然法观念等社会条件,哈贝马斯的法律处"在事实与规范之间"等思想中,找到试图将上述侧重于事实性或次级结构洞的思想与侧重于规范性或法律洞的思想加以整合的迹象。

但只是结构洞理论使上述思想得到了更清晰、更全面地表达与极有可能走向定量化的测量,它将上述有关次级结构洞的理论或者哈贝马斯称为事实性的社会理论和有关法律洞(初级结构洞)的理论或者哈贝马斯称为规范性的法律理论,以及昂格尔尤其是哈贝马斯试图将两者整合在一起的理论追求,使结构洞这个概念得以有效实现,"结构洞作为一个基本单位第一次在理论上有了清晰的定义,而且具有操作性,可以用于经验研究"。❶ 不仅如此,而且结构洞理论使个人网—组织网—社会网实现了"三网"融合,也使微观—中观—宏观实现了"三观"贯通,使以前分别侧重于宏观研究(如梅因、杜尔凯姆等)、中观研究(如诺内特与塞尔兹尼克等)和微观研究(如法律经济学、法律心理学等)的思想整合在一个统一的概念和理论体系——结构洞理论——之中,避免了其各自的不足。同时,还让我们看到了微观—中观—宏观之间的内在联系——如中国自古至今存在的微观层面的"官"与"绅"、中观层面的审与调、宏观层面的"法"与"礼"之间为何要"共治"及其之间的内在联系;再如西方法治中的宏观的规则自治与微观的人员自治以及中观的机构自治和程序自治为何能自

---

❶ 罗纳德·伯特:《结构洞——竞争的社会结构》,任敏等译,格致出版社、上海人民出版社,2008,第48页。

治及其之间的内在联系——以及结构自治在其中的突出地位。

尽管"世界偏僻角落发生的事可以说明有关社会生活组织的中心问题",❶ 但本章的研究毕竟还是建立在世界偏僻角落发生的事上,而且是个案研究,很有可能存在"只见树木(尤其是偏僻角落地处'沙漠腹地'的树木)不见森林(尤其是居于中心地带的森林)"的风险。因此,笔者希望本章的研究只是"抛出"的一块来自"沙漠腹地"的"砖",希望以此引来更多处于中心地带的"玉",即有更多的学者来研究探讨这个问题,尤其是来自处于世界中心的并建立在统计数据基础上的经验研究,来验证、修改甚至推翻这个从"沙漠腹地"的个案中推导出来的暂时的一般性"预断"。

---

❶ 埃里克森:《无需法律的秩序——邻人如何解决纠纷》,苏力译,中国政法大学出版社,2003,第1页。

第七章

调审合一的立法原因：法律洞形成之社会网络分析

一、问题、材料与方法

实现法治与中国国情的结合，是当代中国法治建设的最终目标。这不仅明确规定在我国许多现行法律文本中，如《刑法》《民法典》《民事诉讼法》等，也成为许多学者建议立法的指导思想，如当代中国两部民法典学者建议稿（简称"梁稿"和"王稿"，下同）。[1] 中国法治的这种目标是否已变为现实？

---

[1] 梁慧星：《中国民法典草案建议稿附理由·亲属编》，法律出版社，2013，"序言"第9页；王利明：《中国民法典学者建议稿及立法理由：人格权编·婚姻家庭编·继承编》，法律出版社，2005，"体系说明"第6页。"为制定一部民法典形成两个草案是许多大陆法系国家的正常现象。受托起草的学者完成的草案成为先期草案（西班牙文是 anteprojecto；法文是 avant-project；我国习称'学者建议稿'）"（徐国栋著：《认真地对待民法典》，中国人民大学出版社，2004，第175页），而梁慧星称之为"草案建议稿"。本章取其习称，称之为"学者建议稿"。多年以来，我国理论界和实务界一直在为制定民法典而

如果没有，又存在哪些原因？是如何形成的？会造成哪些制度性影响？可采取哪些措施克服？这就是本章要——探讨的问题。

对上述问题，已有学者从规范层面进行了探讨；❶但有其不足，如从规范层面看不见法律是否实现了与中国国情的结合，但在立法过程中很可能考量了中国国情，是依中国国情作出的取舍、调适和修改。为此，必须将研究向前延伸到法案起草阶段。当代中国民法学者起草的两部民法典学者建议稿尤其是"附立法理由"，为本章提供了一个可实证研究的难得机会和材料。但本章并不打算考察其全部内容，只考察其中最具典型性和代表性，最能反映立法是否结合了中国国情的最富民族性、本土性的"亲属编"或"婚姻家庭编"。❷

如何进入研究对象并尽量做到客观甚至定量的研究呢？

为使立法最大限度地达到"纳什均衡"，受信息成本、立法者信息能力等因素的限制，立法面临的最大问题就是立法信息的不

（接上注）努力。1998 年，受全国人大常委会及其相关部门（法制工作委员会）的委托，梁慧星教授和王利明教授参与了民法典草案的起草工作，后来他们分别作为主持人，起草两部民法典的学者建议稿。根据以往的惯例，全国人大常委会法制工作委员会最后将两个建议稿整合为一部民法典草案（参见徐国栋著：《认真地对待民法典》，中国人民大学出版社，2004，第 155－178 页）。因此，在本章中，法工委被称为"立法者"，梁和王被称为主持人，他们的团队（梁网和王网）成员被称为学者建议稿的起草者。

❶ 苏力：《当代中国立法中的习惯》，《法学评论》2001 年第 3 期；杜宇：《重拾一种被放逐的知识传统》，北京大学出版社，2005；张洪涛：《习惯在我国制定法中制度命运的制度分析》，《法制与社会发展》2009 年第 5 期；张洪涛：《近代中国的"以礼入法"及其补正——以清末民初民事习惯法典化为例的实证研究》，《比较法研究》2016 年第 2 期。

❷ 如法国民法典、日本民法典、瑞士民法典等历史事实都说明了这个问题。另见徐国栋：《认真地对待民法典》，中国人民大学出版社，2004，第 41 页。

对称和不周全。❶ 在绝对意义上，人类不可能也没有必要做到立法信息的周全和对称，但在相对意义尤其是信息结构上，还是可以有所作为。一个相对合理完善的信息结构，对立法质量的提高至关重要。因此，本章只考察和研究民法典立法信息结构问题。

立法信息结构实质就是信息分类。根据本章研究需要，立法信息可作以下划分：

第一，法律是事实性知识与规范性知识的统一体，"在事实与规范之间"，❷ 因此，可将立法信息理念化地分为事实信息即自身信息和规范信息即法制信息。这种划分有利于考察立法是否实现了与中国国情的结合。既有法制信息，又有中国自身信息，立法就有可能做到与中国国情的结合；否则，两者缺一，就不可能实现两者的结合。

第二，根据信息来源不同，可将法制信息细分为大陆法系、普通法系和中国的法制信息三种。这种划分能反映立法是受大陆法系还是受英美法系影响大些，❸ 以考查法制信息的内部信息结构。

第三，同样可将自身信息细分为中国自身信息和国外自身信息两种。中国自身信息是指法律移植、取舍和选择的中国社会依

---

❶ 张维迎：《信息、信任与法律》，生活·读书·新知三联书店，2003，第178－251页；吴元元：《信息能力与压力型立法》，《中国社会科学》2010年第1期；波斯纳：《正义/司法的经济学》，苏力译，中国政法大学出版社，2002；埃里克森：《无需法律的秩序：邻人如何解决纠纷》，苏力译，中国政法大学出版社，2003。

❷ 哈耶克：《法律、立法与自由》（上），邓正来等译，中国大百科全书出版社，2000；哈贝马斯：《在事实与规范之间》，童世骏译，生活·读书·新知三联书店，2003。另外法理学分为规范法学流派和社会法学流派，也验证了这点。

❸ 考虑到中国法制和中国法学的移植性在我国改革开放初期表现得更为突出（苏力：《也许正在发生——转型中国的法学》，法律出版社，2004，第97－121页），我国法制信息应大多属于大陆法系法制信息。

据和理由，国外自身信息是指国外规范制定的原因和取舍、选择的社会依据和理由。这种划分可反映出法律与中国国情结合状况及其程度以及法律移植的水平。

第四，还可将中国自身信息再细分为直接和间接两种。直接自身信息是指规范层面的习惯、传统、道德等直接可转换为法律规范的制度信息；间接自身信息是指社会层面法律取舍、选择、制定的依据和理由。根据内容不同，间接自身信息又分为大词化（如抽象化）自身信息（如中国国情等）和具体化自身信息；后者又细分为纵向立法依据（如历史依据）、横向立法依据［如空间上的比较，包括立法时社会现实和立法后司（执）法预测］。这些指标可多维度地反映立法时对中国社会自身信息了解、研究的广度和深度，以及与中国国情结合的程度。

还需说明的是，本章只是根据研究需要和便利作的信息分类，其分类本身是否科学不是本章的研究目的，重要的是这种划分是否有利于接触到中国立法的真正问题并客观描述法律与中国国情结合状况。这是其一。其二，本章考察的是立法条文的信息结构即种类，对属于同类的几个信息只算作一个统计单位。其三，理论上信息分类相对明晰，操作起来可能模棱两可；对此，采取从大类如上位分类或尽量照顾小类原则。这对大类的信息结构统计没有影响，只影响小类的统计，对本章关注的问题不会产生大的影响。其四，有些条文没有本章所关注的诸种类信息，不在统计之列。其五，当某信息与本章研究的问题关系密切时，就再回到学者建议稿中研读，以保证其研究建立在客观材料基础上。尽管如此，还是不能保证每个条文的信息结构统计都是客观准确的，只能将此控制在合理范围内，不至于对研究的问题产生实质性影响。

二、当代中国民法典（学者建议稿）法律洞

依据上述"方法",对"梁稿"亲属篇和"王稿"婚姻家庭篇起草信息逐条进行信息结构统计,结果如下表7.1和表7.2。从中可看出其信息结构具有以下特征:

第一,总体信息结构严重失衡,自身信息很少,绝大部分是法制信息尤其是大陆法系（含中国）法制信息。尽管"梁稿"主持人遵循"从中国的实际出发"的"现实主义思路",❶ "王稿"主持人主张既要借鉴德国式的长处,又要借鉴罗马式的优点,要立足中国国情,科学地继受和创新,❷ 虽然两者在形式上有所区别,但在内容尤其是信息结构上,没有实质性区别,都是对中国现有法律条文和大陆法系有关条文的移植和借鉴,自身信息较少。在"梁稿"217条中,涉及大陆法系和中国法制信息的分别为189、136条,自身信息排除重复11条后,只有71条,约占33%；在"王稿"141条中,涉及大陆法系和中国法制信息的均为107条,自身信息排除重复的22条后,只有35条,约占25%。可见,民法典学者建议稿存在着"实践知识的短缺"和"疏于事实"的不足,❸ 自身信息与法制信息存在关系间断的情形,即"梁稿"和"王稿"分别约有67%和75%的立法条文只有法制信息没有自身信息尤其是中国自身信息,不可能实现两者的结合。

---

❶ 徐国栋:《中国民法典起草思路论战》,中国政法大学出版社,2001,第10页。
❷ 徐国栋:《中国民法典起草思路论战》,中国政法大学出版社,2001,第106–109页。
❸ 孙宪忠:《中国民法典制定现状及主要问题》,《吉林大学社会科学学报》2005年第4期,第171页；苏力:《也许正在发生——转型中国的法学》,法律出版社,2004,第122–154页。

表 7.1 "梁稿"亲属编信息结构统计表

法制信息	具体条文（第 1716 条至第 1932 条共 217 条）序号		合计	比率
	大陆法系	1、2、3、6、7、8、10、11、12、13、14、15、16、17、18、19、20、21、22、23、24、25、26、27、28、29、30、31、32、33、35、36、37、38、39、40、41、42、43、44、45、46、47、48、49、50、51、52、53、54、55、56、57、58、60、61、62、63、64、65、66、67、68、69、71、72、73、74、75、76、78、80、81、82、83、84、88、89、90、91、92、93、94、95、96、97、98、99、100、101、102、103、104、105、106、107、108、109、110、111、112、113、114、115、116、119、120、121、122、123、124、125、129、132、133、135、136、137、138、139、140、141、142、145、146、149、150、151、152、153、154、155、156、157、159、160、162、163、164、165、166、167、168、169、170、172、173、174、175、177、178、179、180、181、182、183、184、185、186、187、188、189、190、191、192、193、194、195、196、197、199、200、201、202、203、204、205、206、207、208、209、210、211、212、213、214、215、216、217	189	87
	中国	1、2、3、4、5、6、8、9、11、12、13、14、15、16、17、18、20、21、22、23、24、25、26、27、28、31、32、33、34、35、36、37、38、39、40、41、42、43、45、47、48、49、53、56、57、58、59、60、61、62、63、64、65、66、67、68、69、70、71、72、73、74、75、76、77、78、79、84、85、86、87、88、94、97、99、113、116、117、118、120、121、122、123、124、125、126、127、128、129、130、133、134、135、136、137、138、139、140、141、142、143、144、145、146、147、148、154、155、156、157、158、159、160、161、170、171、172、174、175、176、177、180、181、182、184、187、189、194、195、198、203、204、205、212、213、215	136	63
	英美法系	20、23、38、63、68、78、79、82、96、154、181、196、215	13	6

续表

具体条文（第1716条至第1932条共217条）序号					合计	比率
自身信息	外国				0	0
^	中国	直接		19、22、61	3	1
^	^	间接	具体化信息	大词化或抽象化信息	3、4、5、6、13、23、39、40、48、51、52、63、81、94、121、136、150、151、152、163、161、215	22	10
^	^	^	^	历史信息	2、3、5、8、11、13、33、38、39	9	4
^	^	^	^	现实信息	12、13、17、41、45、52、57、69、72、76、77、79、82、132、155、157、158、159、160、196	20	9
^	^	^	^	司（执）法信息	13、41、47、57、59、62、63、68、69、70、172、174、176、177、180、181、182、183、190、192、194、195、197、198、199、203、205、206	28	13

注："梁稿"每个条文由"条文""说明""理由""立法例"组成。本表中的序号是将亲属编第1716条作为第1条，重新编排至第1932条，共217条。比率＝条文数÷总条文数217条×100%。

第二，如果考虑到自身信息尤其是中国自身信息的具体内容，这种情形就更为普遍。"梁稿"和"王稿"中，涉及的直接自身信息和历史信息不仅很少（"梁稿"分别为3条和9条，分别约占1%和4%，"王稿"分别为6条和9条，分别约占4%和6%），而且大都以封建、落后、批评、否定等贬义形象出现，力图用法律改变之，如"梁稿"第19、22条，"王稿"第49条，等等。这与其他学者研究得出的结论基本一致。❶ 另外，在涉及中国自身信息时，常用大词化信息（如国情、实践情况、现实、特殊性等）来简化、代替甚至遮盖对丰富多彩的中国社会现实和历史的研究，缺少对大词化信息及其对法律规范影响的具体分析研究，"梁稿"大词化信息有22条，约占10%，"王稿"则有6条，约占4%。这也与某些学者的研究结论基本一致。❷ 因此，"梁稿"和"王稿"真正涉及自身信息的只有现实信息和司（执）法信息，"梁稿"分别为20条和28条，约占9%和13%，"王稿"分别为20条和15条，约占14%和11%，存在着"陌生于执（司）法"的情形。❸ 可见，即使是部分条款中既有法制信息也有自身信息，也存在着两者联结微弱的情形。

第三，法制信息内部也存在着严重的结构性失衡。"梁稿"和"王稿"大陆法系法制信息分别为189条和107条，约占87%和76%。如果从法制信息绝对数看，每个立法条文大陆法系的重复率很高，会远远超出这个比率，这从"梁稿""立法例"和"王稿""参考立法例"中可明显地看出来。如果考虑到中国法制信息与大陆法系法制信息的紧密联系，也可从中国法制信息反映出来。"梁稿"和"王稿"中国法制信息分别为136条和107条，约占63%和76%，民法典学者建议稿普遍存在"不加修改地纳入现成法律"的情形。❹ 而英美法系法制信息则较少，"梁稿"和"王

---

❶ 徐国栋：《认真地对待民法典》，中国人民大学出版社，2004，第35-44页；苏力：《当代中国法律中的习惯——制定法的透视》，《法学评论》2001年第3期，第25-26页；杜宇：《重拾一种被放逐的知识传统》，北京大学出版社，2005，第40-41页。

❷ 苏力：《也许正在发生——转型中国的法学》，法律出版社，2004，第18页。

❸ 苏力：《也许正在发生——转型中国的法学》，法律出版社，2004，第122-154页。

❹ 徐国栋：《认真地对待民法典》，中国人民大学出版社，2004，第156页。

稿"分别为 13 条和 14 条，约占 6% 和 10%。可见，民法典学者建议稿存在着法制信息内部的结构失衡以及与英美法系联结微弱或间断的情形。

表 7.2 "王稿"婚姻家庭编信息结构统计表

	具体条文（第 389 条至第 529 条共 141 条）序号	合计	比率
法制信息	大陆法系	4、5、6、7、8、11、13、14、15、16、17、18、19、21、22、23、25、26、27、28、29、30、32、33、34、35、36、37、38、40、41、45、46、48、49、53、54、55、56、57、58、59、60、61、62、63、64、65、66、67、68、74、75、76、77、78、80、81、82、83、84、85、86、90、91、92、93、94、95、96、97、102、103、104、105、106、107、108、109、111、113、114、115、116、117、118、119、120、121、122、123、124、125、126、127、128、129、130、131、132、133、134、135、137、138、140、141	107	76
	中国	1、2、4、7、10、11、12、13、14、15、16、17、18、19、20、21、22、23、24、25、26、27、28、29、31、32、34、35、36、37、38、41、42、43、44、45、46、48、49、50、51、52、53、54、55、56、57、58、59、60、61、62、63、64、65、67、68、69、70、71、72、73、75、77、78、79、82、83、84、85、86、87、88、89、90、91、92、93、94、96、97、98、99、100、101、102、103、104、106、107、108、109、110、111、112、113、114、116、119、120、124、126、129、132、134、136、137	107	76
	英美法系	14、16、18、65、66、67、68、93、102、103、106、119、133、136	14	10

续表

具体条文（第 389 条至第 529 条共 141 条）序号				合计	比率
自身信息	外国		119	1	1
	中国	直接	5、49、51、92、99、119	6	4
		间接 具体化信息	大词化信息: 3、12、21、34、83、129	6	4
			历史信息: 1、3、5、6、12、45、99、119、123	9	6
			现实信息: 1、6、8、11、20、34、40、44、45、46、51、52、56、70、92、103、115、119、124、129	20	14
			司（执）法信息: 5、7、8、12、18、46、52、55、60、62、110、115、119、124、138	15	11

注："王稿"每个条文由"条文""立法理由"和"参考立法例"组成。本表中的序号是将婚姻家庭编第 389 条作为第 1 条，重新编排至第 529 条，共有 141 条。比率=条文数÷总条文数 141 条×100%。

综上，中国民法典既存在法制信息与中国自身信息联结间断或微弱的情形（称为初级法律洞），也存在法制信息内部的结构失衡，与英美法系法制信息联结间断或微弱的情形（称为次级法律洞），好像整个法律网络信息结构出现了洞穴，即法律结构洞，简称为法律洞。❶ 既然民族性、本土性和文化性最强，在理论上来自

---

❶ 法律洞是笔者受社会学中结构洞启发提出的，用法学的话说就是法律（法制信息）与社会（自身信息）脱节或联系不紧密，用结构洞的话说就是法律（法制信息）与社会（自身信息）联结间断或微弱的情形。法律洞与法律漏洞最主要的区别是其结构性，前者是结构性缺失，后者不是。关于结构洞，详见罗纳德·伯特：《结构洞——竞争的社会结构》，任敏等译，格致出版社、上海人民出版社，2008；关于法律洞，参见张洪涛：《法律洞的司法跨越——关系密切群体法律治理的社会网络分析》，《社会学研究》2011 年第 6 期。

中国社会自身信息应该相对较多而来自西方法制信息相对较少的民法典学者建议稿中的"亲属编"或"婚姻家庭编"，在实然层面也存在着信息结构性缺陷——社会自身信息较少而西方法制信息较多——的情形，那么，对于民法典学者建议稿中那些比"亲属编"或"婚姻家庭编"的民族性、本土性和文化性较弱，而技术性较强的其他部分如"合同篇"，就更加存在着信息结构性缺陷的情形；因此，在这个意义上，我们就此可"以一斑窥全豹"，推断整个民法典学者建议稿也存在信息结构性缺陷。为什么当代中国两部民法典学者建议稿都会存在法律洞呢？以下将分宏观、中观与微观而论之。

三、立法网络的形成

每个关系人的个人知识结构网，构成了民法典微观层面的立法网络。❶ 参加"王稿"的 30 人所形成的社会关系网络，构成了"王稿"的立法网络即"王网"；参加"梁稿"的 26 人所形成的社会关系网络，构成了"梁稿"的立法网络即"梁网"。"王网"和"梁网"都属于中观层面的立法网络，统称为"群内网络"。按惯例，由"学者建议稿"经过"小组稿""室内稿"等阶段，最后形成"法律草案"，因此，参加"王稿"和"梁稿"的关系人又可能形成宏观层面的立法网络，即"群间网络"。在此，主要探讨后两者。

（一）群内网络

根据主持人提供的课题组成员相关信息和笔者在互联网上搜

---

❶ 这里的关系人除了包括主持人和起草者外，还包括实质意义上的立法者如人大法工委民法室及其成员；但文章对关系人的分析侧重于起草者。

索查询得到的信息,对"梁网"与"王网"社会关系网络进行统计,结果如下表7.3和表7.4,从中可看出群内网络具有以下共同特征:

表7.3 "梁网"社会关系统计表

姓名	年龄	性别	硕士	博士	博后	以前工作单位	现工作单位	职称（务）	与主持人关系
孙宪忠	49	男	社科	社科	不详	不详	社科院	研究员	同事、同门
尹田	52	男	不详	不详	不详	西南政法大学	北大法学院	教授	不详
郭明瑞	59	男	不详	人大	不详	北大法律系	烟大法学院	教授	不详
崔建远	50	男	吉大	不详	不详	吉大法学院	清华法学院	教授	不详
陈甦	49	男	社科	社科	不详	不详	社科院	研究员	同事
张新宝	45	男	人大	社科	不详	美德日访学	人大法学院	教授	不详
张广兴	不详	男	不详	不详	不详	不详	社科院	研究员	同事
邹海林	43	男	社科	社科	不详	不详	社科院	研究员	同事
房绍坤	44	男	北大	人大	不详	不详	烟大法学院	教授	不详
陈华彬	39	男	西政	社科	不详	社科院法学所	上海师大	研究员	同事
刘士国	52	男	社科	山大	人大	山大法学院	复旦法学院	教授	不详
傅静坤	40	女	中政大	社科	武大	西北大学	深大法学院	教授	师生

续表

姓名	年龄	性别	硕士	博士	博后	以前工作单位	现工作单位	职称（务）	与主持人关系
于敏	53	不详	日本	日本	不详	不详	社科院	研究员	同事
渠涛	50	男	日本	日本	不详	任教于日本	社科院	研究员	同事
韩世远	不详	男	吉大	社科	不详	社科院	清华法学院	教授	师生、同事
陈晓	不详	不详	不详	社科	不详	不详	中银集团	不详	不详
关涛	40	男	北大	不详	不详	不详	烟大法学院	教授	无直接关系
徐海燕	36	女	不详	社科	不详	不详	外经贸大学	副教授	师生
龚赛红	40	女	人大	社科	不详	湖南省委党校	北京化工	教授	师生
王轶	34	男	吉大	人大	北大	北大法学院	人大法学院	教授	不详
薛宁兰	不详	女	西政	不详	不详	中国警官大学	社科院	副研究员	同事
王丽萍	41	女	厦大	山大	不详	不详	山大法学院	教授	师生、同事
侯利宏	不详	女	社科	不详	不详	律师	社科院	助理研究员	同事
谢鸿飞	33	男	北大	社科	不详	不详	社科院	副研究员	同事、师生

续表

姓名	年龄	性别	硕士	博士	博后	以前工作单位	现工作单位	职称（务）	与主持人关系
李霞	42	女	不详	社科	不详	不详	山大法学院	副教授	同事

资料来源：人员名单、博士学位、职称（务）和现工作单位来源于"梁稿"；其他信息由笔者2009年网上搜寻而来。网上搜寻的信息与民法典起草时的信息肯定有所差别，但不会对本研究产生实质性影响。"社科"是中国社会科学院，"日本"是指来自日本的大学。

表7.4 "王网"社会关系统计表

姓名	年龄	性别	硕士	博士	博后	以前工作单位	现工作单位	职称（务）	与主持人关系
杨立新	54	男	不详	不详	不详	法院、检察院	人大法学院	教授	同事
王轶	33	男	吉大	人大	北大	北大法学院	人大法学院	教授	同事、师生
马强	39	男	人大	人大	不详	不详	密云区法院	院长	师生
尹飞	不详	男	人大	人大	社科	不详	中央财大	副教授	不详
徐晓峰	不详	男	人大	不详	不详	不详	不详	不详	不详
马特	28	男	不详	人大	不详	不详	外经贸大学	副教授	师生
杨大文	72	男	无	无	无	北大法律系	人大法学院	教授	同事
高留志	30	男	不详	人大	不详	不详	郑大法学院	副教授	不详

续表

姓名	年龄	性别	硕士	博士	博后	以前工作单位	现工作单位	职称（务）	与主持人关系
熊谓龙	不详	不详	不详	人大	不详	不详	北师大	不详	不详
龙翼飞	46	男	人大	人大	不详	不详	人大法学院	教授	同事
张平华	31	男	不详	人大	不详	不详	烟大法学院	副教授	不详
郭明瑞	58	男	不详	人大	不详	北大法律系	烟大法学院	教授	同学
房绍坤	43	男	北大	人大	不详	不详	烟大法学院	教授	不详
梅夏英	35	男	武大	武大	人大	不详	外经贸大学	教授	师生
程啸	不详	男	人大	人大	不详	不详	清华法学院	不详	师生
张鹏	29	男	不详	人大	不详	不详	苏大法学院	不详	不详
关涛	39	男	北大	不详	不详	不详	烟大法学院	教授	无直接关系
张谷	37	男	华政	人大	北大	人大法学院	北大法学院	副教授	不详
高圣平	37	男	中政大	人大	不详	人大法学院		副教授	同事
易军	30	男	中南	人大	人大	不详	中政大	副教授	师生
宁红丽	30	女	中南	人大	人大	不详	外经贸大学	副教授	不详

续表

姓名	年龄	性别	硕士	博士	博后	以前工作单位	现工作单位	职称（务）	与主持人关系
郭锋	43	男	人大	人大	不详	不详	中央财大	教授、院长	同门
姚辉	41	男	人大	人大	不详	不详	人大法学院	副教授	同事
周珂	51	男	人大	人大	不详	不详	人大法学院	教授	同事
姚欢庆	34	男	人大	人大	不详	不详	人大法学院	副教授	同事
王成	不详	男	不详	人大	不详	不详	北大法学院	教授	不详
冯恺	不详	女	山大	人大	不详	不详	中政大	讲师	师生
周友军	27	男	人大	人大	不详	不详	北航	讲师	不详
袁雪石	不详	不详	不详	人大	不详	不详	国务院原法制办	不详	不详

资料来源：人员名单来源于"王稿"；其他信息来源于笔者2009年网上搜寻而来。网上搜寻的信息中，有些信息处于变动中，2009年的信息与民法典起草时的信息肯定会有所差别；但由于本章考察研究的是学历知识和职业结构影响民法典信息结构问题，而不是考察研究学历、职称等的影响程度问题，因此，这种误差不会对本研究产生实质性影响。

第一，从职业构成看，绝大部分人员任教于国内高校法学院或法学研究机构，大多是教授（研究员）或副教授（副研究员）。"梁网"26人中，大部分人来自社科院、北大、烟大、清华、人大、上海师大、复旦、深大、外经贸大、北京化工、山大等高校或科研机构，1人来自法律实务部门；其中教授或研究员20人，副教授或副研究员4人，助理研究员1人，1人职务不详。"王网"

30人中，大部分人来自人大、中央财大、外经贸大、郑大、烟大、清华、苏大、浙大、中政大、北大、北航等高校法学院，3人职业不明，2人来自法律实务部门，还有人是曾在法律实务部门工作过，如张立新曾在法律实务部门工作过；其中教授12人，副教授10人，讲师2人，5人职务不明。

第二，从学历构成看，大多是民商法学博士，获博士单位集中于人大法学院和社科院法学所。"梁网"民商法学博士20人中，6人不明，获社科院博士的至少12人；"王网"民商法学博士26人中，1人无博士学位，3人不明，获人大法学院博士的至少23人。

第三，大部分成员与主持人有强关系。[1]"梁网"25人（主持人除外）中，以主持人所在的社科院法学所为"梁网"联结点，获博士的12人，硕士的5人，工作的9人，只有6人与社科院法学所没有直接关系；其中，同事关系13人（含主持人在山东大学法学院的同事2人），师生关系5人，其余的不明。"王网"29人（主持人除外）中，以主持人所在单位人大法学院为"王网"联结点，获博士的23人，获硕士的10人，工作的8人，做博士后的4人，只1人与人大法学院没有直接联系；其中，同事8人，师生19人（包括狭义的师生7人，广义的师生即在人大法学院读过书与主持人形成师生关系的12人），同学2人。

第四，即使部分成员开始不是强关系，也很有可能发展为强关系。首先，"出于社会比较和社会支持的目的，人们有一种很强的、同那些与自身具有共同特征的人聚拢在一起的倾向"。[2]"在一

---

[1] 这里的"关系"是社会学意义上的含义，是中性词，不是社会中一般人所理解的那种带有贬义的词。
[2] 马汀·奇达夫、蔡文彬：《社会网络与组织》，王凤彬等译，中国人民大学出版社，2007，第61页。

个组织中，如果某一社会分类是相对少见的，那么，组织成员就会使用该分类的特征项作为其社会身份识别和友谊关系建构的基础"。❶ "梁网"与"王网"中所有成员相同职业、相同知识学历、相同学术旨趣，为他们之间形成强关系提供了可能。❷ 其次，即使刚开始成员之间（如图 7.1 中 A、B、C、D 之间和 a、b、c、d 之间）并不熟，但由于有主持人及其所在工作单位这个"联结点"，受平衡论中相互性的影响，即 L 把 A、B、C、D 当作朋友，A、B、C、D 就有压力把 L 当作朋友，受平衡论中传递性的影响，即 A 与 B 是强关系，A 与 C 是强关系，B 与 C 之间也很有可能形成强关系，因此，A、B、C、D 之间和 a、b、c、d 之间都有可能发展成强关系。❸ 相反，如果群体内成员不同程度地卷入了不平衡关系中，就会产生不舒服的感觉，就会采取行动（如协调性顺从或中断关系）把不平衡关系转变为平衡关系，尽量采取一致性的行为和态度。这种平衡压力不只是在行为上，还在认知上尽量取得"认知平衡"。❹ "对于与自身密切相关的关系，自我有很强的动机使之平衡……人们会通过改变关系或认知来维持与自身密切相关的关系的平衡。"❺ 因此，人们出于平衡的压力，都倾向于采取一致或类似的社会行为，容易形成一致或类似的社会认知，也倾向

---

❶ 马汀·奇达夫、蔡文彬：《社会网络与组织》，王凤彬等译，中国人民大学出版社，2007，第 60 页。
❷ 罗纳德·伯特：《结构洞——竞争的社会结构》，任敏等译，格致出版社、上海人民出版社，2008，第 16 页。
❸ 关于平衡论中相互性和传递性的详细论述，参见马汀·奇达夫、蔡文彬：《社会网络与组织》，王凤彬等译，中国人民大学出版社，2007，第 47-50 页。
❹ 马汀·奇达夫、蔡文彬：《社会网络与组织》，王凤彬等译，中国人民大学出版社，2007，第 80 页。
❺ 马汀·奇达夫、蔡文彬：《社会网络与组织》，王凤彬等译，中国人民大学出版社，2007，第 82 页。

于形成一种"民主集中制"的关系密切群体或者网络体系,❶ 如图7.1中L和A、B、C、D之间与W和a、b、c、d之间的联系。

第五,以组织为分析单位,群内网络还存在着群内结构等位(如图7.1中的E-F-G网和e-f-g网),即"两个人如果拥有一样的关系人,他们在结构上就处于同等位置"。❷ 从学习单位看,"梁网"26人中,至少12人在社科院获博士学位,如果将硕士和博士后考虑进去,至少14人与社科院有这方面的联系;"王网"30人中,至少23人在人大法学院获博士学位,如果将硕士和博士后考虑在内,只1人与人大法学院没有这个方面的联系。从现工作单位看,"王网"中,9人来自人大法学院,4人来自烟大法学院,3人来自外经贸大法学院,2人来自中央财大法学院,2人来自北大法学院,2人来自中政大;"梁网"中,10人来自社科院,3人来自烟大法学院,2人来自清华法学院,2人来自人大法学院,2人来自山大法学院。这种群内结构等位即相同的学习单位和工作单位,同样受平衡论中相互性和传递性影响,易使群内网络形成强关系网络。

(二) 群间网络

上述有关群内网络的分析,同样适用于群间网络的分析:

第一,群间网络存在与"梁网"和"王网"类似的职业结构和知识学历结构,为群间网络L、A、B、C、D与W、a、b、c、d之间形成强关系提供了可能。

---

❶ 谢哲胜等:《中国民法典立法研究》,北京大学出版社,2005,第10页。
❷ 罗纳德·伯特:《结构洞——竞争的社会结构》,任敏等译,格致出版社、上海人民出版社,2008,第19-20页。结构洞理论具有"玩家-结构二元性",结构单位可以是个人,也可以是组织(详细论述,参见本书第5章);这里的结构单位是组织。

第二，如果以个人为分析单位，群间网络存在"小集团交叠"，即"某个小集团中的许多成员同时也会是其他小集团的成员"，❶也存在群间结构等位（如图7.1中H-I-J网），如王轶、郭明瑞、房绍坤、关涛等四人，既是"王网"的关系人，也是"梁网"的关系人。

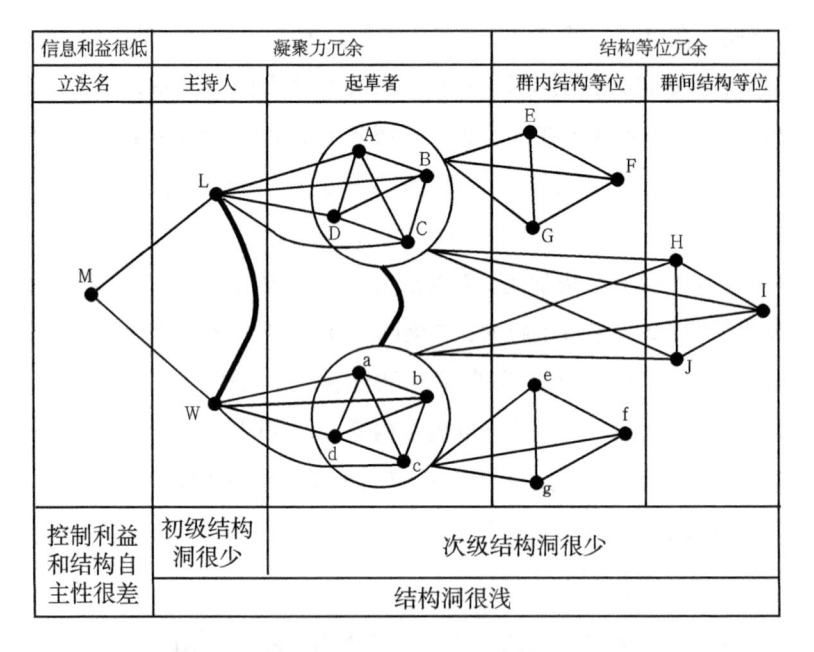

图7.1 立法网络的构成及其结构洞分布示意图

第三，如果以组织为分析单位，群间网络也存在群间结构等位，如图7.1中H-I-J网，"梁网"与"王网"共同的单位有：人大、北大、清华、外经贸大和烟大等高校。

第四，群间结构等位还会进一步影响到L子群体与W子群体

---

❶ 马汀·奇达夫、蔡文彬：《社会网络与组织》，王凤彬等译，中国人民大学出版社，2007，第53-54页。

成员之间的互动。由于王轶、郭明瑞等四人与 L 子群体的成员和 W 子群体的成员之间形成的是一种强关系，"梁网"的部分成员与"王网"的部分成员来自相同的单位，同样受平衡论中相互性和传递性的影响，L 子群体的成员和 W 子群体的成员之间形成强联结的可能性增大。如子群体 L 的成员 A 和子群体 W 的成员 a，都与王轶有强关系，受平衡压力的作用，A 与 a 之间形成强联结的可能性大增；依次类推，通过群间结构等位 H－I－J 网这个"联结点"的相互性和传递性的作用，子群体 L 成员 A、B、C、D 与子群体 W 成员 a、b、c、d 之间形成强关系的可能性也大为增加，最终使群间网络可能形成一种强关系网络。

第五，还不能忽视 L 与 W 之间关系的强度对子群体 L 的成员和子群体 W 的成员之间关系的影响。尽管 L 与 W 在中国民法典的体系、结构等形式上有一定分歧，但由于两者在教育、收入、职业、社会地位等方面存在一定程度的相似之处，尤其是在学术思想上应该说都属于诠释法学，❶ 在民法典的知识信息内容及其结构等实质内容上应该没有实质性分歧，都属于北京地区同一个领域的学者和民法典起草小组成员，因此，L 与 W 之间更容易形成强联结。同样受平衡论中相互性和传递性的作用，群间网络通过 L－W 这个"联结点"，在子群体 L 成员 A、B、C、D 与子群体 W 成员 a、b、c、d 之间形成强关系的可能性也大为增加，最终也使群间网络可能形成一种强关系网络。

四、立法网络结构洞对民法典法律洞的影响

第一，由大量重复关系人构成的民法典立法网络影响了民法

---

❶ 苏力：《也许正在发生——转型中国的法学》，法律出版社，2004，"引论"。

典法律洞的形成。"更多的关系人意味着你能获得更多的信息",❶ 但不可能无限制地扩大立法网络规模,"增加网络规模,关键是要增加非重复性关系人的数量",❷ 即"通过最优化网络中的非重复关系人的数量来最优化每个关系人的结构洞产出"❸。反之,"当若干关系人都介绍给你同样的人,提供给你同样的信息,他们就成为重复的关系人",❹ 如在群内网络中,由于群内每个起草者具有相同或相似的学历知识结构和职业结构,提供给主持人的很可能是相同或相似的立法信息;在群间网络中,由于每个主持人和起草者具有相同或相似的学历知识结构和职业结构,每个主持人和每个起草者通过主持人提供给立法者的很可能也是相同或相似的立法信息。在这个意义上,我国民法典群内网络和群间网络规模的扩大,只是增加了重复关系人的数量,没有增加非重复关系人的数量及其结构洞的产出,大大缩小了网络的有效规模,降低了其效率;影响了立法者通过立法网络结构洞获取信息利益及其带来的信息结构优化,出现一种与大多数关系人所拥有的法制信息相异的自身信息,使民法典大量充满法制信息尤其是大陆法系法

---

❶ 罗纳德·伯特:《结构洞——竞争的社会结构》,任敏等译,格致出版社、上海人民出版社,2008,第17-18页。

❷ 罗纳德·伯特:《结构洞——竞争的社会结构》,任敏等译,格致出版社、上海人民出版社,2008,第18页。

❸ 罗纳德·伯特:《结构洞——竞争的社会结构》,任敏等译,格致出版社、上海人民出版社,2008,第21页。当X既与Y熟悉又与Z有关系,而Y与Z没有联系,那么,Y与Z之间的弱关系或关系间断,就形成了一个可被X利用的结构洞,获取这个结构洞的信息利益和控制利益。由于X周边没有结构洞,而Y与Z身边有结构洞,因此,X有较高的结构自主性,Y与Z的结构自主性较低。结构洞可以通过关系强度即凝聚力和结构等位来测量。详细论述,参见本书的第一章。

❹ 罗纳德·伯特:《结构洞——竞争的社会结构》,任敏等译,格致出版社、上海人民出版社,2008,第18页。

制信息，较少含有自身信息尤其是中国社会的自身信息，因此形成了民法典法律洞。

第二，民法典强关系立法网络还会导致大量的凝聚力冗余（即强关系人），形成民法典法律洞（如图7.1）。"关于新观点和新机会的信息一定来自与其他不同的群体中的人们之间的弱关系……弱关系对信息流动很重要，它将除它自身之外并没有联系的社会群体整合进一个更广阔的社会中。"❶ 这就是"弱连带的优势"。❷ 相反，"人们生活在一个他们与之有强关系的人组成的群体中，信息在这些群体中高速传播。每个人知道的，其他人多半都知道"❸。因此，我国民法典群内网络和群间网络的强关系意味着缺乏结构洞，存在凝聚力冗余，主持人不能通过群内网络结构洞获取立法信息利益，立法者也无法借助群间网络结构洞获取立法信息利益。

强关系不仅影响立法网络的信息传播，还会降低其信息创新能力。"在既不存在正式的、诸如专利法创造的知识产权又不存在公共补贴的情况下，开发新生产技术并获得收益的唯一办法就是隐藏知识。"❹ 因此，在一个强关系群内网络和群间网络中，在缺乏前两种激励新信息生产方式的前提下，因对私隐和隐藏知识将否定态度，导致强关系群内网络中的起草者与群间网络中的主持人和起草者对有关民法典新信息（如自身信息）的生产缺乏动力，使民法典在信息结构上大量充满法制信息尤其是大陆法系法制信

---

❶ 罗纳德·伯特：《结构洞——竞争的社会结构》，任敏等译，格致出版社、上海人民出版社，2008，第27页。

❷ 马克·格兰诺维特：《镶嵌：社会网与经济行动》，社会科学文献出版社，2007，第67页。

❸ 罗纳德·伯特：《结构洞——竞争的社会结构》，任敏等译，格致出版社、上海人民出版社，2008，第27页。

❹ 波斯纳：《正义/司法的经济学》，苏力译，中国政法大学出版社，2002，第152页。

息，较少需要一定创新度的自身信息，形成民法典法律洞。

第三，民法典立法网络结构等位冗余（具体指重复关系人，包括个人、组织或单位）也影响了民法典法律洞的形成（如图7.1）。在群内网络中，如果以获取博士学位的单位作为分析单位，"梁网"和"王网"的结构等位冗余量至少为11人和22人，有效规模为15人和8人；如果以现工作单位为分析单位，"梁网"和"王网"的结构等位冗余量至少为14人和16人，有效规模为12人和14人。在群间网络中，如果以个人为分析单位，结构等位冗余量至少为4人，有效规模为52人；如果以工作单位为分析单位，结构等位冗余量为35人（14+16+5），有效规模为21人。"不管结构等位的人们之间的关系如何，他们因为导向同样的信息资源而产生冗余。"❶ 因此，我国民法典立法网络中，不同的起草者由于来源于同一信息源——相同学习、工作单位——给主持人以及通过主持人给立法者都会带来较高结构等位冗余量，大大缩小了网络的有效规模，降低了其效率，以及立法网络结构洞的产出和立法者通过立法网络结构洞获取信息利益，形成了民法典法律洞。

第四，"如果他们既在结构上等位又有强关系，那么结构洞的深度便会急剧变浅"（如图7.1）。❷ 换言之，民法典立法者的立法网络不仅存在结构洞的量——重复关系人的存在即凝聚力冗余和结构等位冗余导致立法网络结构洞较少——的问题，而且存在着结构洞的质——结构洞不深——的问题；立法者既存在着因主持人之间强关系即凝聚力冗余而导致初级群间结构洞的缺乏，也存

---

❶ 罗纳德·伯特：《结构洞——竞争的社会结构》，任敏等译，格致出版社、上海人民出版社，2008，第19-20页。
❷ 罗纳德·伯特：《结构洞——竞争的社会结构》，任敏等译，格致出版社、上海人民出版社，2008，第44页。

在着因起草者之间强关系即凝聚力冗余和结构等位冗余而导致次级群内结构洞的缺乏；最终导致立法网络的有效规模较小，效率较低，立法者通过立法网络尤其是群内网络的结构洞特别是次级结构洞获得的信息利益也较低，形成了民法典法律洞。

第五，民法典立法网络还存在着立法者在立法网络中的控制利益及其结构自主性很低的问题，如图 7.1。"一个提供信息利益的结构洞也衍生出控制利益"；❶ 一个缺乏信息利益的立法网络，也缺乏控制利益。由于 L、W 与其他群内网络成员联系紧密，周边没有群内结构洞，结构自主性较高，L、W 带给立法者 M 的约束最强，提出的民法典方案使立法者 M 难以拒绝。同样，由于 L 与 W 的联系较为紧密，立法者 M 也无群间结构洞可用，谈判余地也较小，由 L 与 W 联合起草的民法典也无法拒绝。正是由于 L 和 W 在立法网络中的这种网络地位——既没有群内结构洞又无群间结构洞——决定了他们在与立法者 M 形成的群间网络中处于获取信息利益和控制利益的有利网络位置，有较高程度的结构自主性，立法者 M 反而处于非常不利地获取信息利益和控制利益的网络位置，结构自主性较低，从而决定了 L 及其"梁稿"和 W 及其"王稿"对立法者（如人大法工委）M 及其中国民法典的信息结构具有决定性影响，形成了民法典法律洞。

综上所述，正是由于我国民法典立法网络结构洞的多少、深浅和分布状况，决定了主持人、立法者的立法网络地位，进而影响主持人、立法者通过结构洞获取信息利益及其带来的控制利益和结构自主性，形成了民法典法律洞。

---

❶ 罗纳德·伯特：《结构洞——竞争的社会结构》，任敏等译，格致出版社、上海人民出版社，2008，第 47 页。

五、零成本立法政策对关系人及其知识网的约束

是什么原因影响了民法典立法网络的形成及其结构洞的缺失？具言之，在微观层面，是什么因素约束了关系人的立法信息创新能力和搜寻行为，使大量关系人成为重复关系人？在中观层面，为什么两位主持人不约而同地选择了与自己具有同质性的强关系的关系人作为起草者即强关系人方案而没有根据立法指导思想来选择与自己具有一定异质性的弱关系的陌生人作为起草者即陌生人方案？在宏观层面，为什么立法者选择主持人也出现了与主持人选择起草者相类似的情形，也没有根据立法指导思想即立法设计对主持人及其选择起草者的立法行为进行必要的立法管理和选择科学的立法管理机制，而是采取一种传统的整体打包式立法管理机制？下面将分节而论之。

从微观层面看，零成本立法政策直接影响关系人信息创新和搜寻行为，❶ 大量的关系人成为重复关系人，形成了关系人的知识网及其结构洞的缺失，具体主要表现在以下三个方面：

第一，零成本立法政策使关系人的收益几乎为零。首先，不论是法制信息还是自身信息，都具有公益性、共享性特征，不能像科学技术那样拥有对信息即创新信息的"知识产权"，从而激励发明人去创新、发明；而且在我国进行法律产品的生产即立法时，不仅没有物质收益，也没有精神激励，不像某些国家立法那样有署名权。❷ 其次，在一个强关系网络中，信息的共享性、公益性更

---

❶ 零成本立法政策不只是指物质上的零成本，还包括精神上立法者和起草者也没有"知识产权"。详细论述，参见徐国栋：《认真地反思第四次民法典起草的组织方法》，《法律科学》2003 年第 5 期。

❷ 徐国栋：《认真地为民法典起草者请求国士待遇》，载《认真地对待民法典》，中国人民大学出版社，2004。

为突出，信息创新者无法通过隐藏知识的办法获得必要的能够收回成本的收益。另外，由于零成本立法政策，导致信息的生产者生产的信息包括成本高的自身信息和成本低的法制信息都无法获取必要的公共财政补贴。因此，对起草者的收益就是维持与主持人的长期合作关系，对主持人的收益就是完成工作任务，维持与立法者的长期合作关系，获得一定的社会声誉，对立法者而言，就是完成本职工作，这些收益相对于需付出艰辛劳动的民法典制定而言，极其不相称。也许正是由于此，有起草者萌生了退出的念头，[1] 主持人为弥补其研究经费不足，采取申报课题和项目的形式，维持其基本研究，关系人需要"本着对科学、民主、法治之追求，对人民、民族、国家、学术负责之精神……完成此民法典草案"[2]。

第二，零成本立法政策使起草者趋向于"已有知识或信息"的搜寻，而对"未有知识或信息"的创新和搜寻缺乏足够的内在驱动力，形成了起草者个人知识网及其结构洞的缺失。这种情形首先突出体现在"梁稿"和"王稿"的法制信息搜寻中，即对大陆法系（包括中国）的"偏爱"和对英美法系的"冷淡"。中国法治在总体上主要移植了大陆法系的法律和制度，因此，在法学教育上，以讲授大陆法系法律和制度为主要内容和任务，以培养学生运用法律的能力为主要目标，而对英美法系的相关法律和制度则较少涉及；[3] 也因此，在法学研究上，"构建一个基本完整、

---

[1] 徐国栋：《认真地反思第四次民法典起草的组织方法》，《法律科学》2003 年第 5 期。
[2] 梁慧星：《中国民法典起草建议稿附理由·亲属编》，法律出版社，2006，"序言"。
[3] 贺卫方：《中国法律教育之路》，中国政法大学出版社，1997；苏力：《知识的分类与法治》，《读书》1998 年第 3 期；苏力：《道路通向城市——转型中国的法治》，法律出版社，2004，第 237－248 页；苏力：《送法下乡》，中国政法大学出版社，2000，第 369－376 页。

自洽且能够有效传达和便于司法运用和法律教学的法律概念系统和规则体系"的诠释法学,自然成了主流。❶ 而大陆法系法律发展的最高成就和集中体现则是各国民法典,因此,上述情形在民法领域最为典型:教学上,围绕民法典相关法律和制度组织主要教学内容;❷ 研究上,以大陆法系各国民法典的翻译、解释、结构、体系、基本原则、基本原理等有关民法典的法制信息为研究主线。❸ 因此,大陆法系有关民法典的法制信息就成了一个以民商法教学者和研究者为主构成的民法典起草者群体立法时的"已有知识或信息",其信息成本较低;英美法系相关法制信息则成了起草者立法时的"未有知识或信息",其信息成本较高。正是两者的成本差异,导致了起草者倾向于前者而规避后者。

其次,信息成本和收益的高低决定了关系人的信息搜寻范围。"决策者不会无限制地展开信息搜寻,他们会在对信息投资的预期边际收益等于预期边际成本这一点停下来。如果信息费用过于高昂,决策者就会采取简化决策模式,诉诸……一些粗略的'代表标记'(proxy)。"❹ 如当搜寻未有法制信息费用过于高昂而收益很低时,立法者也会采取简化模式,诉诸可降低信息费用的有关法制信息的"代表标记":正义、公正、幸福、安全等法律价值,以及集中体现这些法律价值的法律原则、法律原理和法律规范;特别是在零成本立法政策约束下,这种依赖更为突出,如在"梁稿"

---

❶ 苏力:《也许正在发生——转型中国的法学》,法律出版社,2004;《知识的分类与法治》,《读书》1998 年第 3 期。

❷ 这样的教科书很多,限于篇幅,不一一列举。

❸ 徐国栋:《中国民法典起草思路论战》,中国政法大学出版社,2001。

❹ 詹姆斯·马奇:《决策是如何产生的》,王元歌、章爱民译,机械工业出版社,2007,第 18-19 页;转引自吴元元:《信息能力与压力型立法》,《中国社会科学》2010 年第 1 期。

亲属篇中，"民法原理"作为立法依据的达 100 多处。这种情形也体现在未有自身信息上，典型的如对自身信息的大词化和意识形态化（即道德化）处理。❶

第三，在"未有知识或信息"搜寻和创新上，零成本立法政策使关系人趋向于"规范性知识或信息"的搜寻和创新，对"事实性知识或信息"的搜寻和创新缺乏足够的内在驱动力，形成了关系人的个人知识网及其结构洞的缺失。这是由法制信息和自身信息的差异性所决定的信息成本不同而带来的必然结果。民法典法制信息尤其是西方发达国家民法典法制信息，经过各国民法典编纂的不断完善及其法学研究，尤其是规范分析法学对规范长期而系统地研究，以及比较法学对各国民法典法律规范的类型化整理、比较、总结、提炼，人们对这种"规范性的知识或信息"的认识和研究趋于成熟和一致，形成了相对稳定的知识结构、基本范畴、基本原则，并在此基础上也形成了相对稳定的具有内在逻辑联系的规范体系和知识体系，在很大程度上已达到了规范化、体系化、定型化、文本化的状态，具有鲜明的"纯粹理性"特征。相反，民法典自身信息则是民法中最具本土性、民族性的部分，是一种非常典型的"个人性知识"（波兰尼）、"地方性知识"（吉尔兹）、"弥散性的未阐明的知识"（哈耶克），有时还是一种被肉体化了的"身体记忆的知识"、"习得的知识"和只可意会不可言传的"无言之知"（波斯纳）、"无意识的知识"（波普尔），甚至还是一种"难以清楚地以言词或文字交流的知识即传统"。❷ 如果考虑到中国有着 5000 余年自成一体的文化历史传统，14 亿多人

---

❶ 意识形态有一种节约机制。参见诺斯：《经济史中的结构与变迁》，陈郁等译，上海：生活·读书·新知三联书店、上海人民出版社，1994，第 53 页。

❷ 苏力：《知识的分类与法治》，《读书》1998 年第 3 期。

口,民族成分众多,各地政治、经济、文化的地域性、差异性极大,城乡二元结构极其突出等国情,民法典自身信息的这种"实践理性"特征就更为典型。

正是由于民法典法制信息和自身信息的这种特征,决定了两者信息成本的巨大差异。首先,从时间成本看,获取自身信息的时间成本远高于法制信息。随着现代网络技术的发展,在法律交流日益活跃,信息传递非常便捷的今天,对已规范化、体系化、定型化、文本化的法制信息,获取信息的成本较低,有些甚至在"书斋"中轻触键盘仅凭个人力量就可以获取大量的法制信息。❶

对那些具有个人性、地方性、弥散性的习得的肉体化了的"交流起来不经济的知识",❷ 即民法典自身信息,无法通过移植或书面形式获取,只能通过广泛而深入的实证调查和田野研究,有些甚至要在一定理论指导下,经过许多学者长期不懈地努力,才能认识到并获取,其时间成本非常高昂。如法国民法典对习惯法的整理和研究,保守估算都持续了三四个世纪;❸ 德国民法典对以"民族精神"为名的自身信息的获取也持续了近 90 年(1814—1900 年);至于英美法系地方性习惯发展为普通习惯法,从无法交流的实践理性知识变为可交流的实践理性知识,持续的时间更长;❹ 日本法制现代化也表明:法制信息是问题的枝节,"活法"(即自身信息)的现代化才是问题的关键,其贯穿于日本法制现代化的始终。❺

---

❶ 如徐国栋收藏的外国民法典截止到 2007 年 7 月一共有 109 部。参见徐国栋:《比较法视野中的民法典编纂》,北京大学出版社,2007,第 353-359 页。
❷ 苏力:《知识的分类与法治》,《读书》1998 年第 3 期。
❸ 陈颐:《立法主权与近代国家的建构》,法律出版社,2008,第 31 页。
❹ 苏力:《知识的分类与法治》,《读书》1998 年第 3 期。
❺ 川岛武宜:《现代化与法》,王志安等译,中国政法大学出版社,1994,第 52 页。

在这一点上，对于曾有 5000 余年自成一体的文化历史传统，现有 14 亿多人口，民族成分众多，各地政治、经济、文化的地域性、差异性极大，城乡二元结构极其突出的中国而言，所需时间成本更高。如果以地域面积来测算我国和法国习惯法整合所需时间，法国整合 55 万平方公里所需时间为 554（1250—1804 年）年，中国近代 960 万平方公里所需时间约为 9670（554×960÷55）年；如果以人口测算我国和法国习惯法整合所需时间，选取法国 1800 年最高的 2750 万人为参考标准，持续进行了 554 年，中国近代 4 亿人口所需时间约为 8058 年（即 40000×554÷2750）。也许正是这种中国社会无法承受的高昂时间成本，导致了中国无论是古代还是近现代都没有将中国社会的自身信息（如习惯等）制度化地吸纳进国家制定法中；也许正是这种巨大的时间成本，中国不同朝代的立法者包括近现代的立法者对来自中国社会的自身信息采取了一种道德化、意识形态化、大词化的处理。

其次，从信息加工成本看，自身信息的加工成本远高于法制信息，对人的知识结构、认识能力、获取信息的方法和技术手段等要求更高。在知识上，除了法制信息所需的诠释法学知识外，更需要擅长于了解社会、研究社会的深厚的社会科学底蕴，如社会学、经济学、政治学、历史学、人类学、民俗学、社会生物学、心理学等学科的知识储备；在能力上，除了需要法制信息所需的解决常规问题的能力外，更需解决非常规问题的创新能力和更多的智力投入，甚至还需有一种高瞻远瞩的战略眼光；在获取信息的方法技术上，更需社会科学的实证研究方法及其带来的较大资金投入。❶ 在这一点上，如果结合中国国情，如人口众多，民族成

---

❶ 苏力：《也许正在发生——转型中国的法学》，法律出版社，2004，"引论"。

分复杂,地域辽阔,自然地理环境、政治、经济、文化的地域性差异巨大,城乡二元结构突出,文化历史传统深厚,社会转型规模、复杂程度在世界上绝无仅有,就显得尤为突出,也尤为必要;如果考虑到目前中国法学教育分科较早、"硕士不硕"、"博士不博"等法学教育现状而导致的社会科学底蕴不深,❶ 考虑到诠释法学目前甚至今后还会占据主流地位而社科法学目前甚至今后还会处于"也许正在发生"阶段,❷ 中国法学尤其是民法学研究现状及其研究手段远远不能满足民法典获取自身信息的这种要求,民法典起草者为获得必要的民法典自身信息就需要更大的知识投入和资金投入。

六、零成本立法政策对主持人及其群内网络的影响

主观上,两位主持人都认识到民法典密切结合中国国情及其重要意义,不排除他们从立法指导思想出发选择陌生人方案;但若如此,必须解决以下主要问题:

第一,陌生人方案带来的信息不对称及其逆向选择和道德风险等问题。主持人如果选择陌生人作为起草者,主持人与起草者之间就可能存在信息不对称,存在事前隐藏信息的逆向选择与事后隐藏信息和行为的道德风险问题。为此,主持人必须设计一套甄别机制和激励机制,让本处于信息劣势的自己能获得更多的信息,让"偷懒"行为事前不愿"偷懒"(如基于效用的连带责任)或事后能被及时发现(如基于信息的连带责任而不敢"偷懒")。但在目前零成本立法政策下,这些措施都会不同程度地提高主持

---

❶ 苏力:《也许正在发生——转型中国的法学》,法律出版社,2004,第159 - 186页。
❷ 苏力:《也许正在发生——转型中国的法学》,法律出版社,2004,"引论"。

人获取信息的成本,使之不堪重负。

第二,陌生人方案带来的信任问题。信任是一切合作的前提;对于制定民法典这种需较高专业水准的事情,信任问题更加突出而重要。如果选择陌生人作为起草者,主持人对起草者以往的历史信息不可能了解太多,至少不可能达到强关系起草者的熟悉程度,也就不可能根据对起草者过去的声誉和了解而决定是否给予信任。此外,由于在主持人与陌生人之间存在的差异性和异质性远超过其相似性和同质性,合作的必要信任也难以建立起来。因此,在陌生人方案下,主持人与起草者之间的信任无法建基于个性特征和信誉上,只可能建立在制度基础上,如通过招投标和订立合同的方式。❶ 但这种方式即刻就需要一定的资金投入,起草者的投入成本和相应收益不可能存在时间差。民法典零成本立法政策会使之化为泡影;即使是主持人采取申请国家社科基金或教育部重大攻关项目的形式来填补资金的不足,也是杯水车薪,无济于事。

第三,陌生人方案带来的激励机制问题。由于主持人与起草者是弱关系的陌生人,博弈很可能是一次性的,隐性激励机制难以有效发挥作用,只能依赖于显性激励机制。这样会大大提高主持人民法典制定的信息成本、监督成本、风险成本和纠纷解决成本。在目前零成本立法政策约束下,这种显性激励机制的建立缺乏物质基础。

第四,陌生人方案带来的合作成本(包括交易成本、监督成本、风险成本和纠纷解决成本等)问题。由于陌生人及其信息不对称,委托人主持人处于信息劣势地位,专业代理人起草者处于信息优势地位,为此,主持人与起草者之间的合作一般会采取合

---

❶ 信任根据其来源分为三种:基于个性特征的信任、基于制度的信任和基于信誉的信任。参见张维迎:《信息、信任与法律》,生活·读书·新知三联书店,2003,第9-17页。

同等书面形式，这会大大增加主持人的合作交易成本。由于陌生人及其信息的不对称，起草者有可能出现隐藏信息和行为的情形，尤其是对制定民法典这种衡量标准难以明确的工作，监督难度更高，委托人更需要加强对代理人的监督，必然会提高主持人对起草者的监督成本。制定民法典不仅需要一定的专业知识和研究能力，还要有良好的品行、身体甚至一定的工作环境。但由于陌生人及其信息的不对称，起草者很可能为了获得这次合作机会，采取隐藏信息的策略，比如专业能力、身体状况、家庭工作环境等对合作存在不利影响的信息和行为。"品德常常有明确的下限，比如不贪污、不受贿，但能力则很难判断"，[1] 尤其是对一个超出了主持人专业知识范围的专业性很强的领域，主持人更是难以判断。这样就使主持人对风险控制的难度加大，风险系数升高，大大增加了风险成本。另外，由于是陌生人，大大提高了主持人与起草者之间产生纠纷的可能性，尤其是对民法典制定这样专业性、复杂性的工作，产生纠纷的可能性更大；产生纠纷后提交给第三者解决纠纷的可能性也更大。这样就会大大增加主持人的解决纠纷成本。在目前零成本立法政策下，这些成本的增加会使主持人对选择有利于立法指导思想实现的陌生人方案望而却步。

可见，受民法典零成本立法政策约束，要求主持人选择陌生人方案显然不现实。为此，主持人不得不选择强关系人方案及其带来的成本与收益的时间差来维持民法典起草工作的正常运转，利用自己长期积累起来的社会资本弥补零成本立法政策带来的物质资本之不足。

第一，强关系人方案可以克服信息的非对称性及其带来的逆

---

[1] 张维迎：《信息、信任与法律》，生活·读书·新知三联书店，2003，第227页。

向选择、道德风险等问题。由于主持人与起草者在知识、学历、职业背景等方面存在高度的同质性，其间一般不会存在信息尤其是与民法典起草的有关专业知识信息不对称。即使出现了专业知识信息不对称，由于强关系，新产生的知识信息也会在群内网络高速顺畅流通，一个人知道的新信息，其他成员会立即知道，❶ 信息在网络内具有高流通性和共享性，❷ 而且强关系网络更有利于具有高度专业性复杂性的信息知识传播，❸ 使暂时的信息不对称也会得到及时的解决，主持人与起草者之间的专业信息和知识大体保持一种对称状况，也就不会产生起草者隐藏信息和隐藏行为而带来的逆向选择和道德风险等问题。

第二，强关系人方案使合作所必需的基本信任能在无须经济投入的情形下较易建立起来。由于强关系，主持人对起草者个人性信息，包括以往的一贯表现品行、工作勤勉程度、情感生活状况、家庭状况、经济状况、思想状况、专业研究能力及其基本看法等有关民法典起草的信息都较为熟悉；由于强关系，主持人与起草者之间在专业知识等方面易形成一致性，社会行为方面更趋于同质性和相似性。因此，在主持人与起草者之间容易形成基于人格和相似性的信任，无须采用即刻需要一定成本的基于制度的信任方式，利用其成本与收益之间存在的时间差，使合作所必需的基本信任能在无须经济投入情形下较易建立起来。

第三，强关系人方案形成的隐性激励机制，可以弥补零成本立法政策带来的显性激励机制难以运转的弊端，使起草者能在近

---

❶ 罗纳德·伯特：《结构洞——竞争的社会结构》，任敏等译，格致出版社、上海人民出版社，2008，第27页。
❷ 张维迎：《信息、信任与法律》，生活·读书·新知三联书店，2003，第210页。
❸ 马汀·奇达夫、蔡文彬：《社会网络与组织》，王凤彬等译，中国人民大学出版社，2007，第70页。

期无收益情形下努力工作。"隐性激励又称为'信誉机制',它是行为主体基于维持长期合作关系的考虑而放弃眼前利益的行为,对'偷懒'的惩罚不是来自合同规定或法律制裁,而是未来合作机会的中断。隐性激励发挥作用的前提是,博弈必须是重复的。"❶强关系之所以成为强关系,就是行为人之间多重博弈的结果,因此,强关系的存在为当事人之间建立隐性激励机制提供了前提。起草者为了维持以后长期的合作关系,放弃眼前利益的诱惑成了其最佳选择,为零成本立法政策而造成的无收益的法律起草行为提供了可能。

第四,强关系人方案能大大降低合作成本。首先,强关系使合作所需的基本信任容易建立起来,书面合同成为多余,为签订合作合同而进行的谈判过程也显得多余;即使需要,其条款和谈判过程也可大大简化,可以大大地节省合作成本。其次,由于强关系是多次博弈的结果,可以大大降低其监督成本。再次,强关系带来的多重博弈,使风险控制难度降低,风险系数下降,为降低民法典起草的风险成本提供了保障。另外,强关系还可以降低纠纷成本。当主持人与起草者存在一定意见分歧时,强关系可通过他们之间关系的多维性、多重性,将这些分歧在内部及时化解,无须第三者如法院的介入,可以大大降低纠纷成本。

总之,受零成本立法政策约束,主持人不得不选择强关系人方案,不可能采用陌生人方案,而这导致了群内网络的形成及其群内结构洞的缺失。

七、零成本立法政策对立法者及其群间网络的作用

上述零成本立法政策对主持人及其群内网络的约束,同样适

---

❶ 张维迎:《信息、信任与法律》,生活·读书·新知三联书店,2003,第87页。

用于立法者及其群间网络：

第一，民法典零成本立法政策约束了立法者选择主持人的范围。受民法典零成本立法政策的限制，立法者选择主持人的范围，只能局限于空间距离与自己较近的北京及其周边地区，以减少因空间距离较远带来的无法承担的立法成本；❶ 也只能局限于社会关系距离与自己较小的强关系人，如民法典起草小组的内部成员，以便最大限度地减少因社会关系距离较大而给自己带来的无法承受的合作成本、风险成本、监督成本、纠纷解决成本等立法成本，以及信息不对称及其逆向选择、道德风险、信任信誉和激励机制等问题；相反，对有利于民法典立法指导思想实现但成本较高的空间距离较远的非北京地区的社会关系距离较大的学者，只能可望而不可即。这样，立法者与主持人形成的立法网络（如图 7.1 中 M－L－W 网格）就具有一定程度的地域性、封闭性，缺乏其代表性、民主性和开放性，形成了强关系人的群间网络及其初级群间结构洞的缺失。

第二，民法典零成本立法政策限制了立法者选择主持人的方式。受零成本立法政策约束，立法者不可能根据立法指导思想来确定选择主持人的方式，如利用经济学中的委托—代理模式，只能采取目前零成本或低成本的行政指令方式选择主持人，即将主持人选为民法典起草小组成员使之具有承担主持民法典起草的责任和义务，无法在立法者面前出于实现民法典与中国国情相结合的立法指导思想而进行必要的"讨价还价"，剥夺了主持人作为专业代理人达成契约的"权利"。

第三，受民法典零成本立法政策约束，立法者不可能采取成

---

❶ 徐国栋：《认真地反思第四次民法典起草的组织方法》，《法律科学》2003 年第 5 期。

本较高的通过形成有效的显性激励机制来推动主持人的民法典起草工作，只能选择零成本或低成本的隐性激励机制即内部自律或追求法治和科学的奉献精神来推动民法典的起草工作。

民法典零成本立法政策除了上述与主持人及其群内网络相似地对立法者及其群间网络的影响外，还可能对立法者具有不同于主持人及其群内网络的特殊影响，扭曲了立法者作为民法典的设计者和管理者的功能。

不论是形式意义上的立法者，还是实质意义上的立法者如人大法工委内的民法室及其成员，对未来制定的民法典，包括从实质内容到体现形式、从立法指导思想到思想得以贯彻的技术手段、从篇章结构到语言表达等方面，都应有自己明确而清晰的设计，并将其准确地传达给专业代理人，作为立法者最后评判民法典优劣的标准。履行这些功能，就是立法者作为民法典设计者的功能。但由于受零成本立法政策约束，立法者在与专业代理人达成的民法典制定"契约"中，不可能对其专业代理人提出这些明确而具体的立法要求，失去了有关民法典制定的"谈判能力"；即使提出了，也会因缺乏相应的必要物质条件保障而无法得以实现。为此，立法者不得不像现在那样直接参与民法典的具体制定和实质性审查，在"学者建议稿"（如图 7.1 的 L 和 W）基础上提出的民法室的"室内稿"（如图 7.1 的 M）❶，从一个民法典设计者和裁判者"沦落"为单纯的执行者和运动员，扭曲了立法者作为民法典设计者的功能，最终影响了民法典的立法质量。

立法者还应具有根据自己对民法典的设计，履行其民法典立

---

❶ 在起草小组提交的草案基础上，由人大法工委民法室完成加工、整合完成的草案，称为"室内稿"。王胜明：《法治国家的必由之路——编纂〈中华人民共和国民法（草案）〉的几个问题》，载《政治论坛》，2003（1）。

法管理者的功能，以保证自己的立法设计最终得以实现。如要想制定一部与中国国情紧密结合的民法典，立法者在选择主持人和起草者时，既要注意对法律规范人的选择，也要注意对法律社会人的选择；要制定一部兼采大陆法系和英美法系各自长处的民法典，就既要注意选择熟悉大陆法系的法律专家，也要选择熟悉英美法系的法律专家。

但由于受零成本立法政策约束，立法者在立法管理范围上，既无法根据民法典立法指导思想来选择主持人并实施有效的立法管理，如主持人之间要具有异质性和弱关系及其丰富的初级结构洞，至少不能像现在那样存在凝聚力冗余和结构等位冗余，以最大限度地扩大群间网络的有效规模，提高其效率，保障自己处于获取信息利益和控制利益的有利的网络位置；也无法前推至具体起草者范围内进行立法管理，根据民法典立法指导思想对主持人选择具体起草者实施必要的立法管理和干预，制造更多的次级结构洞，避免出现目前群内网络的凝聚力冗余和结构等位冗余，以最大限度地提高自己的信息利益和控制利益以及结构自主性。由于受零成本立法政策约束，立法者在立法管理机制上，只能采取工程承包中的整体打包式——实质是"甩包"——管理方式，❶ 无法根据立法指导思想选择科学的立法管理方式，如经济学中的委托—代理模式与社会学中的结构洞原理，也无法控制、减少甚至消除主持人与起草者之间发生的很可能影响民法典立法质量的层层转包现象。为此，立法者不得不直接参与民法典的具体起草，在"学者建议稿"（如图 7.1 的 L 和 W）基础上提出"室内稿"（如图 7.1 的 M），从一个民法典立法管理者"沦落"为执行者，

---

❶ 徐国栋：《认真地反思第四次民法典起草的组织方法》，《法律科学》2003 年第 5 期。

扭曲了立法者作为民法典立法管理者功能，最终影响了民法典的立法质量。

总之，受零成本立法政策约束，立法者与主持人一样，不得不选择强关系人方案，不可能根据立法指导思想选择陌生人方案，形成了群间网络及其初级群间结构洞的缺失；作为民法典设计者和管理者的立法者也不得不变为具体执行者，既缺乏对群间网络的立法设计和管理，也缺乏对群内网络的立法设计和管理，也使整个民法典立法网络既缺乏初级群间结构洞，也缺乏次级群内结构洞（如图7.1）。

八、民法典法律洞的主要制度性影响及其克服

（一）民法典法律洞的主要制度性影响

第一，民法典法律洞会影响到立法论证的过程，使起草者趋向于简化甚至缺乏立法论证过程，不可能进行充分而具体的立法论证。由于民法典法律洞的存在，因此，不论是在"王稿"还是在"梁稿"中，许多法律条文都缺乏必要的立法理由或立法根据方面的论证；也因此，还有许多法律条文在立法理由或立法根据方面，只是立法例等法制信息的简单堆砌，缺乏结合中国社会具体情形的论证；也因此，即使是有些法律条文有所论证，也较为浅显，大多停留在规范层面，从规范到规范，或者利用法学的教义性，将这些必要的论证过程意识形态化、大词化，无法深入中国社会进行细致、具体而充分的论证。也许正是这个原因，中国当代立法大多采取"无立法理由"的立法形式。在这个意义上，"梁稿"和"王稿"采取"附立法理由"的立法形式，是中国当代民法典向科学化和民主化迈出的艰难一步。

第二，即使有所论证，由于法律洞的存在，立法论证和立法

目标只停留在合法律性层面，无法推进到合法性层面。"从统治客体的角度看，合法性意味着被统治者基于某种价值、信念而认可、支持某种政治统治，将其视为'正当'或'应当'的。"❶ 换言之，中国当代民法典要想获得合法性，为承担者中国社会民众所认可、接受，必须考察中国民众对它的态度和动机。相反，"合法律性是不问法律承受者的态度和动机的"。❷ 由于法律洞的存在即中国自身信息的缺失，立法者无法知道中国社会民众对民法典的态度和动机，无法知道民法典是否"合中国社会之身、合中国人之体"，无法展开"合身"的论证，也不可能达到"合身"的立法目标，推进到合法性层面；❸ 立法者只能抽象地论证法制服装的"漂亮"问题——是德国牌的民法典"漂亮"还是法国牌、瑞士牌、日本牌……的"漂亮"，局限于合法律性层面的论证，只能追求法律规范之间的自洽性和合法律性，这种情形大量存在于"梁稿"和"王稿"中。也许正是这个原因，"160多年来的'变法'，不过是在'制定法'的层面上改来改去，照搬照抄一些书面上的规则，而忽视具体制度下的行为博弈。这样的变法是非常昂贵的试验，甚至可能是'换汤不换药'的'改标签游戏'"；❹ 中国近代以来的法治只是停留在"变法"层面。❺ 可见，中国立法并没有

---

❶ 张星久：《论合法性研究的依据、学术价值及其存在的问题》，《法学评论》2000年第3期。
❷ 哈贝马斯：《在事实与规范之间》，童世骏译，生活·读书·新知三联书店，2003，第40页。
❸ 也不是说立法完全没有合法性，如在理论上，我国要建立的是市场经济，因此，移植西方有关市场经济的法律有其合法性，即具有观念上或大词意义上的合法性。但这种合法性没有与中国社会具体情形结合，不能直接转换为司法或执法能够立即操作的技术上的合法性。本章持后一种意义。
❹ 张维迎：《信息、信任与法律》，生活·读书·新知三联书店，2003，第250页。
❺ 苏力：《变法，法治及本土资源》，《中外法学》1995年第5期。

解决像西方立法那样应解决的合法性问题,这必然给我国法律运行带来广泛而深远的制度性影响。

第三,为了跨越民法典法律洞,受制度环境的制约,中国社会往往会在有关法律出台后,围绕这些法律条文形成一个法律解释群或地方性法律群,以便使立法更适合中国国情。如由立法机关结合法律实践中出现的具体问题,有针对性地出台相应的立法解释;由司法机关针对立法中立法者缺乏对司法中一些具体情形的考量或者"陌生于司法"的情形,有针对性地出台相应的司法解释;由行政机关针对立法中立法者由于立法信息的结构性缺陷而"陌生于执法",缺乏对行政执法中具体情形的考量,有针对性地出台相应的行政解释;由法律直接授权有一定立法权的地方性立法机关或政府及其部门针对立法者对中国各地方性因素缺乏综合而具体的考量和权衡的情形,有针对性地制定一些地方性实施办法等地方性法规或规章。这些围绕某个法律条文形成的法律解释群或地方性法律群,往往是基本法条条文数的数倍甚至数十倍,使整个立法呈现法律解释"即准法律秩序肥大化"。❶

第四,法律洞的存在还会使民法典的社会运行在整体上呈现出"硬法软行"的格局。❷ 由于民法典法律洞的存在,民法典(或法官)在司法中的结构自主性较低,特别是民法典司法适用的对象是关系密切群体时,其结构自主性更低,民法典司法适用的阻力更大,不得不弱化民法典的司法适用。❸ 由于法律洞的存在和立法提供给司法的合法性资源有限,法院不得不解决立法本应解决

---

❶ 季卫东:《法治秩序的建构》,中国政法大学出版社,1999,第66页。
❷ 张洪涛:《从"以礼入法"看中国古代习惯法的制度命运》,《法商研究》2010年第6期。
❸ 张洪涛:《法律洞的司法跨越》,《社会学研究》2011年第6期。

而没有解决的合法性问题，不得不改变自己解决纠纷的方式，弱化法律实施，使司法和执法柔性化，广泛运用调解来制度化地解决中国法院的制度困境——合法律性与合法性的紧张和冲突——以便填补民法典法律洞。❶ 由于法律洞的存在和结构自主性较低，民法典自身"求生存"的能力较低，❷ 出现规避法律的情形，更容易为其他制度——如习惯、道德、经济规律、政策等——所取代，使民法典空洞化。❸

（二）民法典法律洞的立法跨越

第一，要改变我国目前民法典零成本立法政策，加大其科学投入。这是民法典法律洞立法跨越的前提，也是世界发展的共同趋势。如美国路易斯安那州在1806年制定民法典时，即使当时经济状况不佳，也分5年给予了二位起草者4000美元的巨款；《瑞士民法典》制定时，在1902年给予了起草者欧根·胡贝尔很高的精神待遇；波多黎各1997年制定民法典时，用立法方式第一年拨款50万美元，第二年又增加到77.5万美元，专用于民法典制定；❹即使法治非常成熟的国家，也非常注重立法的投入，如在1995年的美国，整个法院的总开销约150亿美元，其中50多亿美元用在

---

❶ 张洪涛：《中国法院压力之消解》，《法学家》2014年第1期。
❷ 一般化的论述，参见罗纳德·伯特：《结构洞——竞争的社会结构》，任敏等译，格致出版社、上海人民出版社，2008，第202－232页。
❸ 张洪涛：《社会学视野中的法律与习惯》，载《民间法》（第二卷），山东人民出版社，2003；张洪涛：《国家法难行之源：国家主义抑或人本主义》，《政法论丛》2009年第5期；苏力：《法律规避和法律多元》《再论法律规避》，载《法治及其本土资源》，中国政法大学出版社，1996；邢会强：《政策增长与法律空洞化——以经济法为例的考察》，《法制与社会发展》2012年第3期。
❹ 徐国栋：《认真地反思第四次民法典起草的组织方法》，《法律科学》2003年第5期；《认真地为民法典起草者请求国士待遇》，载《认真地对待民法典》，中国人民大学出版社，2004。

立法和起草法律上。❶ 我国作为人口与地域大国，国情独特而复杂，零成本立法政策显然与国际惯例不符，与中国民法典编纂的难度不符，起草者要想起草一部高质量的民法典需要巨大的投入甚至几代人毕生的投入，相差太大。

第二，要注意立法投入的科学性，建立需求导向型的法学创新和投资体制。这是克服信息结构性缺陷的体制和机制保障。

首先，在法学研究资源配置方式上，要实现由"学科导向型"计划方式到"需求导向型"市场方式的转变。"学科导向型"创新体制是根据供给方学科理论建设需要按照计划来配置、组织法学研究资源，具有行政化与计划经济的特征，易造成法学研究与法治实践、法学内外各学科之间的隔阂和脱节，以及法学创新市场的分割和学科化，法学研究成果在学术圈"内卷"。"需求导向型"创新体制是根据需求方法治建设实践需要由市场来配置、组织法学研究资源，可将有限的法学研究资源引导到中国法治实践最需要的地方，如中国当代立法急需来自中国社会的自身信息，通过市场机制的引导就可以将有限的法学研究资源引导到这个方面。法学学术创新市场的高度专业性、法学信息的复杂多样性等特征，决定了在资源配置方式上需要实现由计划向市场的转变。

其次，在法学研究投资体制上，要实现由"学科导向型"投资体制到"需求导向型"投资体制的转变。"学科导向型"投资体制的投资范围（即课题指南或课题来源）和投资额度（即课题经费）基本上是由供给方和行政管理部门根据各学科理论建设需要来提供和编制，具有学科化特征，易带来重复投资、投资效率不

---

❶ 宋冰编《程序、正义与现代化》，中国政法大学出版社，1998，第297页。

高、不协调、不配套等弊端。"需求导向型"项目投资体制是根据需求方法治建设实践需要来决定投资范围和额度，投资范围或课题来源主要由有关立法、司法、行政等部门和社会团体提供和发现，投资额度主要根据研究课题的难易程度、课题研究技术手段等研究需要来确定。如根据民法典学者建议稿制定的需要，需要加强对有关英美法系法制信息和中国社会自身信息的投入，而且后者的投资额度要高于对法制信息的投入。为了建立一种科学而合理的法学研究投资体制，投资体制需要实现由"学科导向型"向"需求导向型"的转变。

再次，在法学研究的组织运作模式上，要实现由"学科导向型"组织运作模式到"需求导向型"组织运作模式的转变。"学科导向型"组织运作模式是按照学科界限标准选择课题负责人和课题组成员开展项目研究，具有学科化特征，不利于学科之间的交叉、融合和研究问题的深入。"需求导向型"组织运作模式是根据研究问题需要来选择课题负责人和课题组成员开展项目研究，有利于学科之间的交叉、融合和研究问题的深入拓展。如在制定民法典学者建议稿时，要适当选取一些从事中国社会自身的描述性、事实性研究的学者参与民法典学者建议稿的制定。为了提高法学研究质量，其组织运作模式需要实现由"学科导向型"向"需求导向型"的转变。

最后，在法学研究的评价机制上，要实现由"学科导向型"评价机制到"需求导向型"评价机制的转变。"学科导向型"评价机制是根据供给方的学科理论研究和建设标准进行立项审批和结题验收，具有学科化特征，存在评价标准不客观、"裁判员"与"运动员"合一等弊端。"需求导向型"评价机制是根据能否有效地解决需求方的中国法治实践具体问题作为评价的唯一标准，遵循谁设计谁批准立项谁验收谁负责以及"裁判员"与"运动员"分离的原则。为了建立科学而客观的评价机制，法学研究评价机制需实现由"学科导向型"向"需求导向型"的转变。

　　第三，必须加强立法设计和管理，改变目前立法者既当"运动员"又当"裁判员"的功能不分的格局，强化立法者作为民法典的设计者和管理者的"裁判员"功能，弱化其直接参与民法典制定的"运动员"功能。这是民法典法律洞立法跨越的核心。由于民法典制定的技术性较强，世界各国制定民法典时一般将其委托给法律专家。但这并不意味立法者可以对民法典制定不管不问，在弱化其"运动员"功能时，要强化其"裁判员"功能，加强设计和管理。立法者作为民法典的设计者，应明确未来民法典的蓝图，并将其作为立法管理的灵魂和评判民法典优劣的最终标准。在立法管理上，要变目前事后被动审查为事前主动管理，将立法管理前推至民法典起草的整个过程，包括规划设计、主持人和起草者的搭配与筛选、条文的信息结构及其立法论证、民法典是整体审议还是分条审议等等；其次要变目前承包式立法管理机制为科学的立法管理机制，如运用信息经济学的委托—代理理论和社会网络理论进行立法管理机制的设计。

　　第四，要减少甚至消除立法网络中凝聚力冗余和结构等位冗余，优化民法典的立法网络，增加立法网络的结构洞，提高立法者在整个立法网络中的信息利益、控制利益和结构自主性。这是民法典法律洞立法跨越的关键。当立法者身边没有结构洞，而关系的另一端（如主持人、起草者）具有较多和较深的结构洞时，立法者就处于获取信息利益和控制利益的不利的立法网络位置，具有较高的结构自主性。因此，提高立法者在整个立法网络中的信息利益、控制利益和结构自主性，就是增加主持人之间、起草者之间以及主持人与起草者之间的异质性，减少甚至消除他们之间存在的凝聚力冗余和结构等位冗余，构建一个由非重复关系人构成的立法网络，以便制造更多、更深的结构洞。申言之，首先要尽量增加关系人（如图7.1中A、a）的知识结构洞，选择那些既懂民法学知识又对中国社会较为了解的成员，做到每个起草者的一专多能；其次要尽量增加群内结构洞（如图7.1中"王网"和"梁网"），选择陌生人方案，以扩大群内网络的有效规模，提高其效率；最后要尽量增加群间结构洞（如图7.1中"M－L－W"网），增加主持人之间和群内网络之间的异质性，扩大群间网络的有效规模，提高其效率。这也是世界各国制定民法典时所具有的共性，如《法国民法典》《德国民法典》《日本民法典》《瑞士民法典》等就注意成员自身以及成员之间在知识结构、职业结构、学术流派、地域结构等方面的差异性和互补性的问题。

主要参考文献

一、中文典籍资料类

[1]《论语·述而》

[2]《论语·八佾》

[3]《礼记·王制第五》

[4]《左传·昭公二十五年》

[5]《朱子语类·卷八七》

[6]《朱子语类·卷八四》

[7]《孟子·公孙丑上》

[8]《论语·卫灵公》

[9]《论语·泰伯》

[10]《史记·田完世家》

[11]《左传·昭公六年》

[12]《左传·昭公二十九年》

[13]《左传·昭公元年》

[14]《慎子·外篇》

[15]《韩非子·有度》

[16]《商君·更法篇》

[17]《商君·开塞篇》

［18］《韩非子·八说篇》

［19］《商君·算地篇》

［20］《韩非子·心度篇》

［21］《管子·任法篇》

［22］《韩非子·定法篇》

［23］《吕氏春秋》

［24］马克思，恩格斯，马克思恩格斯全集：第 25 卷［M］．北京：人民出版社，1974．

［25］马克思，恩格斯，马克思恩格斯选集：第 3 卷［M］．北京：人民出版社，1995．

［26］马克思，恩格斯，马克思恩格斯选集：第 1 卷［M］．北京：人民出版社，1995．

［27］马克思，恩格斯，马克思恩格斯选集：第 2 卷［M］．北京：人民出版社，1972．

［28］马克思，恩格斯，马克思恩格斯选集：第 4 卷［M］．北京：人民出版社，1995．

［29］列宁，列宁选集［M］．北京：人民出版社，1995．

［30］《世界著名法典汉译丛书》编委会．十二铜表法［M］．北京：法律出版社，2000．

［31］《世界著名法典汉译丛书》编委会．萨利克法典［M］．北京：法律出版社，2000．

［32］法国民法典［M］．李浩培，吴传颐，孙鸣岗，译，北京：商务印书馆，1979．

［33］人民法院五年改革纲要（1999—2003）［J］．中华人民共和国最高人民法院公报，1999（6）．

［34］人民法院五年改革纲要（2004—2008）［J］．中华人民

共和国最高人民法院公报，2005（12）.

二、中文译著类

［1］埃尔曼. 比较法律文化［M］. 贺卫方，高鸿钧，译，北京：清华大学出版社，2002.

［2］施里特. 习俗与经济［M］. 秦海，杨煜东，张晓，译，长春：长春出版社，2005.

［3］波斯纳 E A. 法律与社会规范［M］. 沈明，译，北京：中国政法大学出版社，2004.

［4］埃里克森. 无需法律的秩序［M］. 苏力，译，北京：中国政法大学出版社，2003.

［5］埃利希. 法社会学原理［M］. 舒国滢，译，北京：中国大百科全书出版社，2009.

［6］昂格尔. 现代社会中的法律［M］. 吴玉章，周汉华，译，北京：中国政法大学出版社，1994.

［7］奥尔森. 集体行动的逻辑［M］. 陈郁，郭宇峰，李崇新，译，新1版. 上海：格致出版社，2011.

［8］波斯纳. 超越法律［M］. 苏力，译，北京：中国政法大学出版社，2001.

［9］波斯纳. 道德和法律理论的疑问［M］. 苏力，译，北京：中国政法大学出版社，2001.

［10］波斯纳. 法官如何思考［M］. 苏力，译，北京：北京大学出版社，2009.

［11］波斯纳. 法理学问题［M］. 苏力，译，北京：中国政法大学出版社，1994.

［12］波斯纳. 法律、实用主义与民主［M］. 凌斌，李国庆，

译，北京：中国政法大学出版社，2005.

［13］波斯纳. 法律的经济分析［M］. 蒋兆康，译，北京：中国大百科全书出版社，1997.

［14］波斯纳. 正义/司法的经济学［M］. 苏力，译，北京：中国政法大学出版社，2002.

［15］伯尔曼. 法律与革命［M］. 贺卫方，高鸿钧，张志铭，等，译，北京：中国大百科全书出版社，1993.

［16］伯尔曼. 法律与宗教［M］. 梁治平，译，上海：生活·读书·新知三联书店，1991.

［17］布莱克. 法律运作行为［M］. 唐越，苏力，译，北京：中国政法大学出版社，1994.

［18］布莱克. 社会学视野中的司法［M］. 郭星华，等，译，北京：法律出版社，2002.

［19］川岛武宜. 现代化与法［M］. 王志安，渠涛，申政武，等，译，北京：中国政法大学出版社，1994.

［20］大木雅夫. 比较法［M］. 范愉，译，北京：法律出版社，1999.

［21］沃克. 牛津法律大辞典［M］. 李双元，等，译，北京：光明日报出版社，1988.

［22］加亚尔德尚，阿尔德伯特，等. 欧洲史［M］. 蔡鸿滨，等，译，海口：海南出版社，2000.

［23］德沃金. 认真对待权利［M］. 信春鹰，吴玉章，译，北京：中国大百科全书出版社，1998.

［24］杜赞奇. 文化、权力与国家：1900—1942年的华北农村［M］. 王福明，译，南京：江苏人民出版社，1996.

［25］卡内冈. 英国普通法的诞生［M］. 李红海，译，北京：

中国政法大学出版社，2003.

[26] 福山. 大分裂：人类本性与社会秩序重建 [M]. 刘榜离，等，译，北京：中国社会科学出版社，2002.

[27] 富特. 法律的道德性 [M]. 郑戈，译，北京：商务印书馆，2005.

[28] 高见泽磨. 现代中国的纠纷与法 [M]. 何勤华，李秀清，曲阳，译，北京：法律出版社，2003.

[29] 格雷. 法律的性质与渊源 [M]. 马驰，译，北京：中国政法大学出版社，2012.

[30] 格罗斯菲尔德. 比较法的力量与弱点 [M]. 孙世彦，姚建宗，译，北京；清华大学出版社，2002.

[31] 托依布纳. 法律：一个自创生系统 [M]. 张骐，译，北京：北京大学出版社，2004.

[32] 哈贝马斯. 在事实与规范之间 [M]. 童世骏，译，上海：生活·读书·新知三联书店，2003.

[33] 哈密尔顿，杰伊，麦迪逊. 联邦党人文集 [M]. 程逢如，在汉，舒逊，译，北京：商务印书馆，1980.

[34] 哈特. 法律的概念 [M]. 张文显，郑成良，杜景义，等，译，北京：中国大百科全书出版社，1996.

[35] 哈耶克. 法律、立法与自由 [M]. 邓正来，等，译，北京：中国大百科全书出版社，2000.

[36] 布律尔. 法律社会学 [M]. 许钧，译，上海：上海人民出版社，1987.

[37] 霍布斯. 利维坦 [M]. 黎思复，黎廷弼，译，北京：商务出版社，1985.

[38] 霍姆斯. 霍姆斯读本 [M]. 刘思达，译，上海：生活·

读书·新知三联书店，2009.

［39］霍姆斯. 普通法［M］. 冉昊，姚中秋，译，北京：中国政法大学出版社，2006.

［40］贝克尔. 人类行为的经济分析［M］. 王业宇，陈琪，译，新2版. 上海：格致出版社，2008.

［41］茨威格特，克茨. 比较法总论［M］. 潘汉典，米健，高鸿钧，等，译，北京：法律出版社，2003.

［42］卡多佐. 司法活动的性质［M］. 苏力，译，北京：商务印书馆，1998.

［43］凯尔森. 法与国家的一般理论［M］. 沈宗灵，译，北京：中国大百科全书出版社，1996.

［44］康芒斯. 资本主义的法律基础［M］. 戴昕，译，北京：华夏出版社，2009.

［45］科斯，阿尔钦，诺斯，等. 财产权利与制度变迁［M］. 刘守英，等，译，上海：生活·读书·新知三联书店，1994.

［46］达维德. 当代法律体系［M］. 漆竹生，译，上海：上海译文出版社，1984.

［47］卢梭. 社会契约论［M］. 何兆武，译，北京：商务印书馆，1980.

［48］亨金，罗森塔尔编. 宪政与权利：美国宪法的域外影响［M］. 郑戈，赵晓力，强世功，译，上海：生活·读书·新知三联书店，1996.

［49］考特，尤伦. 法和经济学［M］. 张军，等，译，上海：生活·读书·新知三联书店，1994.

［50］科特威尔. 法律社会学导论［M］. 潘大松，等，译，北京：华夏出版社，1984.

[51] 伯特. 结构洞：竞争的社会结构 [M]. 任敏，李璐，林虹，译，上海：格致出版社，2008.

[52] 胡克. 法律的沟通之维 [M]. 孙国东，译，北京：法律出版社，2008.

[53] 格兰诺维特. 镶嵌：社会网与经济行动 [M]. 北京：社会科学文献出版社，2007.

[54] 格兰诺维特，斯威德伯格. 经济生活中的社会学 [M]. 瞿铁鹏，姜志辉，译，上海：上海人民出版社，2014.

[55] 韦伯. 经济与社会 [M]. 林荣远，译，北京：商务印书馆，1997.

[56] 韦伯. 论经济与社会中的法律 [M]. 张乃根，译，北京：中国大百科全书出版社，1998.

[57] 奇达夫，蔡文彬. 社会网络与组织 [M]. 王凤彬，等，译，北京：中国人民大学出版社，2007.

[58] 德夫林. 哈贝马斯、现代性与法，高鸿钧，译，北京：清华大学出版社，2008.

[59] 维尔. 宪政与分权 [M]. 苏力，译，上海：生活·读书·新知三联书店，1997.

[60] 梅特兰，等. 欧陆法律史概览 [M]. 屈文生，等，译，上海：上海人民出版社，2008.

[61] 梅因. 古代法 [M]. 沈景一，译，北京：商务印书馆，1959.

[62] 孟德斯鸠. 论法的精神 [M]. 张雁深，译，北京：商务印书馆，1963.

[63] 考默萨. 法律的限度 [M]. 申卫星，王琦，译，北京：商务印书馆，2007.

［64］诺内特，塞尔兹尼克. 转变中的法律与社会［M］. 张志铭，译，北京：中国政法大学出版社，2004.

［65］诺斯. 经济史中的结构与变迁［M］. 陈郁，等，译，上海：生活·读书·新知三联书店、上海人民出版社，1994.

［66］帕特南. 使民主运转起来［M］. 王列，赖海格，译，南昌：江西人民出版社，2001.

［67］庞德. 法律史解释［M］. 邓正来，译，北京：中国法制出版社，2002.

［68］庞德. 法律与道德［M］. 陈林林，译，北京：中国政法大学出版社，2003.

［69］庞德. 通过法律的社会控制［M］. 沈宗灵，译，北京：商务印书馆，1984.

［70］彭慕兰. 大分流［M］. 史建云，译，南京：江苏人民出版社，2004.

［71］棚濑孝雄. 纠纷的解决与审判制度［M］. 王亚新，译，北京：中国政法大学出版社，1994.

［72］齐美尔. 社会是如何可能的［M］. 桂林：广西师范大学出版社，2002.

［73］千叶正士. 法律多元［M］. 强世功，王宇洁，范愉，等，译，北京：中国政法大学出版社，1997.

［74］夸克. 合法性与政治［M］. 佟心平，王远飞，译，北京：中央编译出版社，2002.

［75］萨维尼. 论立法与法学的当代使命［M］. 许章润，译，北京：中国法制出版社，2001.

［76］施瓦茨. 美国法律史［M］. 王军，等，译，北京：中国政法大学出版社，1990.

［77］涂尔干. 社会分工论［M］. 渠东，译，上海：生活·读书·新知三联书店，2000.

［78］托克维尔. 旧制度与大革命［M］. 冯棠，译，北京：商务印书馆，1992.

［79］托克维尔. 论美国的民主［M］. 董果良，译，北京：商务印书馆，1988.

［80］雅科布斯. 十九世纪德国民法科学与立法［M］. 王娜，译，北京：法律出版社，2003.

［81］亚里士多德. 政治学［M］. 吴寿彭，译，北京：商务印书馆，1965.

［82］菲特丽丝. 法律论证原理［M］. 张其山，焦宝乾，夏贞鹏，译，北京：商务印书馆，2005.

［83］梅利曼. 大陆法系［M］. 顾培东，禄正平，译，北京：法律出版社，2004.

［84］斯科特. 社会网络分析法［M］. 刘军，禄正平，译，重庆：重庆大学出版社，2007.

［85］滋贺秀三，等. 明清时期的民事审判与民间契约［M］. 北京：法律出版社，1998.

三、中文著作类

［1］布小林. 立法的社会过程［M］. 北京：中国社会科学出版社，2007.

［2］陈顾远. 中国法制史概要［M］. 台北：三民书局，1977.

［3］陈顾远. 中国文化与中国法系［M］. 北京：中国政法大学出版社，2006.

［4］陈兴良. 刑法的价值构造. 北京：中国人民大学出版社，

1998.

［5］陈颐. 立法主权与近代国家的建构［M］. 北京：法律出版社，2008.

［6］陈寅恪. 隋唐制度渊源略论稿［M］. 北京：中华书局，1977.

［7］邓正来. 中国法学向何处去［M］. 北京：商务印书馆，2006.

［8］杜宇. 重拾一种被放逐的知识传统［M］. 北京：北京大学出版社，2005.

［9］费孝通. 乡土中国　生育制度［M］. 北京：北京大学出版社，1998.

［10］费孝通. 中国绅士［M］. 北京：中国社会科学出版社，2006.

［11］高其才. 中国习惯法论［M］. 长沙：湖南出版社，1992.

［12］高仰光.《萨克森明镜》研究［M］. 北京：北京大学出版社，2008.

［13］葛剑雄. 中国人口史：第一卷［M］. 上海：复旦大学出版社，2002.

［14］郭成伟，宋英辉. 当代司法体制研究［M］. 北京：中国政法大学出版社，2002.

［15］郭星华，等. 法律与社会：社会学和法学的视角［M］. 北京：中国人民大学出版社，2004.

［16］何勤华. 法国法律发达史［M］. 北京：法律出版社，2001.

［17］贺卫方. 司法的理念与制度［M］. 北京：中国政法大学出版社，1998.

[18] 贺卫方. 中国法律教育之路 [M]. 北京：中国政法大学出版社, 1997.

[19] 黄仁宇. 大历史不会萎缩 [M]. 上海：生活·读书·新知三联书店, 1992.

[20] 黄仁宇. 二十一世纪与资本主义 [M]. 上海：生活·读书·新知三联书店, 1997.

[21] 黄仁宇. 放宽历史的视界 [M]. 上海：生活·读书·新知三联书店, 2001.

[22] 黄仁宇. 赫逊河畔谈中国历史 [M]. 上海：生活·读书·新知三联书店, 1992.

[23] 黄仁宇. 万历十五年 [M]. 上海：生活·读书·新知三联书店, 1997.

[24] 黄仁宇. 现代中国的历程 [M]. 北京：中华书局, 2011.

[25] 黄仁宇. 中国大历史 [M]. 上海：生活·读书·新知三联书店, 1997.

[26] 黄亚钧, 姜纬. 微观经济学教程 [M]. 上海：复旦大学出版社, 1995.

[27] 黄宗智. 法典、习俗与司法实践：清代与民国的比较 [M]. 上海：上海书店出版社, 2003.

[28] 黄宗智. 过去和现在：中国民事法律实践的探索 [M]. 北京：法律出版社, 2009.

[29] 季卫东. 法治秩序的建构 [M]. 北京：中国政法大学出版社, 1999.

[30] 江照信. 中国法律"看不见中国" [M]. 北京：清华大学出版社, 2010.

[31] 金观涛, 刘青峰. 开放中的变迁 [M]. 北京：法律出版

社，2011.

［32］金观涛，刘青峰. 兴盛与危机：论中国封建社会的超稳定结构［M］. 长沙：湖南人民出版社，1984.

［33］金观涛，刘青峰. 兴盛与危机［M］. 北京：法律出版社，2011.

［34］金耀基. 从传统到现代［M］. 台北：时报文化出版企业股份有限公司，1997.

［35］金耀基. 金耀基自选集［M］. 上海：上海教育出版社，2002.

［36］李昌林. 从制度上保证审判独立［M］. 北京：法律出版社，2006.

［37］李红海. 普通法的历史解读：从梅特兰开始［M］. 北京：清华大学出版社，2003.

［38］李惠斌，杨雪冬. 社会资本与社会发展［M］. 北京：社会科学文献出版社，2000.

［39］李泽厚. 中国古代思想史论［M］. 天津：天津社会科学出版社，2004.

［40］梁慧星. 民法解释学［M］. 北京：中国政法大学出版社，1995.

［41］梁慧星. 中国民法典起草建议稿附理由：债权总则编［M］. 北京：法律出版社，2006.

［42］梁慧星. 中国民法典起草建议稿附理由：侵权行为编［M］. 北京：法律出版社，2013.

［43］梁启超. 梁启超法学文集［M］. 北京：中国政法大学出版社，2000.

［44］梁漱溟. 中国文化要义［M］. 上海：学林出版社，1987.

[45] 梁治平. 清代习惯法：社会与国家 [M]. 北京：中国政法大学出版社，1996.

[46] 梁治平. 寻求自然秩序中的和谐 [M]. 北京：中国政法大学出版社，1997.

[47] 梁治平. 在边缘处思考 [M]. 北京：法律出版社，2003.

[48] 梁治平. 法律解释问题 [M]. 北京：法律出版社，1998.

[49] 林聚任. 社会网络分析：理论、方法与应用 [M]. 北京：北京师范大学出版社，2009.

[50] 刘全德. 西方法律思想史 [M]. 北京：中国政法大学出版社，1996.

[51] 刘祖云. 从传统到现代：当代中国社会转型研究 [M]. 长沙：湖北人民出版社，2000.

[52] 刘祖云等. 组织社会学 [M]. 北京：中国社会出版社，2002.

[53] 卢现祥. 西方新制度经济学 [M]. 北京：中国发展出版社，1996.

[54] 罗家德. 社会网分析讲义 [M]. 北京：社会科学文献出版社，2010.

[55] 马小红. 礼与法：法的历史连接 [M]. 北京：北京大学出版社，2004.

[56] 梅仲协. 民法要义 [M]. 北京：中国政法大学出版社，1998.

[57] 苗鸣宇. 民事习惯与民法典的互动 [M]. 北京：中国人民公安大学出版社，2008.

[58] 前南京国民政府司法行政部. 民事习惯调查报告录 [R]. 北京：中国政法大学出版社，2000.

［59］强世功. 调解、法制与现代性：中国调解制度研究［M］. 北京：中国法制出版社，2001.

［60］瞿同祖. 瞿同祖法学论著集［M］. 北京：中国政法大学出版社，1998.

［61］沈宗灵. 现代西方法理学［M］. 北京：北京大学出版社，1992.

［62］宋冰. 程序、正义与现代化，北京：中国政法大学出版社，1998.

［63］苏力. 道路通向城市：转型中国的法治［M］. 北京：法律出版社，2004.

［64］苏力. 法律与文学［M］. 上海：生活·读书·新知三联书店，2006.

［65］苏力. 法治及其本土资源［M］. 北京：中国政法大学出版社，1996.

［66］苏力. 送法下乡：中国基层司法制度研究［M］. 北京：中国政法大学出版社，2000.

［67］苏力. 也许正在发生：转型中国的法学［M］. 北京：法律出版社，2004.

［68］苏力. 制度是如何形成的［M］. 广州：中山大学出版社，1999.

［69］汪习根. 司法权论［M］. 武汉：武汉大学出版社，2006.

［70］王伯琦. 近代法律思潮与中国固有文化［M］. 北京：清华大学出版社，2005.

［71］王利明. 司法改革研究［M］. 北京：法律出版社，2001.

［72］王利明. 中国民法典学者建议稿及立法理由［M］. 北京：法律出版社，2005.

[73] 王铭铭, 王斯福. 乡土社会的法律与秩序 [M]. 北京：中国政法大学出版社, 1998.

[74] 王启梁. 迈向深嵌在社会与文化中的法律 [M]. 北京：中国法制出版社, 2010.

[75] 韦森. 社会秩序的经济分析导论 [M]. 上海：生活·读书·新知三联书店, 2001.

[76] 吴经熊. 法律哲学研究 [M]. 北京：清华大学出版社, 2005.

[77] 谢哲胜, 常鹏翱, 吴春岐. 中国民法典立法研究 [M]. 北京：北京大学出版社, 2005.

[78] 徐国栋. 民法基本原则解释 [M]. 北京：中国政法大学出版社, 1992.

[79] 徐国栋. 认真地对待民法典 [M]. 北京：中国人民大学出版社, 2004.

[80] 徐国栋. 中国民法典起草思路论战 [M]. 北京：中国政法大学出版社, 2001.

[81] 徐国栋. 比较法视野中的民法典编纂 [M]. 北京：北京大学出版社, 2007.

[82] 徐昕. 迈向社会和谐的纠纷解决 [M]. 北京：中国检察出版社, 2008.

[83] 杨鸿烈. 中国法律思想史 [M]. 北京：中国政法大学出版社, 2004.

[84] 叶春生. 区域民俗学 [M]. 哈尔滨：黑龙江人民出版社, 2004.

[85] 张德胜. 儒家伦理与秩序情结：中国思想的社会学诠释 [M]. 台北：台湾巨流图书公司, 1989.

［86］张明楷. 刑法分则的解释原理［M］. 北京：中国人民大学出版社，2004.

［87］张其仔. 新经济社会学［M］. 北京：中国社会科学出版社，2001.

［88］张生. 中国近代民法法典化研究：1901—1949［M］. 北京：中国政法大学出版社，2004.

［89］张维迎. 信息、信任与法律［M］. 上海：生活·读书·新知三联书店，2003.

［90］张文显. 二十世纪西方法哲学思潮研究［M］. 北京：法律出版社，1996.

［91］张文显. 法学基本范畴研究［M］. 北京：中国政法大学出版社，1993.

［92］张翼. 国有企业的家族化［M］. 北京：社会科学文献出版社，2002.

［93］郑永流. 商谈的再思［M］. 北京：法律出版社，2010.

［94］周雪光. 组织社会学十讲［M］. 北京：社会科学文献出版社，2003.

［95］周佑勇. 行政法基本原则研究［M］. 武汉：武汉大学出版社，2005.

［96］周运清. 社会学概论［M］. 北京：军事谊文出版社，1995.

［97］朱景文. 现代西方法社会学［M］. 北京：法律出版社，1994.

四、中文期刊论文类

［1］艾佳慧."大调解"的运作模式与适用边界［J］. 法商研

究，2011（1）.

[2] 艾佳慧. 调解"复兴"、司法功能与制度后果：从海瑞定理 I 的角度切入 [J]. 法制与社会发展，2010（5）.

[3] 白迎春. 审判委员会制度的存废之谈 [J]. 前沿，2015（2）.

[4] 北京市第一中级人民法院课题组. 关于推动审委会制度改革强化其职能作用的调研报告 [J]. 人民司法，2014（3）.

[5] 蔡辉. 审判公开愿景下审委会审判职能实现的路径选择 [J]. 沈阳工业大学学报（社会科学版），2016（1）.

[6] 曾宪义. 关于中国传统调解制度的若干问题研究 [J]. 中国法学，2009（4）.

[7] 曾新华. 审判委员会讨论决定权的法教义学阐释 [J]. 法学杂志，2019（11）.

[8] 陈柏峰. 缠讼、信访与新中国法律传统 [J]. 中外法学，2014（2）.

[9] 陈柏峰. 无理上访与基层法治 [J]. 中外法学，2011（2）.

[10] 陈光中，龙宗智. 关于深化司法改革若干问题的思考 [J]. 中国法学，2013（4）.

[11] 陈瑞华. 脱缰的野马 从许霆案看法院的自由裁量权 [J]. 中外法学，2009（1）.

[12] 陈瑞华. 正义的误区：评法院审判委员会制度 [J]. 北大法律评论，1998（2）.

[13] 陈永生. 我国刑事误判问题透视：以 20 起震惊全国的刑事冤案为样本的分析 [J]. 中国法学，2007（3）.

[14] 褚红军，陈靖宇. 审判委员会制度若干问题研究：兼论审判委员会制度的改革和完善 [J]. 法律适用，2005（10）.

[15] 董坤. 检察长列席审委会会议：新时代法律监督权的巩

固与发展［J］.广西大学学报（哲学社会科学版），2020（1）.

［16］杜万华.国外法律社会学研究现状一瞥［J］，外国法研究，1989（1）.

［17］范愉.调解的重构（上）：以法院调解的改革为重点［J］.法制与社会发展，2004（2）.

［18］方乐.审判委员会制度改革的类型化方案［J］.法学，2018（4）.

［19］方乐.审委会改革的现实基础、动力机制和程序建构：从"四五改革纲要"切入［J］.法学，2016（3）.

［20］冯之东.审判委员会制度与司法责任制［J］.上海政法学院学报（法治论丛），2016（2）.

［21］冯之东.司法体制改革背景下的审判委员会制度：以司法责任制为切入点［J］.广西大学学报（哲学社会科学版），2016（2）.

［22］傅郁林."诉前调解"与法院角色［J］.法律适用，2009（4）.

［23］高洪宾.中国审判委员会制度改向何处：以本土化为视角的思考［J］.法律适用，2006（3）.

［24］葛天博.责任"错位"：审判委员会运行的逻辑［J］.黑龙江省政法管理干部学院学报，2017（3）.

［25］公丕潜.基层法院审判委员会制度功能的主题变奏：从"讨论个案"到"裁断类案"［J］.黑龙江省政法管理干部学院学报，2020（3）.

［26］顾培东.也论中国法学向何处去［J］.中国法学，2009（1）.

［27］郭玉军，孙敏洁.美国诉讼和解与中国法院调解之比较研究［J］.法学评论，2006（2）.

［28］韩克芳．关于改革和完善审判委员会制度的思考［J］．山东社会科学，2000（3）．

［29］贺卫方．关于审判委员会的几点评论［J］．北大法律评论，1998（2）．

［30］贺卫方．中国司法管理制度的两个问题［J］．中国社会科学，1997（6）．

［31］洪浩，操旭辉．基层法院审判委员会功能的实证分析［J］．法学评论，2011（5）．

［32］洪小东．审判委员会制度审思：职能定位与运行机制变革［J］．中国石油大学学报（社会科学版），2017（5）．

［33］侯猛．案件请示制度合理的一面：从最高人民法院角度展开的思考［J］．法学，2010（8）．

［34］江放．怎样的案件才需提交审判委员会讨论［J］．法学，1983（2）．

［35］蒋华林．审判委员会制度：寻根理枝与革新路径［J］．河北科技大学学报（社会科学版），2016（2）．

［36］孔宪翠．人民法院独立审判有待建立法律保障机制［J］．现代法学，1995（5）．

［37］雷新勇．论审判委员会审理制：价值追求与技术局限［J］．人民司法，2007（11）．

［38］李浩．调解的比较优势与法院调解制度的改革［J］．南京师大学报（社会科学版），2002（4）．

［39］李浩．民事审判中的调审分离［J］．法学研究，1996（4）．

［40］李金．中国社会组织的二元性及其问题［J］．改革，1991（6）．

［41］李利．审判委员会改革：以司法独立与司法问责为视角

[J].湖北社会科学,2016(9).

[42]李龙,周叶中.宪法学基本范畴简论[J].中国法学,1996(6).

[43]李庆鹏,仝春景.浅论我国审判委员会制度的问题及对策[J].湖北经济学院学报(人文社会科学版),2017(7).

[44]李先伟.审判委员会司法权之理论基础与制度完善:兼评《关于改革和完善人民法院审判委员会制度的实施意见》[J].中州学刊,2011(2).

[45]李雪平.废除审判委员会刑事裁判权的必要性[J].天津法学,2018(1).

[46]李雪平.审判中心视角下审判委员会的职能重构:以审判委员会实体裁判权改革为核心[J].湖北警官学院学报,2019(3).

[47]李雨峰.司法过程的政治约束:我国基层人民法院审判委员会运行研究[J].法学家,2015(1).

[48]李志增.司法公正的障碍还是保障?:中国基层法院审判委员会制度研究[J].河南财经政法大学学报,2013(6).

[49]梁平."管理——审判"二元架构下法院内部机构设置与权力运行研究[J].法学论坛,2017(3).

[50]刘广安.传统习惯对清末民事立法的影响[J].比较法研究,1996(1).

[51]刘红.我国法学教育中的"隔离"现象透视[J].东南法学,2012(4)

[52]刘练军.法定法官原则:审判委员会改革的新路径[J].北方法学,2018(6).

[53]刘雅男.法院外部人员参加审判委员会案件讨论程序问题探析[J].法律适用,2020(13).

[54] 刘彦威. 中国近代人口与耕地状况 [J]. 农业考古, 1999 (3).

[55] 刘振会. 论审判委员会研究案件机制的诉讼化构建: 以刑事诉讼为视角 [J]. 法律适用, 2017 (7).

[56] 卢希起. 检察长列席审委会会议制度思考 [J]. 法商研究, 2020 (3).

[57] 鲁为, 张璇, 廖钰. 论"审判权统一行使"在基层法院的实现路径 以基层法院审判委员会的微观运行为视角 [J]. 法律适用, 2014 (1).

[58] 鲁智勇. 关于审判委员会制度的思考 [J]. 北大法律评论, 1998 (2).

[59] 吕中亚. 关于完善审判委员会工作制度的思考. 法学, 1996 (5).

[60] 马若飞. 刑事审判中审判委员会制度的发展与完善 [J]. 山西经济管理干部学院学报, 2018 (1).

[61] 毛剑. 审判委员会功能的补强机制 [J]. 人民司法, 2015 (7).

[62] 孟涛. 论当前中国法律理论与民意的冲突: 兼论现代性法律的局限性 [J]. 现代法学, 2010 (1).

[63] 庞景玉, 成延洲. 对审判委员会运作三种模式的分析 [J]. 人民司法, 2015 (7).

[64] 邱金山, 周伟. 审判委员会讨论案件审查过滤制度的重构: 以专业法官会议的引入为视角 [J]. 山东审判, 2017 (2).

[65] 邵六益. 审委会与合议庭: 司法判决中的隐匿对话 [J]. 中外法学, 2019 (3).

[66] 史长青. 调解与法制: 悖而不离的现象分析 [J]. 法学

评论, 2008 (2).

［67］ 四川省高级人民法院课题组, 王海萍. 司法改革中地方法院审判委员会宏观指导职能的重置：基于 C 省审委会制度运行的实证分析［J］. 理论与改革, 2015 (6).

［68］ 宋国强. 完善审委会对审判权内部监督的路径探索：以 H 省 S 市 S 区法院审委会工作为实证［J］. 公民与法, 2013 (7).

［69］ 苏力. 变法, 法治建设及其本土资源［J］. 中外法学, 1995 (5).

［70］ 苏力. "海瑞定理"的经济学解读［J］. 中国社会科学, 2006 (6).

［71］ 苏力. 当代中国的中央与地方分权：重读毛泽东《论十大关系》第五节［J］. 中国社会科学, 2004 (2).

［72］ 苏力. 当代中国法律中的习惯：一个制定法的透视［J］. 法学评论, 2001 (3).

［73］ 苏力. 法条主义、民意与难办案件［J］. 中外法学, 2009 (1).

［74］ 苏力. 纲常、礼仪、称呼与秩序建构：追求对儒家的制度性理解［J］. 中国法学, 2007 (5).

［75］ 苏力. 关于能动司法与大调解［J］. 中国法学, 2010 (1).

［76］ 苏力. 何为宪制问题？：西方历史与古代中国［J］. 华东政法大学学报, 2013 (5).

［77］ 苏力. 基层法院审判委员会制度的考察及思考［J］. 北大法律评论, 1998 (2).

［78］ 苏力. 精英政治与政治参与［J］. 中国法学, 2013 (5).

［79］ 苏力. 论法院的审判职能与行政管理［J］. 中外法学, 1999 (5).

[80] 苏力. 农村基层法院的纠纷解决与规则之治 [J]. 北大法律评论, 1999 (1).

[81] 苏力. 判决书的背后 [J]. 法学研究, 2001 (3).

[82] 苏力. 审判管理与社会管理: 法院如何有效回应 "案多人少"? [J]. 中国法学, 2010 (6).

[83] 苏力. 司法制度的合成理论 [J]. 清华法学, 2007 (1).

[84] 苏力. 为什么研究中国基层司法制度:《送法下乡》导论 [J]. 法商研究 (中南政法学院学报), 2000 (3).

[85] 苏力. 文化制度与国家构成: 以 "书同文" 和 "官话" 为视角 [J]. 中国社会科学, 2013 (12).

[86] 苏亦工. 得形忘意: 从唐律情结到民法典情结 [J]. 中国社会科学, 2005 (1).

[87] 孙潮, 徐向华. 论我国立法程序的完善 [J]. 中国法学, 2003 (5).

[88] 孙光宁. 审委会制度的完善如何改进集体司法决策: 以《关于健全完善人民法院审判委员会工作机制的意见》为分析对象 [J]. 深圳社会科学, 2021 (2).

[89] 孙宪忠. 中国民法典制定现状及主要问题 [J]. 吉林大学社会科学学报, 2005 (4).

[90] 孙召银, 王忠旭. 司法改革中审判委员会改革的新思路与新动向 [J]. 长春市委党校学报, 2015 (4).

[91] 谭世贵. 论司法独立. 政法论坛, 1997 (1).

[92] 王坤. 关于审判委员会制度的几点思考 [J]. 佳木斯职业学院学报, 2017 (7).

[93] 王伦刚, 刘思达. 基层法院审判委员会压力案件决策的实证研究 [J]. 法学研究, 2017 (1).

［94］王茂福. 经济的嵌入分析评论［J］. 社会学评论，2014（5）.

［95］王祺国，张荻秋. 论审判独立的双重属性［J］. 法律科学，1989（3）.

［96］王祺国. 审判委员会讨论决定第一审案件之举不妥［J］. 现代法学，1988（6）.

［97］王启梁. 法律世界观紊乱时代的司法、民意和政治：以李昌奎案为中心［J］. 法学家，2012（3）.

［98］王文建. 司法现代化与审判委员会制度改革［J］. 人民论坛，2013（32）.

［99］王新如. 审判委员会定案应予改变［J］. 政治与法律，1989（1）.

［100］王亚新. 论民事、经济审判方式的改革［J］. 中国社会科学，1994（1）.

［101］王延延. 论法院案件集体讨论机制的变迁：从审判委员会到法官会议［J］. 北京理工大学学报（社会科学版），2020（3）.

［102］王颖. 审判中的群体决策［J］. 政治与法律，1990（1）.

［103］王涌. 社会法学与当代中国法的理念与实践：一个初步的检讨和构想［J］. 中外法学，1996（1）.

［104］韦伟强. 审判委员会制度改革的思考及建议［J］. 黑龙江省政法管理干部学院学报，2007（4）.

［105］吴小英. 关于审判委员会制度的思考［J］. 广西社会科学，1998（3）.

［106］吴英姿. "大调解"的功能及限度［J］. 法制资讯，2009（2）.

［107］吴英姿. 法院调解的"复兴"与未来［J］. 法制与社会发展，2007（3）.

[108] 吴英姿. 审判委员会讨论的群体决策及其规制 [J]. 南京大学法律评论, 2006 (1).

[109] 吴元元. 信息能力与压力型立法 [J]. 中国社会科学, 2010 (1).

[110] 夏孟宣, 胡苗玲. 司改背景下审判委员会职能合理定位的路径选择: 以温州市中级人民法院审判委员会改革为视角 [J]. 法律适用, 2015 (11).

[111] 肖建国, 肖建光. 审判委员会制度考: 兼论取消审判委员会制度的现实基础 [J]. 北京科技大学学报（社会科学版）, 2002 (3).

[112] 肖仕卫, 李欣. 中国特色的审判委员会？: 对审判委员会制度改革的前提性思考 [J]. 西南民族大学学报（人文社科版）, 2017 (8).

[113] 谢冬慧. 南京国民政府民事调解制度考论 [J]. 南京社会科学, 2009 (10).

[114] 谢刚炬. 专业审判委员会组织结构完善研究 [J]. 法学杂志, 2020 (1).

[115] 邢会强. 政策增长与法律空洞化: 以经济法为例的观察 [J]. 法制与社会发展, 2012 (3).

[116] 徐柏梅. 关于审判委员会制度的思考 [J]. 怀化学院学报, 2009 (4).

[117] 徐国栋. 认真地反思第四次民法典起草的组织方法 [J]. 法律科学, 2003 (5).

[118] 徐文进. 群体决策视阈下审委会专业委员会表决机制的检视: 基于全国法院 16 份改革样本的实证分析 [J]. 攀登, 2020 (6).

[119] 徐向华课题组. 审判委员会制度改革路径实证研究

[J]．中国法学，2018（2）．

[120] 徐亚文，童海超．当代中国地方法院竞争研究[J]．法学评论，2012（1）．

[121] 徐昀．"调判结合"的困境：以民事审判结构理论为分析框架[J]．开放时代，2009（6）．

[122] 徐振华，王星光．审判委员会审判经验总结的范式建构：以议案方式的改进为视角[J]．山东法官培训学院学报，2019（2）．

[123] 杨柳．模糊的法律产品：对两起基层法院调解案件的考察[J]．北大法律评论，1999（1）．

[124] 杨扬．从司法独立看我国审判委员会的存废[J]．贵阳学院学报（社会科学版），2013（5）．

[125] 杨玉波，李备友，李守伟．嵌入性理论研究综述：基于普遍联系的视角[J]．山东社会科学，2014（3）．

[126] 叶向阳．试论审判长联席会议制度的运行机制及功能实现[J]．法律适用，2008（7）．

[127] 虞崇胜，杨刻俭．古希腊民主制度的地缘因素探析[J]．云南行政学院学报，2009（5）．

[128] 元轶，黄伟凌．论民意审判与辩护权缺失：从六组案例谈起[J]．法治研究，2010（12）．

[129] 张德胜．儒家思想与现代性：存在的、理论的和方法的含义[J]．江苏社会科学，2009（1）．

[130] 张光博．宪法学基本范畴的再认识[J]．法学研究，1987（3）．

[131] 张洪涛．"从群众中来，到群众中去"：转型中国法律运行模式的功能比较研究[J]．甘肃政法学院学报，2008（6）．

[132] 张洪涛．从"以礼入法"看中国古代习惯法的制度命

运[J]. 法商研究，2010（6）.

［133］张洪涛. 调解的技术合理性：一种中观的组织结构－功能论的解读［J］. 法律科学（西北政法大学学报），2013（2）.

［134］张洪涛. 法律必须认真对待习惯：论习惯的精神及其法律意义［J］. 现代法学，2011（2）.

［135］张洪涛. 法律洞的司法跨越：关系密切群体法律治理的社会网络分析［J］. 社会学研究，2011（6）.

［136］张洪涛. 法律运行观之比较研究：方法论视角［J］. 中国法学，2010（5）.

［137］张洪涛. 国家法难行之源：国家主义抑或人本主义——从"依法收贷案"切入［J］. 政法论丛，2009（5）.

［138］张洪涛. 立法独立之比较制度分析［J］. 东南大学学报（哲学社会科学版），2011（1）.

［139］张洪涛. 民法典学者建议稿信息结构及其参与者的社会网络［J］. 环球法律评论，2014（3）.

［140］张洪涛. 审判委员会法律组织学解读：兼与苏力教授商榷［J］. 法学评论，2014（5）.

［141］张洪涛. 司法之所以为司法的组织结构依据：论中国法院改革的核心问题之所在［J］. 现代法学，2010（1）.

［142］张洪涛. 我国习惯的法律治理模式之反思：一种大历史的内在视角［J］. 山东大学学报（哲学社会科学版），2009（5）.

［143］张洪涛. 习惯在我国制定法中制度命运的制度分析：兼与苏力教授商榷［J］. 法制与社会发展，2009（5）.

［144］张洪涛. 中国法院压力之消解：一种法律组织学解读［J］. 法学家，2014（1）.

［145］张洪涛. 中国法治为何需要"大历史"？［J］. 政法论

丛，2013（1）.

［146］张杰，赵静. 我国审判委员会司法责任法治化路径探析［J］. 广东开放大学学报，2017（6）.

［147］张晋红. 法院调解的立法价值探究：兼评法院调解的两种改良观点［J］. 法学研究，1998（5）.

［148］张静. 土地使用规则的不确定：一个解释框架［J］. 中国社会科学，2003（1）.

［149］张凯，周海洋. 关于检察长列席审判委员会制度的思考［J］. 山西省政法管理干部学院学报，2010（2）.

［150］张雷，冯韵东. 审判委员会"个案审理"之检视与改造：以庭审中心主义为视角［J］. 湖南社会科学，2016（3）.

［151］张松美. 关于审判委员会制度的利弊思考［J］. 当代法学，2001（2）.

［152］张维迎，艾佳慧. 上诉程序的信息机制：兼论上诉功能的实现［J］. 中国法学，2011（3）.

［153］张维迎，柯荣住. 诉讼过程中的逆向选择及其解释：以契约纠纷的基层法院判决书为例的经验研究［J］. 中国社会科学，2002（2）.

［154］张卫彬. 人民法院审判委员会制度的实践与再造：基于A省B市中院审委会案件回流与分流的样态［J］. 中国刑事法杂志，2017（2）.

［155］张卫彬. 审判委员会改革的模式设计、基本路径及对策［J］. 现代法学，2015（5）.

［156］张卫平. 诉讼调解：时下势态的分析与思考［J］. 法学，2007（5）.

［157］张星久. 论合法性研究的依据、学术价值及其存在的问

题［J］．法学评论，2000（3）．

［158］赵红星，国灵华．废除审判委员会制度："公正与效率"的必然要求［J］．河北法学，2004（6）．

［159］赵晓力．基层司法的反司法理论?：评苏力《送法下乡》［J］．社会学研究，2005（2）．

［160］周安平．诉讼调解与法治理念的悖论［J］．河北学刊，2006（6）．

［161］周士敏．试谈提高审判委员会讨论案件的质量问题［J］．政法论坛，1988（2）．

［162］周雪光．制度是如何思维的?［J］．读书，2001（4）．

［163］周永坤．论强制性调解对法治和公平的冲击［J］．法律科学（西北政法学院学报），2007（3）．

［164］朱德宏．一个基层法院审判委员会刑事裁判制度运行的调查报告［J］．中国刑事法杂志，2014（6）．

［165］朱苏力．知识的分类与法治［J］．法制资讯，2008（2）．

［166］左卫民．审判委员会运行状况的实证研究［J］．法学研究，2016（3）．

五、外文类

［1］BURT R S. The network structure of social capital［J］. Research in Organizational Behavior, 2000（22）.

［2］FERSTER C B, SKINNER B F. Schedules of Reinforcement［M］. New York：Appleton – cenrnty – Crofts, 1957.

［3］EHRLICH E. Fundamental Principles of the Sociology of Law［M］. New York：Arno Press, 1974.

［4］ANDERSEN E. The Renaissance of Legal Science After the

Middle Ages [J] Copen Hager, 1974.

[5] GRANOVETTER M. Economic action and social structure: the problem of embeddedness [J]. American Journal of Sociology, 1985.

[6] HSIEH Yu – wei. Filial Piety and Chinese Society [J]. In Charles Moore, ed, 1977.

[7] ROTTER J B, Social Learning and Clinical Psychology [M] New York: Prentice – Hall, 1954.

[8] WEBER M. The Religion of China [M]. New York: The Free Press, 1964.

[9] WEBER M. Economy and Law: Vol. 2 [M]. Berkely: University of Califormia Press, 1978.

[10] XIN He. Black Hole of Responsibility: The Adjudication Committee's Role in a Chinese Court [J]. Law and Society Review, 2012 (4).